KB232882

세무사
1차 대비

재정학
기출문제

황 정 빈 박사 편저

1. 목적

세무사 1차 시험을 대비하고자 하는 많은 수험생들이 접하게 되는 문제집들이 대부분 진도별로 구성되어 있기에 진도별 문제풀이에 익숙해진 것이 사실입니다. 이는 공부의 흐름을 유지한다는 측면에서는 강점을 가지나, 실제 시험에서는 주어진 시간 내에 즉각적으로 해당 내용이 어느 범위에서 출제되었는지를 파악하여 정답을 찾아내야 하므로 실전감각이 매우 중요합니다.

이 책은 이러한 저자의 의도를 담아 2010년부터 2016년까지 치러졌던 최신 7개년 기출문제 A형을 수록하고 있으며, 단순히 정답에 관한 해설이 아닌 상세한 해설을 통해 문제의 내용을 이해하고 이를 수험생 여러분들에게 전달하는 데에 중점을 두었습니다.

재정학은 타 학문에 비하여 그 범위가 넓지 않은 만큼 기출문제 역시 반복되는 경향이 짙습니다. 그렇기에, 이 책이 수험생 여러분들의 실력점검 및 향상에 도움이 되리라는 것 역시 자명합니다. 그리고 이를 극대화하는 것은 수험생 여러분들 자신입니다.

2. 출제경향

우선, 전반적인 출제경향은 공공지출 관련 분야 30%, 조세론 50%, 재정학의 기타주제 20%로 기존의 출제빈도를 유지하는 모습이었습니다. 다만, 예전에는 주로 단순암기식의 문제가 출제의 주를 이루었다면, 최근에는 단순암기식의 문제보다는 기본이론을 전체적으로 잘 이해하고 있는지 묻는 문제들이 다수 출제되어 예전에 비해 시험 난이도가 상대적으로 높아졌다고 할 수 있습니다. 특히, 2016년의 경우에는 자료 분석과 시사적 상식을 요하는 문제들이 대거 출제되어 수험생들을 곤란하게 만들었습니다.

따라서 재정학을 공부하는 수험생 여러분들은 기본이론을 주요 골자로 하되, 이에 세부 내용과 시사적 상식이라는 살을 붙여 전체적인 관점에서 문제를 대하고, 해결하는 연습이 필요해 보입니다.

※ 재정학 출제빈도(2016-2010)

구 분	2016	2015	2014	2013	2012	2011	2010
1편 재정학의 개요	3	2	2	2	4	4	2
2편 외부성, 공공재, 공공선택이론	7	9	9	9	6	7	5
3편 공공지출이론	2	3	3	2	2	2	2
계	12	14	14	13	12	13	9
4편 조세의 기초, 조세의 전가와 귀착	7	4	7	8	9	7	8
5편 조세와 효율성, 최적과세론	2	5	4	6	5	4	6
6편 개별조세론, 조세의 경제적 효과	7	9	4	6	5	9	8
계	16	18	15	20	19	20	22
7편 재정학의 기타주제	12	8	11	7	9	7	9
계	12	8	11	7	9	7	9
합 계	40	40	40	40	40	40	40

목 차

[기출문제]

[정답 및 해설]

기출문제

01 외부성의 문제를 해결하기 위한 과세의 사례는?

① 모든 상품에 대해서 10%의 소비세를 부과하는 경우
② 고소득 근로자들에게 고율의 누진소득세를 부과하는 경우
③ 대기오염을 감축시킬 목적으로 오염발생 기업 제품에 과세하는 경우
④ 고가부동산의 거래에 고율의 취득세를 부과하는 경우
⑤ 중소기업의 법인소득에 법인세를 부과하는 경우

02 우리나라 소득세 및 부가가치세 체계에서 면세자 비율을 낮추기 위한 방안으로 옳지 않은 것을 모두 고른 것은? (단, 향후 경제성장률과 물가상승률은 모두 양의 값이며 경제성장률이 더 높다. 현재의 소득공제 항목은 모두 존치된다.)

> ㄱ. 소비활력 제고를 위해 간이과세자의 간이과세 적용요건을 완화한다.
> ㄴ. 면세점을 현재 수준으로 유지한다.
> ㄷ. 저출산 문제에 대응하기 위해 다자녀 가정의 인적공제를 확대한다.
> ㄹ. 개인연금저축의 공제액을 확대한다.

① ㄱ, ㄴ   ② ㄴ, ㄷ   ③ ㄷ, ㄹ
④ ㄱ, ㄴ, ㄹ   ⑤ ㄱ, ㄷ, ㄹ

03 원점에 대해 볼록한 무차별곡선을 가진 소비자 A는 열등재인 X재와 정상재인 Y재의 소비에 있어서 효용극대화를 달성하고 있다. 정부가 X재에 t_X의 세율로 과세한다고 할 때 가격효과에 관한 설명으로 옳은 것은?

> ㄱ. 대체효과에 의해, A의 X재 소비를 감소시키고 Y재 소비를 증가시킨다.
> ㄴ. 대체효과에 의해, A의 X재 소비를 감소시키고 Y재 소비를 감소시킨다.
> ㄷ. 소득효과에 의해, A의 X재 소비를 증가시키고 Y재 소비를 증가시킨다.
> ㄹ. 소득효과에 의해, A의 X재 소비를 증가시키고 Y재 소비를 감소시킨다.
> ㅁ. 소득효과에 의해, A의 X재 소비를 감소시키고 Y재 소비를 증가시킨다.

① ㄱ, ㄷ   ② ㄱ, ㄹ   ③ ㄱ, ㅁ
④ ㄴ, ㄷ   ⑤ ㄴ, ㄹ

04 편익과 비용의 흐름이 다음 표와 같은 공공투자사업에 관한 설명으로 옳은 것은 몇 개인가? (단, 사회적 할인율은 10%이다.)

분석기간	편익(억원)	비용(억원)
0기	0	10
1기	10	10
2기	10	10
3기	10	10
4기	10	0

> ㄱ. 사업의 내부수익률은 12%이다.
> ㄴ. 본 사업의 순현재가치는 1이다.
> ㄷ. 본 사업의 편익비용비율(B/C ratio)은 1보다 작다.
> ㄹ. 사회적 할인율이 7.5%로 인하되면 순현재가치는 증가한다.

① 0개   ② 1개   ③ 2개
④ 3개   ⑤ 4개

05 재산세와 같은 일반적인 자산과세(property tax)에 관한 설명으로 옳지 않은 것은?

① 자산과세의 세부담자는 자산소유자이지만, 주로 물건을 기준으로 과세되기 때문에 대물세로 간주한다.

② 자산수익률이 노동수익률보다 높은 경우, 자산과세의 강화는 소득분배 불평등도를 완화시킨다.

③ 자산과세를 지방세의 근간으로 하면 지역 간 재정불균형을 심화시킬 수 있다.

④ 이론적으로 동결효과(lock-in effect)로 인하여 부동산 거래를 활성화시킨다.

⑤ 능력원칙과 편익원칙을 모두 구현할 수 있는 과세방식이다.

06 재정연방체제이론에 따른 중앙정부와 지방정부 간 기능배분에 관한 설명으로 옳지 않은 것은?

① 공공재 공급효과가 미치는 공간적 범위에 따라 중앙정부와 지방정부가 공급해야 할 공공재를 구분해야 한다.

② 조세부담-편익 연계가 강한 공공재는 지방정부가, 그렇지 않은 공공재는 중앙정부가 공급하는 것이 바람직하다.

③ 무임승차의 가능성이 높은 공공재의 경우에는 중앙정부가, 그렇지 않은 공공재는 지방정부가 공급하는 것이 바람직하다.

④ 국방과 외교는 중앙정부가, 쓰레기 수거와 거리청소는 지방정부가 공급하는 것이 바람직하다.

⑤ 부정적 외부성이 존재하는 공공재는 중앙정부가, 긍정적 외부성이 존재하는 공공재는 지방정부가 공급하는 것이 바람직하다.

07 중앙정부의 지방자치단체에 대한 교부금 지원이 초래하는 끈끈이효과(flypaper effect)에 관한 설명으로 옳지 않은 것은?

① 지방정부의 공공재 지출증대 효과는 중앙정부의 정액교부금 지원을 통한 경우가 중앙정부의 조세감면-주민소득증가에 의한 경우보다 효과가 더 크다.

② 중앙정부의 교부금으로 인해 지방공공재의 생산비가 하락한 것으로 주민들이 인식하는 경향이 있다.

③ 지역주민이 중앙정부의 교부금 지원에 따른 한계조세가격의 하락으로 인식하는 재정착각에 빠질 수 있다.

④ 관료들이 중앙정부로부터 교부금을 받았다는 사실을 공개할 때 나타나는 현상이다.

⑤ 지방자치단체 관료들의 예산극대화 동기와 무관하지 않다.

08 A국의 소득을 소득계층별, 소득형태별로 정리한 표에 관한 해석으로 옳지 않은 것은?
(단, 소득공제는 없다.)

구 분	총소득(%)	노동소득(%)	자산소득(%)	기타소득(%)
상위(1 ~ 10%)	29.4	31.2	96.9	66.3
중위(11 ~ 60%)	51.0	54.3	3.1	33.7
하위(61 ~ 100%)	19.6	14.5	0.0	0.0
소득형태별 점유율(%)	100.0	86.0	3.0	11.0

① 동일한 세율로 세수를 극대화하려면 자산 및 기타소득에 과세하는 것이 효과적이다.

② 자산소득을 갖고 있는 사람들은 대부분 상위소득자라 할 수 있다.

③ 국가 전체로 보면 노동소득에서 발생하는 금액이 제일 크다.

④ 효과적인 소득재분배를 위해서는 금융소득과 부동산(임대, 양도)소득에 중과세할 필
요가 있다.

⑤ 조세의 효율성 측면에서 판단하자면 동일한 조세수입 가정하에 모든 소득에 단일세
율로 과세하는 것이 좋다.

09 린달(E. Lindahl)의 자발적 협상모형과 관련된 설명으로 옳은 것은 몇 개인가?

> ㄱ. 부정적 외부성이 존재한다 하더라도, 개인 간의 협상을 통해 효율성이 개선될 수
>   있다는 이론이다.
> ㄴ. 린달모형의 정책적 함의는 '개인 간 갈등해소를 위해 정부가 적극적으로 개입해야
>   함'을 의미한다.
> ㄷ. 린달모형에서 도출된 해는 사무엘슨의 효율성 조건을 만족시킬 수 있다.
> ㄹ. 합의에서 결정되는 비용의 부담비율이 시장에서 가격의 기능과 유사함을 밝힌 모
>   형이다.
> ㅁ. 정부의 개입이 불필요하다는 것을 강조했다는 점에서 코즈 이론과 유사하지만, 형
>   평성을 강조했다는 점에서 코즈 이론과 차별화된다.

① 0개   ② 1개   ③ 2개

④ 3개   ⑤ 5개

10 어느 나라의 소득세 과세구간은 n개이고, 각 과세구간의 한계세수당 한계효용의 비율은 다음과 같았다.

$$\frac{MU_1}{MR_1} < \frac{MU_2}{MR_2} = \frac{MU_3}{MR_3} = \cdots = \frac{MU_{n-1}}{MR_{n-1}} < \frac{MU_n}{MR_n}$$

(여기서 MR(한계세수)과 MU(한계효용)는 각각 0보다 크고, 체감한다.)

효용을 극대화할 수 있는 세율 조정방안은? (단, 소비는 세후소득에만 의존하고, 각 구간에서 효용은 소비의 함수, 세수는 세율의 함수이다.)

① 1번째 과세구간의 소득세율은 높이고, n번째 과세구간의 소득세율도 높인다.
② 1번째 과세구간의 소득세율은 높이고, n번째 과세구간의 소득세율은 낮춘다.
③ 1번째 과세구간의 소득세율은 낮추고, n번째 과세구간의 소득세율은 높인다.
④ 1번째 과세구간의 소득세율은 낮추고, n번째 과세구간의 소득세율도 낮춘다.
⑤ 현재 상태에서 세율조정은 불필요하다.

11 오염의 효율적 억제에 관한 설명으로 옳지 않은 것은?

① 오염의 최적수준은 오염감축의 사회적 한계비용이 오염의 사회적 한계피해와 같아지는 점에서 결정된다.
② 오염발생 기업에 대한 과세는 오염감축기술의 개발을 저해한다.
③ 오염은 기업 간 오염감축비용을 고려하여 통제하는 것이 합리적이다.
④ 재산권 설정과 거래를 통해 오염의 최적수준을 달성할 수 있다.
⑤ 오염에 대한 과세는 기업들이 스스로 오염을 억제할 유인을 준다.

12 정부가 정량보조의 형태로 소규모 임대아파트를 지역주민들에게 무상으로 제공하는 경우 경제적 효과로 옳은 것을 모두 고른 것은?

> ㄱ. 무주택자의 입장에서는 정액 임대료를 지원하는 것에 비해 후생면에서 더 우월하다.
> ㄴ. 대형평수 주택소유자의 입장에서는 정액 임대료를 지원하는 것에 비해 후생면에서 더 열등하다.
> ㄷ. 식품을 정량보조로 지급하는 것과 동일한 효과를 갖는다.

① ㄱ   ② ㄴ   ③ ㄱ, ㄴ
④ ㄴ, ㄷ   ⑤ ㄱ, ㄴ, ㄷ

13 우리나라 고용보험제도는 보험료를 일정기간 납부하면 실직 시 일정기간 실업급여로 지급하게 된다. 이의 경제적 효과로 옳은 것은?

① 구직활동을 하지 않게 한다.
② 자발적 실업자에게도 지급된다.
③ 도덕적 해이는 발생하지 않는다.
④ 경기가 좋아지면 실업급여의 지급이 늘어난다.
⑤ 소득대체율이 높을수록 구직노력을 덜 하게 하는 유인이 발생한다.

14 다음과 같은 형태로 운영되는 소득세 과세체계에 관한 설명으로 옳지 않은 것은? (단, 부의 소득세는 고려하지 않는다.)

$$T = (Y - 1,000) \times 0.3 \ (T\text{는 세액, } Y\text{는 소득})$$

① 평균세율보다 한계세율이 항상 높다.
② 비례세에 비해 수직적 형평성을 개선하고 있다.
③ 소득공제액은 1,000이다.
④ 세액공제액은 300이다.
⑤ 누진세 체계를 가지고 있다.

15 소득구간별 세율이 아래와 같을 때, 연금저축에 대하여 400만원까지 소득공제혜택이 주어지던 것이 400만원까지에 대하여 10%의 세액공제로 전환되었다고 가정할 경우의 효과로 옳은 것은?

구 분	세 율
저소득층	5%
중소득층	15%
고소득층	30%

① 중소득자의 혜택이 상대적으로 증가한다.
② 저소득층의 연금저축이 감소할 것이다.
③ 저축금액에 관계없이 모든 계층에게 같은 금액의 세제혜택이 주어진다.
④ 고소득층의 혜택이 상대적으로 더 감소한다.
⑤ 소득분배 개선 효과는 없다.

16 램지(Ramsey)의 최적물품과세원리에 관한 내용으로 옳지 않은 것은?

① 초과부담을 최소화하는 방법이다.
② 과세 시 모든 상품의 소비량 감소율이 같도록 설계되어야 한다.
③ 재화 간 세수에 대한 후생비용의 비율이 같아야 한다.
④ 필수재에 더 높은 세율을 적용하도록 한다.
⑤ 수요의 가격탄력성이 높은 재화일수록 높은 세율을 적용한다.

17 두 사람(A, B)만 존재하고 X재의 양은 $1{,}000$이고, A와 B의 효용함수는 각각 $3\sqrt{X_a}$, $\sqrt{X_b}$이다. 공리주의 사회후생함수의 형태를 가질 경우 사회후생의 극대값은? (단, X_a는 A의 소비량이고, X_b는 B의 소비량이며, X_a와 X_b는 모두 양의 수이다.)

① 60   ② 70   ③ 80   ④ 90   ⑤ 100

18 파레토최적에 관한 설명으로 옳지 않은 것은?

① 생산자 간 생산요소 배분의 효율성은 모든 생산요소시장이 완전경쟁시장이면 달성된다.
② 소비자 간 재화 배분의 효율성은 모든 상품시장이 완전경쟁시장이면 달성된다.
③ 시장경제에서 생산자 및 소비자 모두가 완전경쟁상태에 있다면, 강단조성을 갖는 동시에 외부성 등이 존재하지 않는다는 조건하에서 파레토효율이 이루어진다.
④ 파레토최적 배분상태는 효용가능경계곡선상에서 하나만 나타난다.
⑤ 재화의 최적구성은 생산에 있어서 두 재화 간 한계변환율과 소비에 있어서 두 재화 간 한계대체율이 같을 때 이루어진다.

19 조세를 통한 소득재분배 효과에 관한 설명으로 옳지 않은 것은?

① 누진세 구조의 개인소득세는 저소득층의 소득을 직접 증가시키는 것은 아니지만 소득분배 개선 효과를 나타낸다.
② 소비세의 과세대상을 사치품으로 한정하여 부과한다면 고소득층이 세금부담을 주로 할 것이므로 소득분배 개선 효과를 나타낸다.
③ 한계세율이 점증하는 누진소득세 체계에서 소득공제를 도입하면 고소득층의 세후소득을 감소시킨다.
④ 법인세의 세부담이 소비자에게 전가된다면 소득분배가 악화된다.
⑤ 자산소득 지니계수가 높은 나라에서는 자산소득에 높은 세율로 과세하면 소득분배 개선 효과를 나타낸다.

20 공적연금보험제도 도입이 민간저축에 미치는 영향에 관한 설명으로 옳지 않은 것은?
(단, 다른 조건은 일정하다고 가정한다.)

① 노후대비에 대한 인식이 더욱 제고되어 민간저축은 증가한다.
② 연금 보험료를 납부하게 되면 개인의 가처분소득 감소로 민간저축은 감소한다.
③ 평생에 걸친 소비의 현재가치는 소득의 현재가치와 같다는 조건하에서 자산대체효과는 민간저축을 감소시킨다.
④ 상속효과에 따르면 민간저축은 증가할 것이다.
⑤ 공적연금보험제도의 실시로 발생하는 은퇴효과는 민간저축을 감소시킨다.

21 병원 방문의 수요곡선이 $400 - Q$(Q : 병원 방문 횟수)이고, 건강보험이 없는 상태의 방문당 비용은 100, 건강보험 가입 시 방문당 본인부담금은 20이다. 소비자의 도덕적 해이로 인한 후생비용은?

① 3,200 　　② 4,000 　　③ 5,000
④ 6,000 　　⑤ 6,400

22 규모에 대한 수확체증인 공공서비스 공급에 있어서 가격을 한계비용과 같도록 설정함으로써 발생하는 손실을 해결하기 위한 방안으로 옳지 않은 것은?

① 일반 세원으로 손실을 충당한다.
② 공공서비스의 평균비용으로 공공서비스가격을 결정한다.
③ 소비자가 사용하는 양에 따라 다른 가격을 설정한다.
④ 소비자로 하여금 일정한 금액을 지불하게 한 다음 소비자가 구입하는 양에 비례하여 추가적인 가격을 설정한다.
⑤ 한계수입과 한계비용이 같은 점을 공공서비스가격으로 한다.

23 두 기업(A, B)이 존재하는 경제에서 A기업은 X재를 생산하고, B기업은 Y재를 생산할 경우, A기업의 비용함수(C_a)는 $X^2 + 4X$이고, B기업의 비용함수(C_b)는 $Y^2 + 3Y + X$이다. 효율적인 자원배분을 위한 정부 정책수단으로 옳지 않은 것은? (단, $X > 0$, $Y > 0$이다.)

① B기업에 환경세를 부과한다.

② 외부성을 유발하는 물질에 대한 신규시장을 개설한다.

③ 두 기업을 공동 소유할 수 있도록 통합한다.

④ 두 기업 간 거래비용이 매우 적고, 협상으로 인한 소득재분배의 변화가 없을 경우 자발적 타협을 유도한다.

⑤ 정부가 X재와 Y재의 사회적 최적량을 생산하도록 수량을 규제한다.

24 두 사람(A, B)이 존재하는 경제에서 공공재 X의 한계비용(MC_X)은 $2X$, A의 한계효용(MU_A)은 $4 - X$, B의 한계효용(MU_B)은 $8 - 2X$이다. 공공재의 균형량은?

① 2.4   ② 2.8   ③ 3.0

④ 3.4   ⑤ 4.0

25 안전자산과 위험자산으로 구성되어 있는 경제에서 안전자산의 수익률은 0이며, 개인은 수익극대화를 추구한다. 위험자산에 비례소득세를 부과하고 손실 보상을 전혀 해주지 않는 경우의 설명으로 옳은 것은?

① 위험부담 행위의 소득탄력성이 양이면, 소득효과는 위험자산에 대한 투자를 줄이고 대체효과는 위험자산에 대한 투자를 늘려 총효과는 불확실하다.

② 위험부담 행위의 소득탄력성이 음이면, 소득효과와 대체효과 모두 위험자산에 대한 투자를 늘린다.

③ 위험부담 행위의 소득탄력성이 양이면, 소득효과와 대체효과 모두 위험자산에 대한 투자를 줄인다.

④ 위험부담 행위의 소득탄력성이 음이면, 소득효과와 대체효과 모두 위험자산에 대한 투자를 줄인다.

⑤ 위험부담 행위의 소득탄력성이 양이면 소득효과와 대체효과가 발생하지 않아 위험자산에 대한 투자는 불변이다.

26 시장 내 모든 기업이 이윤극대화를 추구할 때, 종가세와 종량세의 조세귀착에 관한 설명으로 옳지 않은 것은?

① 완전경쟁시장의 경우 과세 후 균형점에서 수요가격과 공급가격의 차만 같으면 종가세와 종량세의 전가는 동일하다.

② 완전경쟁시장의 경우 과세 후 균형점에서 수요가격과 공급가격의 차만 같으면 종가세와 종량세의 조세수입은 동일하다.

③ 독점시장에서 소비자에게 과세하는 경우 종가세와 종량세가 생산량에 동일하게 영향을 미친다면, 종가세의 조세수입이 종량세의 조세수입보다 많아진다.

④ 독점시장에서 소비자에게 과세하는 경우 종가세와 종량세로 인한 조세수입이 같다면, 종가세의 생산량보다 종량세의 생산량이 더 많아진다.

⑤ 독점시장에서 소비자에게 과세하는 경우 종가세와 종량세가 생산량에 동일하게 영향을 미친다면, 종가세와 종량세의 사중손실(deadweight loss)의 크기는 동일하다.

27 근로소득세가 노동공급에 미치는 영향으로 옳은 것은?

① 여가가 정상재일 때, 비례소득세 부과로 인한 대체효과가 소득효과보다 크면 노동공급은 늘어난다.

② 여가가 정상재일 때, 비례소득세와 동일한 조세수입을 가져다주는 비왜곡적인 정액세를 부과하는 경우 노동공급에 미치는 효과는 동일하다.

③ 여가가 열등재일 때, 비례소득세 부과로 인한 대체효과가 소득효과보다 크면 노동공급은 늘어난다.

④ 여가가 열등재일 때, 비례소득세와 동일한 조세수입을 가져다주는 비왜곡적인 정액세를 부과하는 경우 노동공급에 미치는 효과는 동일하다.

⑤ 여가가 열등재일 때, 비왜곡적인 정액세를 부과하는 경우 소득효과만 존재하여 노동공급은 감소한다.

28 스턴(N. Stern)이 주장한 소득세의 최적과세에 관한 설명으로 옳은 것을 모두 고른 것은?

> ㄱ. 불평등에 대한 혐오감지표의 절댓값이 낮을수록 최적소득세율은 낮다.
> ㄴ. 조세수입 목표가 클수록 최적소득세율은 높다.
> ㄷ. 면세점 이상인 소득자에 대해서 최적선형소득세는 최적비선형소득세에 비해 수직적 공평을 제고하는 데 상대적으로 효과적이지 않다.

① ㄱ   ② ㄴ   ③ ㄱ, ㄴ

④ ㄴ, ㄷ   ⑤ ㄱ, ㄴ, ㄷ

29 생산요소의 조세귀착에 관한 부분균형분석적 설명으로 옳은 것은?

① 노동의 수요탄력성이 무한히 클 경우 근로소득세는 고용주가 모두 부담한다.
② 자본에 과세하는 경우 자본의 개방도가 높을수록 자본공급자의 부담은 높아진다.
③ 공급이 고정되어 있는 토지에 대한 과세는 토지의 현재 소유자에게 귀착된다.
④ 토지의 공급이 신축적일 경우 토지에 대한 과세는 완전한 자본화를 가져온다.
⑤ 노동의 공급탄력성이 매우 작을 경우 근로소득세는 고용주가 대부분 부담한다.

30 정부가 공급하는 상호 독립적인 공공서비스 X와 Y의 한계비용은 각각 $MC_X = 20$, $MC_Y = 30$이고, 가격은 각각 $P_X = 25$, $P_Y = 50$이다. Y의 수요의 가격탄력성이 1일 때, 요금 책정에 따른 효율성 상실의 극소화를 보장하는 X의 수요의 가격탄력성은?

① 1 　　　　　② 2 　　　　　③ 2.5
④ 3 　　　　　⑤ 3.5

31 코즈 정리에 관한 설명으로 옳지 않은 것은?

① 정부가 소유권을 설정하면, 자발적 거래에 의하여 시장실패가 해결된다는 정리이다.
② 외부성이 있는 재화의 과다 또는 과소 공급을 해소하는 대책에 해당한다.
③ 외부불경제의 경우 이해당사자 중 가해자와 피해자를 명확하게 구분하지 않더라도 코즈 정리를 적용할 수 있다.
④ 외부성 문제 해결에 있어서 효율성과 형평성을 동시에 고려하는 해결 방안이다.
⑤ 코즈 정리는 외부성 관련 당사자들이 부담해야 하는 거래비용이 작을 때 적용이 용이하다.

32 다수가 사용하는 공공재의 최적공급이론에 관한 설명으로 옳은 것은?

① 비배제성이 존재할 경우에도 공공재의 정확한 수요를 도출할 수 있다.
② 공공재의 전체 수요곡선은 개별수요곡선을 수평으로 합계한 것이다.
③ 공공재의 최적공급 상황에서는 동일한 소비량에 대하여 상이한 가격을 지불하게 된다.
④ 파레토 효율은 공공재 개별 이용자의 한계편익과 한계비용이 일치할 때 달성된다.
⑤ 공공재의 각 이용자가 부담하는 공공재 가격은 공급에 따르는 한계비용과 일치한다.

33 조세의 근거학설 가운데 이익설에 관한 설명으로 옳지 않은 것은?

① 이익의 크기에 따라 조세를 부과하므로 근로의욕을 저해하지 않는다.
② 외부성이 있는 공공재의 공급재원 조달은 어렵다.
③ 공공서비스로부터의 편익에 비례해 부담하기 때문에 무임승차 문제가 발생할 수 없다.
④ 빅셀이 제시한 자발적 교환이론에 근거하고 있다.
⑤ 소득재분배를 위해 필요한 정부지출 재원을 조달하기 어렵다.

34 순수독점시장의 수요함수는 $Q = 300 - 3P$이고, 독점공급자의 총비용함수는 $TC = \frac{1}{2}Q^2 +$

$10Q + 20$이다. 정부가 소비자에게 20의 조세를 부과할 때 옳지 않은 것은?

① 세전 균형거래량은 $Q = 54$이다.
② 세전 균형가격은 $P = 82$이다.
③ 세후 균형거래량은 $Q = 42$이다.
④ 소비자가 실제로 부담하는 단위당 세금은 12이다.
⑤ 공급자가 실제로 부담하는 단위당 세금은 16이다.

35 소득세의 면세점 인상으로 발생한 소득세 감소분 1,000억 원을 재산세의 증세로 보전
할 경우에 나타나는 효과로 옳지 않은 것은?

① 저소득층의 실질소득 증가를 초래한다.
② 부동산소유자의 실질소득 감소와 재산세 증세의 영향으로 재산수익률이 축소된다.
③ 여가가 정상재인 경우 고소득층의 노동공급의 증감은 불확실하다.
④ 자원배분의 효율성이 증진된다.
⑤ 소득분배 형평성을 제고할 수 있다.

36 독점적 경쟁시장하의 개별기업에 대한 과세의 효과에 관한 설명으로 옳은 것은?

① 독점적 경쟁시장의 상품에 과세한 경우, 기업이 충성고객을 확보하였을 때는 전가
가 어렵다.
② 독점적 경쟁시장의 상품에 과세한 경우, 상품에 이질성이 높으면 전가가 어렵다.
③ 독점적 경쟁시장의 기업에 대한 이윤세 부과는 기업의 이윤극대화 행위에 영향을
주지 못한다.
④ 완전경쟁시장 개별기업의 상품에 과세한 경우에 비해 전가가 어렵다.
⑤ 독점적 경쟁시장의 상품에 과세한 경우, 상품에 동질성이 높으면 전가가 용이하다.

37 주어진 소득으로 개인이 재화를 선택하는 데 있어서 중립성을 저해하는 과세방식은?

① 소득세만 부과한다.
② 소득세를 부과한 이후에 특정 재화에 물품세를 부과한다.
③ 소득세와 일반소비세를 부과한다.
④ 모든 재화에 대해 동일한 물품세를 동시에 부과한다.
⑤ 소득효과만 있고 대체효과가 존재하지 않는 조세를 부과한다.

38 시장에 존재하는 불확실성 완화 방안으로 옳지 않은 것은?

① 도덕적 해이의 축소와 역선택의 확대
② 위험분산
③ 보험제도 실시
④ 조건부거래시장 개설
⑤ 정보의 확산

39 정부가 저소득층 아동을 위하여 실시하는 사립학교용 교육바우처 제도에 관한 설명으로 옳지 않은 것은?

① 사립초등학교 지원율을 높일 것이다.
② 사립과 공립초등학교 간 선택의 폭이 늘어날 것이다.
③ 사립초등학교의 신설이 늘어날 것이다.
④ 사립과 공립초등학교 간 경쟁이 높아질 것이다.
⑤ 공립초등학교의 신설이 늘어날 것이다.

40 환경정책 시행을 통해 발생하는 편익을 측정하는 방법으로 옳은 것은?

① 조건부가치측정법은 현시된 선호에 기초해 환경의 질 개선에 대해 사람들이 지불할 용의가 있는 금액을 편익으로 측정하는 방법이다.
② 회피행위접근법은 환경오염으로 발생하는 위험을 회피하기 위해 지불하는 금액을 편익으로 측정하는 방법이다.
③ 헤도닉가격접근법은 환경 질 악화로 손실을 본다고 느끼는 사람들에게 이를 개선하기 위해 지불할 용의가 있는 금액을 편익으로 측정하는 방법이다.
④ 지불의사접근법은 환경재의 질적 개선으로 인한 가격상승폭을 편익으로 측정하는 방법이다.
⑤ 여행비용접근법은 환경재를 이용함에 있어 가상적인 효과를 제시하고, 이를 통해 얼마만큼 지불할 용의가 있는지를 묻는 방법을 통해 측정하는 방법이다.

재정학 기출문제

01 선형소득세제에 관한 설명으로 옳지 않은 것은?

> 세제1 : $T = 10 + 0.1\,Y$
> 세제2 : $T = 0.15\,Y$
> 세제3 : $T = -10 + 0.15\,Y$
> [단, T : 조세수입, Y : 소득]

① 세제1의 조세수입의 소득탄력성이 세제2의 조세수입의 소득탄력성보다 작다.

② 세제2와 세제3은 동일한 한계세율을 가진다.

③ 세제3의 평균세율은 누진구조를 가지고 있다.

④ 세제3의 경우 면세점 이상의 소득자는 소득이 증가할수록 조세수입의 소득탄력성이 더 커진다.

⑤ 세제1과 세제3의 조세수입이 일치하는 지점에서 세제1이 세제3에 비해 조세수입의 소득탄력성이 작다.

02 갑, 을, 병, 정 4명의 주민이 살고 있는 마을에 공동으로 방범용 가로등을 설치하고자 한다. 가로등의 개당 설치비용은 100만원으로 일정하고, 가로등에 대한 주민들의 수요(D)는 아래 그림과 같다고 할 때 적정공급량은 얼마인가?

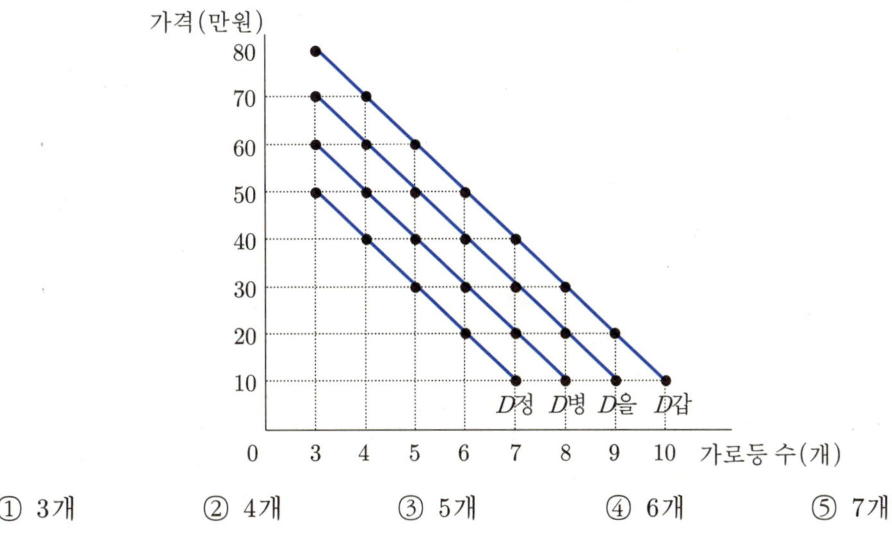

① 3개 ② 4개 ③ 5개 ④ 6개 ⑤ 7개

03 중위투표자 정리에 관한 설명으로 옳지 않은 것은?

① 모든 투표자의 선호가 단봉형일 때 성립한다.

② 다운즈(A. Downs)의 표극대화모형에 따르면, 정치가는 중위투표자의 지지를 얻어야 하는 것으로 해석할 수 있다.

③ 중위투표자 정리에 따르면, 동일 차원의 선택 대안에 대해서는 투표의 역설이 발생한다.

④ 양당제에서 성향이 상반된 두 정당의 선거 공약이 유사해지는 것과 관련이 있다.

⑤ 중위투표자 정리에 의한 정치적 균형이 항상 파레토효율성을 달성하는 것은 아니다.

04 법인세에 관한 설명으로 옳지 않은 것은?

① 법인세 부과는 재화가격의 인상을 통해서 일부 또는 전부가 소비자에게 전가될 수 있다.

② 법인세 부과는 동일한 소득에 대한 이중과세의 문제를 지니고 있다.

③ 법인세가 경제적 이윤에 대한 과세가 되기 위해서는 당기순이익이 경제적 이윤과 같아야 한다.

④ 법인세 부과는 기업의 재원조달방식으로 차입보다 유상증자를 더 선호하게 할 것이다.

⑤ 명목법인세율과 실효법인세율과의 차이는 정부의 법인기업에 대한 지원의 정도를 의미한다.

05 다음 로렌츠 곡선에 관한 설명으로 옳지 않은 것은? (단, 전체 인구는 불변이라고 가정)

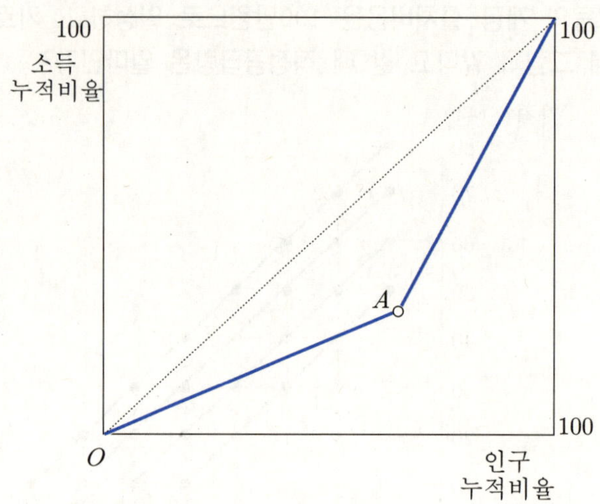

① 로렌츠 곡선상의 A점이 원점을 지나는 대각선에서 멀어질수록 지니계수가 커진다.

② 이 사회에는 두 개의 소득계층이 존재한다.

③ 로렌츠 곡선을 구성하는 두 개 직선의 기울기 차이가 커질수록 계층 간 소득격차가 작아진다.

④ 각 소득계층 내에서 개인의 소득수준은 모두 같다.

⑤ 저소득계층의 소득점유비중과 인구비중이 동시에 증가할 경우 지니계수는 커질 수 있다.

06 부가가치세에 관한 설명으로 옳은 것은?

① 각 생산단계에서 발생하는 총 판매액을 과세대상으로 한다.

② 모든 물품에 대하여 동일비율로 과세한다는 점에서 중립세의 성격을 가진다.

③ 생필품에 단일 세율로 부과할 경우 소득분배에 역진적이다.

④ 기업 간 수직통합을 부추긴다는 문제가 있다.

⑤ 부가가치세 면세 품목에는 영세율이 적용된다.

07 사회보장 및 사회보험 관련 설명으로 옳은 것은 모두 몇 개인가?

> ㄱ. 절대빈곤의 기준소득은 중위소득이다.
> ㄴ. 빈곤 갭(poverty gap)은 빈곤가구의 소득수준을 빈곤선 수준까지 끌어올리는 데 필요한 총소득이다.
> ㄷ. 도덕적 해이로 인해 실업급여가 많을수록 실직기간이 길어질 수 있다.
> ㄹ. 국민연금의 재원조달방식 중 부과방식은 적립방식에 비해 지불능력이 더 안정적이다.
> ㅁ. 근로장려세제는 공적 부조의 문제 중 하나인 근로의욕의 저하를 해결하기 위하여 도입한 세제이다.

① 0개　　　② 1개　　　③ 2개　　　④ 3개　　　⑤ 4개

08 두 쌍의 예비부부의 소득과 소득세액이 아래와 같이 제시되어 있다. (단, 소득공제는 없으며 한계세율은 소득액이 6,000만원까지는 10%, 6,000만원 초과금액에 대해서는 $X\%$를 적용한다고 가정)

예비부부	개인소득	과세단위별 소득세액	
		개인기준	가구(가족)기준
김○○ 박○○	0.3억원 1.7억원	300만원 3,900만원	4,800만원
이○○ 최○○	1억원 1억원	1,800만원 1,800만원	4,800만원

다른 조건이 일정할 때, 두 쌍의 예비부부가 결혼하고 과세방식을 개인기준에서 가구(가족)기준방식으로 변경할 경우 결혼중립성원칙과 수평적 공평성 원칙의 충족여부와 그 때의 한계세율($X\%$)을 바르게 짝지은 것은?

> ㄱ. 결혼중립성 충족　　　　ㄴ. 결혼중립성 미충족
> ㄷ. 수평적 공평성 충족　　　ㄹ. 수평적 공평성 미충족
> ㅁ. 한계세율 : 18%　　　　ㅂ. 한계세율 : 24%
> ㅅ. 한계세율 : 30%　　　　ㅇ. 한계세율 : 36%

① ㄱ－ㄷ－ㅁ　　　② ㄱ－ㄷ－ㅅ　　　③ ㄱ－ㄹ－ㅂ
④ ㄴ－ㄷ－ㅅ　　　⑤ ㄴ－ㄹ－ㅇ

09 지출세와 소득세에 관한 설명으로 옳지 않은 것은? (단, 부분균형분석을 전제로 함)

① 지출세 시행 시 현재소비와 미래소비에 관한 예산선의 기울기는 소득세 시행 시의 예산선의 기울기와 다르지 않다.

② 지출세 지지자들은 소득세가 시점 간 자원배분 과정에서 교란을 일으키게 되어 비효율성의 원인이 된다고 주장한다.

③ 효율성 측면에서 소득세와 지출세를 비교한 결과 지출세가 우월하다.

④ 개인이 사회에 기여하는 것보다는 사회로부터 가져가는 것을 기준으로 과세하는 것이 바람직하다는 점에서 지출세가 선호된다.

⑤ 소득세제하에서는 동일한 경제적 능력의 소유자도 저축성향이 큰 사람일수록 더 무거운 조세부담을 지게 되므로 수평적 공평성을 저해한다.

10 공공요금에 관한 설명으로 옳지 않은 것은?

① 공공요금을 정부가 관리하는 중요한 이유 중의 하나는 관련 공기업이 자연독점 성격을 가지기 때문이다.

② 평균비용곡선이 우하향하는 경우, 한계비용가격설정방식은 평균비용가격설정방식에 비해 사업 손실을 줄일 수 있다.

③ 한계비용가격설정방식을 적용할 경우, 공기업의 손실을 보전하는 방법으로 차별요금제와 이부요금제를 고려할 수 있다.

④ 이부요금제는 서비스 이용 기회에 대한 기본요금과 소비량에 대한 사용요금으로 구성된다.

⑤ 최대부하가격설정방식(peak-load pricing)이란 수요의 변동을 평준화시킴으로써 설비를 최적으로 이용하는 것을 목적으로 한다.

11 목적세에 관한 설명으로 옳지 않은 것은?

① 조세수입이 특정용도에 사용되기로 정해진 세금이다.

② 특정분야 사업에 대해 어느 정도의 예산이 확보될 가능성이 크기 때문에 사업의 안정성이 보장된다.

③ 예산배분에 있어 칸막이가 발생하므로 다른 분야 예산사업의 재정위험이 목적세로 시행하는 사업에 파급되지 않는다.

④ 해당 조세수입이 어느 정부지출로 귀결되는지를 알 수 있다.

⑤ 공공서비스의 비용을 수혜자에게만 직접 부담시킴으로써 조세의 효율성을 제고시킨다.

12 클라크 조세에 관한 설명으로 옳지 않은 것은?

① 개인들이 공공재에 대한 선호를 자발적으로 나타내도록 유인하는 수요표출 메커니즘의 일종이다.
② 공공재가 과다공급되는 것을 방지하기 위한 수단이다.
③ 한 개인에게 부과되는 조세의 크기는 그가 시현한 수요와는 무관하게 결정된다.
④ 한 개인에게 부과되는 조세의 크기는 그의 공공재 추가소비가 다른 모든 사람들에게 미치는 소비자잉여의 순손실과 동일하다.
⑤ 클라크 조세 제도하에서는 자신의 진정한 선호를 표출하는 것이 최선의 전략이다.

13 아래의 표에 나타난 우리나라의 소득세율 체계에 관한 설명으로 옳은 것은? (단, 다른 조건은 일정하다고 가정)

과세표준	세율
1,200만원 이하	6%
1,200만원 초과 ~ 4,600만원 이하	15%
4,600만원 초과 ~ 8,800만원 이하	24%
8,800만원 초과 ~ 1.5억원 이하	35%
1.5억원 초과	38%

① 세액공제의 증가에 따라 한계세율이 감소한다.
② 과세표준 1.5억원 초과구간에서 평균세율은 더 이상 오르지 않는다.
③ 동일한 과세표준 구간에서 조세수입의 소득탄력성은 평균세율에 비례한다.
④ 최저 과세표준 구간의 세율만 하락할 경우, 모든 구간의 납세자 부담이 감소하지는 않는다.
⑤ 과세표준이 1,200만원을 초과하면 평균세율이 한계세율보다 낮다.

14 헤이그-사이먼즈(Haig-Simons)의 포괄적 소득세제에 관한 설명으로 옳은 것은?

① 소득의 발생 사실만으로 과세하는 것은 적절하지 않다는 실현주의에 근거한 소득이다.
② 소비지출과 순가치(개인 잠재소비능력)증가분의 합을 과세대상으로 삼아야 한다는 입장이다.
③ 포괄적 소득세제는 수평적 공평성을 저해시킨다.
④ 배당금이나 자본이득을 다르게 취급하고, 여가나 내구성 자산으로부터의 귀속소득은 과세대상에서 제외한다.
⑤ 편익원칙에 충실한 과세방식이다.

15 법인세 부과가 기업의 투자행위에 미치는 영향에 관한 설명으로 옳은 것은?

① 한계실효세율이 음(−)의 값을 가지는 경우, 법인세 부과가 투자행위를 위축시킬 수 있다.

② 법인세가 부과된 후 자본의 사용자비용이 감소하면 법인세 부과가 투자행위를 위축시킨다고 해석할 수 있다.

③ 투자세액공제나 가속상각제도의 채택은 자본의 사용자비용을 증가시킨다.

④ 자본의 사용자비용과 관련된 한계실효세율 측정은 세후수익률을 세전수익률로 나누어서 구할 수 있다.

⑤ 법인세가 부과된 후 자본의 사용자비용에 변화가 없으면 투자행위에 중립적이라고 해석할 수 있다.

16 완전경쟁시장에서 수요곡선은 우하향하는 직선으로 주어져 있고 공급곡선은 완전탄력적이라고 가정할 때, 재화 한 단위당 종가세 t를 부과하는 경우에 관한 설명으로 옳지 않은 것은? (단, 부분균형분석을 전제로 함)

① 조세의 초과부담은 t의 제곱에 비례한다.

② 조세수입은 t의 제곱에 비례한다.

③ 수요가 가격탄력적일 때 세후 판매수입은 과세 이전보다 줄어든다.

④ 세후 소비자가격은 과세 이전에 비해 (세전가격 $\times t$)만큼 상승한다.

⑤ 과세 후 소비자잉여가 감소한다.

17 시간당 임금률 W_0를 받고 있던 근로자가 여가와 소득 사이에서 선택하는 상황을 가정하자. 여가와 소득에 관한 무차별곡선은 원점에 대해 볼록한 일반적 형태이며, 여가는 열등재이다. 세율 t로 비례소득세가 부과된 경우 소득세가 노동공급에 미치는 효과에 관한 설명으로 옳은 것은?

① 순임금률은 $(1+t)W_0$로 상승한다.

② 소득효과는 노동공급량을 감소시킨다.

③ 대체효과는 노동공급량을 증가시킨다.

④ 대체효과가 소득효과보다 크면 노동공급량을 늘리는 방향으로 작용한다.

⑤ 노동공급곡선은 우하향하는 형태를 가진다.

18 X재에 대한 보상수요함수는 $Q = -2P + 40$이고, X재는 단위당 10원으로 얼마든지 구매할 수 있다고 하자. 물품세 부과로 인한 조세수입액이 32원이고 비효율성 계수가 $\frac{1}{8}$이라 할 때, X재에 단위당 부과된 물품세는 얼마인가?

① 1원 ② 2원 ③ 4원 ④ 8원 ⑤ 16원

19 국가채무에 관한 설명으로 옳지 않은 것은?

① 인플레이션은 국가채무의 실질가치를 감소시킨다.
② 이자율 상승은 국가채무의 일부를 자동적으로 갚아주는 효과를 가진다.
③ 리카도의 대등정리가 현실에서 성립할지라도 국채 발행은 여전히 미래세대의 부담으로 남는다.
④ 기술진보와 생산성의 증대로 미래세대가 현재세대보다 더 풍요로운 생활을 즐길 수 있다면, 국채에 의해 재원을 조달하는 것이 정당화될 수 있다.
⑤ 일반적으로 국채 발행은 어느 정도 구축효과를 통해 민간부문의 투자를 위축시킬 수 있다.

20 램지원칙에 관한 설명으로 옳은 것은?

① 램지원칙에 따르면, 수요의 가격탄력성이 0인 재화가 있다면 이 재화에 대해서만 조세를 부과해도 된다.
② 램지원칙이 성립하기 위해서는 각각의 재화가 대체관계에 있어야 한다.
③ 수요의 가격탄력성이 큰 재화일수록 낮은 세율을 적용하는 것이 형평성의 관점에서 바람직하다.
④ 램지원칙에 따르면, 각 재화에 대해 단일 세율로 물품세를 부과하는 것이 효율적이다.
⑤ 필수품에는 낮게 과세하는 것이 램지원칙에 부합할 뿐 아니라, 사회적으로도 바람직하다.

21 분권화된 재정제도의 장·단점에 관한 설명으로 옳지 않은 것은?

① 지방공공재 공급과정에서 인근 자치단체 간에 발생하는 외부성을 해결하기 어렵다.

② 주민들이 자신이 원하는 공공재를 공급하는 자치단체로 이동할 유인을 제공함으로써 지방정부 간 경쟁을 촉진시킨다.

③ 지방정부가 중앙정부보다 지역 내 공공부문의 자원배분에 필요한 지역 내 수요를 파악하는 데 유리하다.

④ 이동성이 높은 생산요소에 무거운 세금을 부과할 수 있기 때문에 조세징수상의 효율성이 증가한다.

⑤ 지방정부 간 조세경쟁으로 인해 조세제도가 비효율적으로 운영될 가능성이 있다.

22 A와 B의 효용함수가 $U_A = 20Y_A^2 + Y_A + 3$, $U_B = 30Y_B^2 + Y_B + 2$로 주어져 있다(Y_A와 Y_B는 각각 A와 B의 소득). 공리주의에 의한 최적배분을 달성하기 위해서 총소득 100을 두 사람 사이에 어떻게 나누어야 적합한가?

① $Y_A = 40$, $Y_B = 60$ ② $Y_A = 50$, $Y_B = 50$ ③ $Y_A = 60$, $Y_B = 40$

④ $Y_A = 70$, $Y_B = 30$ ⑤ $Y_A = 80$, $Y_B = 20$

23 시장실패에 관한 설명으로 옳지 않은 것은?

① 시장실패는 정부개입의 충분조건을 제공한다.

② 시장실패는 자원배분의 비효율성을 초래한다.

③ 정보의 비대칭성이 시장실패를 야기할 수 있다.

④ 외부성의 존재로 인해 시장실패가 일어날 수 있다.

⑤ 시장이 완비되지 못한 경우 시장실패가 일어날 수 있다.

24 공공재에 관한 설명으로 옳지 않은 것은?

① 공공재는 높은 외부경제 효과가 발생하는 재화에 속한다.

② 비경합성이 강한 공공재일수록 공공재가 주는 사회적 편익의 크기는 더 커진다.

③ 비배제성이 강한 공공재일수록 공공재의 공급비용이 더 크다.

④ 공공재의 생산을 정부가 직접 담당하지 않고 민간에 위탁하는 경우도 있다.

⑤ 공공재의 무임승차 문제는 자원배분의 효율성을 저해한다.

25 소득에 관한 설명으로 옳지 않은 것은?

① 소득은 노동시장에서 여가와 노동에 대한 선택의 결과를 반영할 수 있기 때문에 동일한 예산집합을 가지는 두 사람의 경제적 능력을 달리 취급하는 경우가 발생한다.

② 현행의 소득세제는 실현주의 원칙에 기반을 두면서 부분적으로 예외를 인정하고 있다.

③ 다른 조건이 일정할 때, 인플레이션으로 인해 명목소득이 증가하는 경우 소득세 부담이 증가한다.

④ 대부분의 나라에서 요소소득은 과세대상으로 하고 있지만, 이전소득의 경우에는 많은 부분을 비과세대상으로 처리하고 있다.

⑤ 귀속소득(imputed income)에 대한 과세가 대부분의 나라에서 이루어지고 있다.

26 A와 B 두 사람만 사는 섬에 공동 대피동굴을 파기로 했다. 동굴의 깊이(D 미터)에 대한 A의 총효용함수는 $U_A = 50 + 100D - D^2$, B의 총효용함수는 $U_B = 30 + 40D - \frac{1}{4}D^2$으로 표시된다고 한다. 동굴을 파는 총비용함수는 $C = 100 + 0.5D^2$으로 주어져 있다. 동굴의 최적 깊이는 얼마인가?

① 20미터 ② 30미터 ③ 40미터 ④ 50미터 ⑤ 70미터

27 조세의 부과로 인해 발생하는 초과부담에 관한 설명으로 옳지 않은 것은?

① 완전보완재인 두 재화 중 어느 하나에 물품세를 부과할 경우 초과부담의 크기는 세율에 비례하여 커진다.

② 수요가 완전비탄력적일 때 물품세를 부과하더라도 해당 시장에서 초과부담은 발생하지 않는다.

③ 종가세가 부과될 경우, 초과부담은 수요의 가격탄력성이 크거나 재화의 거래액이 많을수록 증가한다.

④ 초과부담은 대체효과에 의해서만 발생하기 때문에 초과부담을 분석하기 위해서는 소득효과가 제거된 보상수요곡선을 사용해야 한다.

⑤ 독립적인 관계에 있는 두 재화에 물품세를 부과할 때 발생하는 초과부담은 대체관계에 있을 때에 비해 더 커진다.

28 복지-부담 정도에 관한 선호체계 중 투표의 역설을 일으키는 사례를 모두 고른 것은?

구 분	순 위	A	B	C
사례 I	1	저부담-저복지	고부담-고복지	중부담-중복지
	2	중부담-중복지	중부담-중복지	고부담-고복지
	3	고부담-고복지	저부담-저복지	저부담-저복지
사례 II	1	저부담-저복지	고부담-고복지	중부담-중복지
	2	중부담-중복지	저부담-저복지	고부담-고복지
	3	고부담-고복지	중부담-중복지	저부담-저복지
사례 III	1	고부담-고복지	중부담-중복지	저부담-저복지
	2	중부담-중복지	고부담-고복지	고부담-고복지
	3	저부담-저복지	저부담-저복지	중부담-중복지

① 사례 I   ② 사례 II   ③ 사례 III
④ 사례 I, 사례 II   ⑤ 사례 II, 사례 III

29 연탄시장은 완전경쟁시장이며, 수요곡선이 $Q = 200 - P$, 단기공급곡선이 $Q = P - 100$이라고 한다. 연탄제조 과정에서 발생하는 분진에 따른 사회적 한계피해액(MD)은 $MD = Q/2$ 이다. 연탄생산량 감축에 따른 피구보조금(Pigouvian subsidy)을 지급한다고 할 때, 생산량 감축 단위당 보조금의 최적수준은 얼마인가?

① 5   ② 10   ③ 15   ④ 20   ⑤ 25

30 외부성의 내부화에 관한 설명으로 옳은 것은?

① 공해를 줄이는 기업에 대해 저감된 공해단위당 일정 금액의 보조금을 지급하는 경우, 단기적으로는 배출단위당 같은 금액의 환경세를 부과하는 경우와 공해저감효과가 동일하다.
② 배출권거래시장이 형성되기 위해서는 허용된 배출량까지 공해를 저감하는 데 있어서 공해유발자들의 한계비용에 차이가 없어야 한다.
③ 코즈(R. Coase)정리는 협상당사자가 많아 협상비용이 과다한 경우라도 당사자 간의 자발적인 협상에 의해서 효율적 자원배분이 이루어질 수 있다는 것이다.
④ 여러 공해유발자들에 대하여 법으로 동일한 규모의 배출한도를 설정하는 것은 행정적으로 가장 간단하면서도 효율적이다.
⑤ 피구세(Pigouvian tax)는 교란을 일으키지 않는 중립세이다.

31 음($-$)의 소득세제(negative income tax)가 $S = b - tE$ 로 주어졌을 때의 설명으로 옳지 않은 것은? (단, S : 보조금, b : 기초수당, t : 한계세율, E : 스스로 벌어들인 소득)

① b가 30만원, t가 0.1일 때, E가 300만원이면 보조금 혜택이 중단된다.
② 일반적으로 이 제도를 설계할 때의 기본적인 선택변수는 b와 t이다.
③ b가 30만원, t가 0.2일 때 보조금을 받기 위해서 E는 150만원 미만이어야 한다.
④ 다른 조건이 일정할 때, b가 클수록 재분배 효과가 작아진다.
⑤ 다른 조건이 일정할 때, t가 인하되면 보조금이 늘어난다.

32 탈세에 관한 설명으로 옳지 않은 것은?

① 탈세는 법률을 위반해 가면서 조세부담을 줄인다는 점에서 조세회피와 구별된다.
② 세무조사를 받을 확률이나 벌금률을 높이는 것은 탈세를 줄이는 데 기여할 수 있다.
③ 세율을 인상할 경우 일반적으로 대체효과에 의해 탈세가 줄어드는 경향이 있다.
④ 조세제도가 자신을 불공평하게 대우했다고 느끼는 사람일수록 탈세행위를 할 가능성이 커진다.
⑤ 탈세 규모가 커질수록 지하경제가 확대된다.

33 국민소득결정에 관한 단순 케인즈 모형이 아래와 같을 때, 정부지출과 관련된 설명으로 옳지 않은 것은? (단, 총공급곡선은 완전탄력적이며, 기업투자 및 정부지출은 독립적으로 이루어진다고 가정)

$$Y = C + I + G$$
$$C = C_0 + c(Y - T)$$

[T : 세금(정액세), c : 한계소비성향($0 < c < 1$), Y : 국민소득, C : 민간소비, C_0 : 상수, I : 기업투자, G : 정부지출]

① 정부지출이 100만큼 증가할 경우 국민소득은 100보다 더 많이 증가한다.
② 조세를 100만큼 경감해 줄 경우가 정부지출을 100만큼 증가시킬 경우에 비해 국민소득을 더 적게 증가시킨다.
③ 정부재정의 건전성을 확보하기 위해서 정부지출 증가액을 조세수입 증가액과 일치시킨다면 국민소득은 증가하지 않는다.
④ 노후 준비 등으로 민간부문의 한계소비성향이 감소할 경우 정부지출이 유발하는 국민소득 증가분은 줄어든다.
⑤ 기업투자나 정부지출이나 각각 100만큼 증가할 경우, 국민소득에 미치는 효과는 같다.

34 A기업은 ○○산업단지에 현재 시점에서 10억원의 투자비용이 일시에 소요되는 시설을 건축하기로 했다. 이 시설로부터 1년 후에는 10억원의 소득이 발생할 것으로 예상되고, 2년 후에는 B기업이 20억원에 이 시설을 인수하기로 했다고 하자. 연간 이자율이 50%라면 A기업의 입장에서 해당 사업의 내부수익률은 얼마인가?

① 50% ② 100% ③ 150%
④ 200% ⑤ 250%

35 공공사업의 비용–편익분석에 관한 설명으로 옳지 않은 것은?

① 공공사업에 사용될 투입요소가 민간의 독점시장으로부터 제공된다면, 비용계산 시 독점 가격에서 독점이윤을 제외시켜야 한다.
② 투입요소에 간접세가 부과된 경우, 이 조세는 정부로 이전되기 때문에 비용계산 시 제외시켜야 한다.
③ 사회적 할인율이 높아질수록 초기에 편익이 집중되는 사업이 유리해진다.
④ 공공투자에 사용되는 자금의 기회비용은 그 자금을 어떤 방식으로 조달하였느냐에 따라 달라질 수 있다.
⑤ 시장이자율이 사회적 할인율보다 높을 때 시장이자율을 할인율로 사용하면 공공사업의 경제성이 커질 수 있다.

36 담배수요에 대한 흡연자들의 가격탄력성이 아래와 같을 때, 정부의 담배소비세 인상에 관한 설명으로 옳지 않은 것은? (단, 다른 조건은 일정하다고 가정)

〈담배수요 가격탄력성〉

구 분	청소년	성인	전체 평균
저소득층	3.24	0.81	0.89
고소득층	2.76	0.80	0.85

① 청소년의 담배 지출액은 감소할 것이다.
② 성인의 담배 지출액은 증가할 것이다.
③ 두 소득계층으로부터의 조세수입은 증가할 것이다.
④ 청소년의 담배소비가 성인에 비해 상대적으로 많이 감소할 것이다.
⑤ 저소득층 전체의 담배소비가 고소득층 전체에 비해 상대적으로 더 적게 감소할 것이다.

37 하버거(A. Harberger)의 조세부담 귀착에 대한 일반균형분석모형을 아래와 같이 가정하자.

> 1. 서로 독립적인 두 가지 재화가 각각 법인부문(자본집약적으로 생산)과 비법인부문(노동집약적으로 생산)에서 선형동차의 생산함수에 따라 노동과 자본을 투입해서 생산된다.
> 2. 요소시장은 완전경쟁적인 시장이고, 노동과 자본의 총량은 일정하며 부문 간 완전한 이동성을 가진다.
> 3. 각 재화의 수요곡선은 우하향한다.

이때 정부가 법인세를 부과할 경우 나타나는 현상에 관한 설명으로 옳은 것은?

① 산출효과에 의해 노동에 대한 자본의 상대가격이 하락한다.
② 법인, 비법인부문 모두 자본-노동비율(K/L)이 하락한다.
③ 요소대체효과에 의해 법인부문에서 노동에 대한 자본의 상대가격이 상승한다.
④ 과세 후 법인부문이 생산하는 재화에 대한 수요는 증가한다.
⑤ 산출효과와 요소대체효과가 서로 반대방향으로 작용하기 때문에 결과적으로 노동자와 자본가 중 어느 쪽으로 조세부담이 귀착될지 불분명하다.

38 사회후생함수에 관한 설명으로 옳지 않은 것은?

① 롤즈(J. Rawls)의 사회후생함수는 레온티에프(Leontief) 생산함수와 동일한 형태를 가진다.
② 평등주의 사회후생함수는 모든 사회 구성원들에게 동일한 가중치를 부여한다.
③ 애로우(K. Arrow)의 불가능성 정리는 사회의 여러 상태를 비교, 평가할 수 있는 합리적이고 민주적인 기준을 찾을 수 없다는 것을 뜻한다.
④ 공리주의적 사회무차별곡선의 기울기는 -1이다.
⑤ 에지워스(F. Edgeworth)의 주장에 의하면, 소득의 재분배는 사회후생을 증가시킬 수 있다.

39 정부가 저소득층을 위해 소득을 지원하거나 식품 가격을 보조할 수 있다고 하자. 정부지출의 경제적 효과에 관한 설명으로 옳지 않은 것은? (단, 저소득층의 무차별곡선은 원점에 대해 볼록한 일반적 형태를 가짐)

① 정책목표가 개인들의 효용 증대에 있다면, 소득지원 정책보다는 가격보조 정책이 더 효과적이다.
② 가격보조 정책의 경우 소득효과와 대체효과가 동시에 발생한다.
③ 가격보조 정책이 비효율성을 일으키는 원인은 상대가격구조가 변하기 때문이다.
④ 소득지원 정책은 소득효과만 발생시키므로 자원배분의 비효율성을 유발하지 않는다.
⑤ 정책목표가 대상자의 식품소비 증대에 있다면, 가격보조 정책이 소득지원 정책보다 더 효과적이다.

40 완전경쟁시장에서 정부가 오염물질배출 재화의 소비를 감소시키기 위해 다음과 같이 T 만큼 종량세를 부과하였다. 다음 중 옳지 않은 것은? (단, MC_S : 사회적 한계비용, MC_P : 개인적 한계비용)

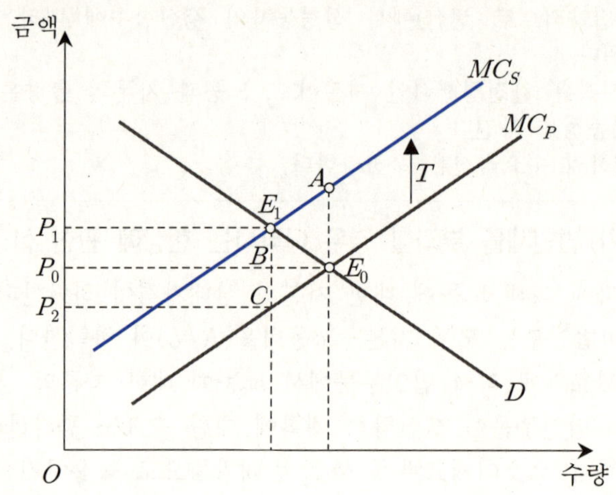

① 소비자잉여 감소분 : $P_1P_0E_0E_1$

② 생산자잉여 감소분 : $P_0P_2CE_0$

③ 조세수입 증가분 : $P_1P_2CE_1$

④ 사회적 한계피해액의 감소분 : E_1CE_0

⑤ 사회적 순잉여 증가분 : AE_1E_0

2014

01 정부가 세수 증대를 목적으로 비과세인 금융상품의 일부를 과세대상으로 전환하였다. 이 정책이 해당 금융상품을 보유하고 있는 개인의 노동공급에 미치는 효과에 관한 설명으로 옳은 것은? (단, 여가는 정상재이다.)

① 여가는 감소하게 된다.
② 대체효과는 노동공급을 증가시킨다.
③ 대체효과는 노동공급을 감소시킨다.
④ 비과세금융상품에 대한 신규 과세로 임금률이 변화한다.
⑤ 소득효과는 노동공급을 감소시킨다.

02 건강보험(의료보험) 시행과정에서 발생하는 도덕적 해이를 줄일 수 있는 방안을 모두 고른 것은?

ㄱ. 공제제도(deductibles)	ㄴ. 영리병원제도
ㄷ. 공동보험제도(coinsurance)	ㄹ. 정보의 확산

① ㄱ, ㄷ   ② ㄴ, ㄹ   ③ ㄱ, ㄴ, ㄷ
④ ㄴ, ㄷ, ㄹ   ⑤ ㄱ, ㄴ, ㄷ, ㄹ

03 가격보조에 관한 설명으로 옳지 않은 것은?

① 소비자에게 가격보조를 하면 상품의 가격이 인상될 수 있다.

② 소비자에게 가격보조를 하거나 생산자에게 가격보조를 하거나 소비증대 효과는 동일하다.

③ 가격보조로 인하여 소비가 증대되어도 후생비용은 발생하지 않는다.

④ 가격보조는 소비 촉진효과를 기대하고 도입한다.

⑤ 가격보조는 상품 한 단위당 정액으로 보조하거나 가격의 일정 비율을 보조하는 방법이 있다.

04 일정 연령의 아동이 있는 저소득층 가구에게 교육바우처가 지급될 경우 발생할 수 있는 결과로서 옳지 않은 것은?

① 저소득층 가구의 사립학교 진학률이 높아질 수 있다.

② 저소득층 가구의 교육기회를 확대하는 효과가 있다.

③ 고소득층 가구의 공교육비 지출이 늘어난다.

④ 개인들의 선호에 따른 교육을 가능하게 한다.

⑤ 학교 간 경쟁이 가능하여 공교육의 수준을 높일 수 있다.

05 A, B 두 투자 사업은 사업 초기에 대부분의 비용이 발생하고, 사업기간은 각각 5년, 10년이다. 그리고 2%의 할인율하에서 순현재가치(NPV)는 동일하며 내부수익률은 각각 5%와 3%이다. 다음 설명 중 옳지 않은 것은?

① A, B 모두 내부수익률이 할인율보다 높아서 사업 추진이 가능하다.

② 내부수익률로 보면 A가 B보다 높아서 A를 선택한다.

③ A의 순현재가치와 B의 순현재가치가 같아서 현재가치법으로는 투자의 우선순위를 결정할 수 없다.

④ 현재가치법에 따르면 할인율을 4%로 하면 B의 순현재가치가 A보다 커져서 B를 선택한다.

⑤ 투자계획의 크기가 서로 다른 상황에서는 내부수익률만으로 투자의 우선순위를 결정하는 경우 오류가 발생할 수 있다.

06 우리나라 건강보험제도에 관한 설명으로 옳은 것은?

> ㄱ. 일반적으로 역선택 문제가 발생한다.
> ㄴ. 진료비는 건강보험에서 전액 부담하는 것이 효율성 측면에서 바람직하다.
> ㄷ. 건강보험 당연지정제가 폐지된다면 의료시장의 양극화가 일어날 수 있다.
> ㄹ. 건강보험을 통해 제공되는 의료서비스는 외부성이 높은 서비스이다.

① ㄱ, ㄴ   ② ㄴ, ㄷ   ③ ㄴ, ㄹ
④ ㄷ, ㄹ   ⑤ ㄱ, ㄷ, ㄹ

07 공평과세를 달성하기 위한 조세 부과방식에 관한 설명으로 옳지 않은 것은?

① 담배는 외부불경제를 유발하기 때문에 담배소비세를 부과해야 한다.
② 고소득자는 부담능력이 커서 더 많은 조세를 부담해야 한다.
③ 자녀 등 부양가족이 많으면 부담능력이 줄어들어 조세를 적게 부담하도록 한다.
④ 자동차 소유자는 편익의 원칙에 따라 주행거리에 비례하여 자동차세를 부담해야 한다.
⑤ 지역의 공공서비스 편익을 많이 받는 사람이 지방세를 많이 부담해야 한다.

08 고용보험제도(실업보험제도) 실시의 영향으로 옳지 않은 것은?

① 불황일 때 유효수요를 줄여 경기를 위축시킨다.
② 고용보험의 급여수준이 증가하면 실업기간이 늘어나는 경향이 있다.
③ 고용보험 지급기간이 장기간인 국가일수록 실업률이 높아지는 경향이 있다.
④ 직업탐색 기간이 길어져 직업숙련도 및 기술에 보다 적합한 직업을 찾을 수 있다.
⑤ 고용이 안정적인 집단은 그렇지 않은 집단과 비교하여 상대적으로 불리할 수 있다.

09 근로소득세의 후생비용을 결정하는 요인에 관한 설명으로 옳지 않은 것은?

① 근로소득세율이 높을수록 후생비용이 크다.
② 임금률이 높을수록 후생비용이 크다.
③ 임금총액이 클수록 후생비용이 크다.
④ 보상노동공급곡선의 탄력성이 클수록 후생비용이 크다.
⑤ 노동수요곡선의 탄력성이 작을수록 후생비용이 크다.

10 A와 B의 효용함수는 각 $U_a = \min\{x_a,\ y_a\}$, $U_b = \min\{x_b,\ y_b\}$이다. x재화와 y재화의 전체 공급량은 각각 10이다. 계약곡선과 효용가능곡선(utility possibility frontier)의 형태로 옳은 것은?

① 통상적인 에지워스박스에서 우하향하는 대각선, $U_b = 5 + U_a$
② 통상적인 에지워스박스에서 우하향하는 대각선, $U_b = 5 + 2U_a$
③ 통상적인 에지워스박스에서 우상향하는 대각선, $U_b = 10 - U_a$
④ 통상적인 에지워스박스에서 우상향하는 대각선, $U_b = 10 - 2U_a$
⑤ 계약곡선과 효용가능곡선은 존재하지 않는다.

11 당사자 간의 자발적 교환에 의해 공공재의 생산수준과 비용분담비율을 동시에 결정하는 린달균형모형에 관한 설명으로 옳지 않은 것은?

① 개별 소비자의 공공재 비용분담비율은 그 소비자의 소득에 비례한다.
② 분권화된 준 시장적 해결책(quasi-market solution)이다.
③ 개별 소비자의 공공재 비용분담비율은 당사자 간의 합의 결과이다.
④ 공공재가 갖는 비배제성 때문에 무임승차의 문제가 발생할 수 있다는 비판이 있다.
⑤ 린달균형에서 공공재 생산량은 최적 생산량이다.

12 한 국가에 세 개의 집단 A, B, C가 있고 각 집단의 공교육 지출 규모에 대한 선호는 다음과 같다. 다수결투표제를 통해 공교육 지출 규모를 결정하는 경우 다음의 설명 중 옳은 것은? (단, 지출 규모는 $x > y > z$ 순서이다.)

	A	B	C
1순위	x	y	z
2순위	y	z	x
3순위	z	x	y

① 집단적 선호의 이행성은 충족된다.
② B가 가장 선호하는 안건이 선택된다.
③ 의사진행조작(agenda manipulation)의 문제가 발생한다.
④ 사회적 선호가 일관성 있게 결정된다.
⑤ 투표의 역설(voting paradox) 현상은 발생하지 않는다.

13 두 재화 A와 B의 보상수요의 가격탄력성은 각각 3과 0.3이다. A재 가격은 1,000원, B재 가격은 500원이다. A재의 가격에 10%의 세금을 부과하였을 때, 효율성 상실을 극소화하기 위해서는 B재에 얼마만큼의 세금을 부과하여야 하는가? (단, A, B 두 재화는 서로 독립재이며 두 재화의 공급곡선은 완전탄력적이다.)

① 10원   ② 50원   ③ 100원

④ 250원   ⑤ 500원

14 A국은 2014년부터 아래 그림과 같이 근로장려세제를 도입하기로 했다. 정부가 근로소득 1,100만원까지는 근로장려세를 100원당 40원씩 지급하고, 근로소득 1,500만원에서 3,700만원까지는 100원당 20원씩 줄여 지급한다. A국의 2014년에 예상되는 노동공급과 관련한 설명으로 옳은 것은? (단, 여가는 정상재이다.)

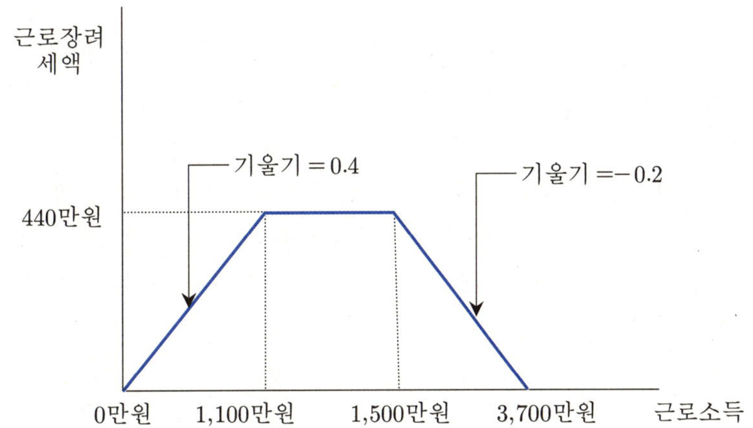

① 2013년 노동시장에 전혀 참여하지 않았던 사람은 소득효과의 크기에 따라 노동시장의 참여 여부를 결정한다.

② 근로소득이 600만원인 사람은 대체효과가 소득효과보다 크면 노동공급을 감소시킬 것이다.

③ 근로소득이 1,300만원인 사람은 소득효과만 존재하므로 노동공급을 증가시킬 것이다.

④ 근로소득이 2,500만원인 사람은 대체효과와 소득효과 모두 노동공급을 감소시킬 것이다.

⑤ 근로소득이 5,000만원인 사람은 노동공급을 감소시킬 것이다.

15 수요함수와 공급함수가 각각 다음과 같다. 생산자에게 개당 200원의 종량세를 부과하면 소비자와 생산자가 각각 부담해야 하는 세금의 크기는 얼마인가? (단, P : 가격, Q : 수량)

> • 공급함수 : $P = Q$
> • 수요함수 : $P = 2,000 - Q$

① 소비자 20원, 생산자 180원
② 소비자 50원, 생산자 150원
③ 소비자 100원, 생산자 100원
④ 소비자 150원, 생산자 50원
⑤ 소비자 180원, 생산자 20원

16 티부가설(Tiebout hypothesis)에 관한 설명으로 옳지 않은 것은?

① 지방공공재는 비례재산세에 의해 조달된다고 가정한다.
② 지방공공재의 외부효과가 존재하더라도 티부가설은 성립한다.
③ 발에 의한 투표(voting with the feet)에 의해 지방공공재에 대한 선호를 표출한다.
④ 티부가설이 성립하기 위해서는 충분히 많은 지역들이 존재해야 한다.
⑤ 균형상태에서는 지방공공재에 대한 선호가 비슷한 사람들끼리 모여 산다.

17 공공재에 관한 설명으로 옳은 것은?

① 국가가 제공하는 의료서비스나 주택서비스는 공공재이다.
② 공공재도 배제가 가능하면 민간에 의해 공급이 가능하다.
③ 클럽재는 혼잡재(congestion goods)의 일종으로 파레토 효율조건은 회원 수와 적정 시설 규모 중의 하나만 반영해야 한다.
④ 부캐넌(Buchanan)의 클럽 이론은 클럽을 구성하는 모든 소비자의 재화에 대한 이용형태가 모두 상이하다는 것을 전제로 한다.
⑤ 클라크세(Clarke tax)는 공공재 수요자의 진정한 선호를 이끌어내기 위한 제도로서 균형재정을 보장한다.

18 국방에 대한 갑의 수요함수는 $Q = 45 - 3P$, 을과 병의 수요함수는 각각 $Q = 40 - 4P$ 이다. 국방의 한계비용이 25이면 사회적으로 적정한 국방 수준과 갑, 을, 병이 각각 부담해야 할 몫은? (단, Q : 국방 수준, P : 부담몫)

① 국방 수준은 10, 갑은 23, 을과 병은 각각 15
② 국방 수준은 12, 갑은 11, 을과 병은 각각 7
③ 국방 수준은 12, 갑은 11, 을과 병은 각각 9
④ 국방 수준은 23, 갑은 21, 을과 병은 각각 20
⑤ 국방 수준은 23, 갑은 15, 을과 병은 각각 10

19 시장에서 거래되지 않는 재화의 가치측정방법에 관한 설명으로 옳지 않은 것은?

① 환경과 같은 비시장재화의 가치 측정은 이중계산이나 과대계상의 위험성을 가지고 있다.
② 통계적 생명의 가치는 장래기대소득의 현재가치를 계산하는 방법을 이용하여 측정할 수 있다.
③ 환경의 가치를 설문조사나 주민들의 선호도 조사를 통해 측정하는 방법을 조건부가치평가법(CVM)이라고 한다.
④ 시간의 가치는 서로 다른 시간이 소요되는 상이한 교통수단에 지불되는 비용의 차이를 이용하여 평가할 수 있다.
⑤ 통계적 생명의 가치는 특정 사업장에서 발생할 수 있는 위험에 따른 임금격차 금액에 사망사고 발생 확률을 곱하여 측정할 수 있다.

20 공공선택에 관한 설명으로 옳지 않은 것은?

① 니스카넨(Niskanen) 모형에서 관료는 총편익과 총비용이 일치하는 수준까지 예산을 확대한다.
② 니스카넨 모형에서 관료는 과잉생산의 경향을 보인다.
③ 다운즈(Downs)의 득표극대화모형에서 정치가는 정부의 경제활동에 따른 순편익을 극대화하려 한다.
④ 미그-빌레인저(Migue-Belanger) 모형에서 공공서비스 생산은 니스카넨 모형보다 더 적다.
⑤ 특수이익집단이 갖는 강점은 구성원들이 공유하는 명백한 목적의식, 조직력, 높은 투표율 등이다.

21 외부성의 문제를 해결하는 방법으로 옳지 않은 것은?

① 오염 배출행위로 인한 사회적 피해액을 반영하여 조세를 부과하면 외부성의 해결이 가능하다.

② 일정량의 오염물질 배출을 허가하고 이 허가서의 거래를 가능하게 함으로써 외부성의 해결이 가능하다.

③ 세금부과로 효율적 산출량을 얻을 수 있으며 보조금 지급(보상)을 통해서도 효율적 산출량을 얻을 수 있다.

④ 시장을 이용하지 않고 정부가 직접 규제할 경우 더 많은 경제적 비용이 소요된다는 실증연구가 있다.

⑤ 공해유발기업의 평균비용과 시장수요에 대한 정확한 정보를 가지고 있다면 세금부과를 통하여 외부성을 해결할 수 있다.

22 국채발행에 관한 설명으로 옳지 않은 것은?

① 이자율 상승은 국채의 시장가치를 하락시켜 정부부채를 줄이는 효과가 있다.

② 국채발행이 증가하면 이자율이 상승하고, 원화 환율이 하락하여 경상수지가 악화된다.

③ 러너로 대표되는 국채에 관한 전통적인 견해에 따르면, 내부채무의 경우 미래세대로 부담이 전가되지 않는다.

④ 리카도 대등정리에 의하면, 국채를 발행하는 경우 민간소비가 증가하여 총수요가 증가한다.

⑤ 리카도 대등정리가 성립하면, 국채상환에 대비한 저축이 증가하여 이자율이 오르지 않아서 구축효과가 발생하지 않는다.

23 수요곡선이 완전비탄력적이고 공급곡선이 탄력적인 상품에 종량세가 부과된 경우에 관한 설명으로 옳은 것은?

① 소비자가격이 단위당 세액만큼 상승한다.

② 조세의 부담은 모두 생산자에게 귀착된다.

③ 조세의 부담은 소비자와 생산자에게 동일하게 귀착된다.

④ 물품세는 중립세이므로 조세의 전가는 발생하지 않는다.

⑤ 과세에 따른 초과부담으로 인하여 생산자, 소비자 모두 과세액 이상을 부담한다.

24 독점시장에서 시장수요곡선은 $Q = 30 - P$이고, 총비용곡선은 $TC = \frac{1}{2}Q^2 + 3$일 때 단위당 6의 물품세를 부과할 때, 소비자잉여의 변화의 크기는? (단, P : 가격, Q : 수량)

① 15   ② 18   ③ 25   ④ 30   ⑤ 35

25 법인세에 관한 설명으로 옳지 않은 것은?

① 현행 법인세제에서 허용하고 있는 정액법, 정률법 등에 따른 감가상각은 경제적 감가상각과 차이가 난다.

② 법인세가 경제적 이윤에 대한 과세 성격을 갖는다면 조세부담은 전적으로 주주에게 귀착된다.

③ 법인세가 경제적 이윤에 대한 과세 성격을 갖는다면 초과부담이 발생하지 않는다.

④ 법인세가 법인부문에 투입된 자본에 대한 과세이고, 법인부문이 노동집약적이라면 조세부담이 자본가에게 전가된다.

⑤ 법인세가 법인부문에 투입된 자본에 대한 과세라고 볼 때 요소대체효과는 부문 간 요소집약도 차이에 상관없이 자본의 상대가격을 떨어뜨린다.

26 근로소득세가 노동공급에 미치는 영향에 관한 설명으로 옳지 않은 것은?

① 비례적인 근로소득세가 부과될 때 여가가 정상재라면 대체효과는 노동공급을 감소시키나 소득효과는 노동공급을 증가시킨다.

② 여가가 열등재일 때 근로소득세가 부과되면 대체효과가 소득효과보다 커서 노동공급이 증가한다.

③ 근로소득세가 노동공급에 미치는 영향을 분석하는 방법은 계량적 추정, 설문조사, 실험 등이 있다.

④ 여가가 정상재일 때 대체효과가 소득효과에 의해 거의 상쇄되면 노동공급곡선은 수직선에 가까운 형태를 보인다.

⑤ 실증연구결과에 따르면 가계의 주 근로소득자(primary worker)들의 세율에 대한 노동공급탄력성은 비탄력적인 반면, 보조 근로소득자(secondary worker)들의 노동공급탄력성은 상당히 탄력적이다.

27 소비를 위해서 지출한 금액에 따라 부과하는 지출세(expenditure tax)에 관한 설명으로 옳지 않은 것은?

① 자동차와 같은 내구성 소비재를 구입하는 경우 연도별 지출규모의 산정이 어렵다.

② 지출세는 저축을 과세대상에서 제외함에 따라 부유층에 유리한 세제라는 인식이 있다.

③ 지출세는 현재소비보다 미래소비를 우대하는 경향이 있다.

④ 지출세는 간접세의 일종으로 소득재분배 측면에서 역진성 문제를 야기할 수 있다.

⑤ 칼도(Kaldor)는 지출세가 사회로부터 가져가는 행위에 대해 과세하는 것이므로 공평성 측면에서 바람직하다고 주장했다.

28 최적물품세에 관한 설명으로 옳지 않은 것은?

① 램지규칙은 파레토 효율적 조세가 아닌 차선의 조세를 찾는 이론이다.

② 램지규칙에 따르면 최적물품세는 모든 상품의 소비 감소량이 같도록 부과되어야 한다.

③ 램지규칙에 따르면 상품수요의 가격탄력성에 반비례하도록 세율을 설정하는 것이 효율적이다.

④ 콜렛-헤이그(Corlett-Hague) 규칙에 따르면 여가와 보완관계에 있는 상품에 높은 세율을 부과하여야 한다.

⑤ 과세 후 총초과부담을 극소화하기 위하여 각 상품에서 거두어들이는 조세수입의 한계초과부담이 서로 같아지도록 세율을 결정하여야 한다.

29 칼도-힉스(Kaldor-Hicks)의 보상기준에 관한 설명으로 옳은 것은?

① 누군가의 희생 없이는 어떤 사람의 후생증대가 불가능하다.

② 최적의 자원배분을 실현하게 되어 더 이상 파레토 개선이 불가능하다.

③ 칼도-힉스의 보상기준은 실제적 보상이 이루어질 것을 요구한다.

④ 칼도-힉스의 보상기준이 적용된다는 것은 잠재적 파레토 개선이 이루어진다는 것을 의미한다.

⑤ 경제 상태 변화에 따라 손해를 입게 되는 사람의 수가 이득을 보는 사람의 수보다 적을 때에 이루어지게 된다.

30 비용체감산업에 관한 설명으로 옳지 않은 것은?

① 비용체감산업에서는 평균비용보다 한계비용이 낮다.
② 비용체감산업은 장기평균비용이 감소하는 특징을 나타낸다.
③ 한계비용가격설정방식에 따르면 손실이 발생하지 않는다.
④ 비용체감산업은 시간이 경과함에 따라 자연독점화하는 경향을 보인다.
⑤ 비용체감산업은 초기에 대규모 설비투자가 요구되는 경향이 있다.

31 사무엘슨(P.A. Samuelson)의 공공재 공급모형에 관한 설명으로 옳지 않은 것은?

① 후생경제학적 입장에서 공공재 최적 공급조건을 처음으로 제시하였다.
② 사회구성원의 공공재에 대한 선호가 모두 알려져 있다고 가정한다.
③ 순수공공재뿐만 아니라 비순수공공재를 포함한 공공재 공급모형이다.
④ 사회구성원의 소득분배가 주어진 상태에서 공공재의 최적 자원배분모형을 제시하였다.
⑤ 공공재(G)와 사적재(X)에 관한 각 소비자의 한계대체율(MRS_{GX}) 합이 한계변환율 (MRT_{GX})과 같아야 한다.

32 공급곡선이 우하향하는 상품에 종량세를 부과할 때 나타나는 현상으로 옳은 것은? (단, 이 상품은 정상재이고 공급곡선의 기울기가 상대적으로 더 완만하다.)

① 소비자가격이 상승한다.
② 초과부담이 발생하지 않는다.
③ 소비자부담액은 조세부과액보다 작다.
④ 소비자잉여는 불변이다.
⑤ 상품거래량은 증가한다.

33 요소의 투입이 고정적일 때 다음 중 가장 효율적인 조세는? (단, X재 : 여가보완재, Y재 : 여가대체재)

① 비례적으로 부과하는 근로소득세
② X재에 대한 물품세
③ Y재에 대한 물품세
④ X재에 대한 높은 세율의 개별소비세
⑤ Y재에 대한 낮은 세율의 개별소비세

34 X, Y 두 산업으로 구성된 경제에서 생산요소 공급이 가변적인 경우, 노동집약적인 X재 산업에 물품세를 부과할 때 나타나는 효과로 옳지 않은 것은? (단, 요소시장과 생산물시장은 완전경쟁적이며, r : 자본의 가격, w : 임금률이다.)

① X재 산업의 임금률은 하락한다.

② X재 산업에 물품세가 부과되었을 때 대체효과가 소득효과보다 크다면 노동공급량은 감소한다.

③ 물품세 부과에 따라 X재 상대가격이 상승하기 때문에 X재를 더 많이 소비하는 사람일수록 부담이 증가한다.

④ 생산요소 공급이 고정적인 경우와 비교하면 물품세가 자본과 노동의 상대가격 $\left(\dfrac{w}{r}\right)$ 에 미치는 효과는 줄어든다.

⑤ 생산요소 공급이 가변적이면 고정적인 경우에 비해 노동자본비율 $\left(\dfrac{L}{K}\right)$ 이 더 크게 상승한다.

35 기존시설에 대한 초과수요가 존재할 경우 이 시설을 가장 효율적으로 이용할 수 있도록 공공요금을 책정하는 방법은?

① 평균비용과 일치시키는 공공요금
② 평균비용에서 경제적 지대를 제외한 공공요금
③ 장기한계비용과 일치시키는 공공요금
④ 경제적 지대만큼의 공공요금
⑤ 한계비용에 경제적 지대를 추가한 공공요금

36 피구(A.C. Pigou)의 공해세가 부과될 때 나타나는 효과로 옳은 것은?

① 공해세 부과는 사적 한계비용을 낮추어 상품가격을 하락시키는 결과를 초래한다.
② 공해세 부과는 사회적 한계비용을 높여 상품가격을 상승시키는 결과를 초래한다.
③ 공해세 부과는 사회적 한계비용을 낮추어 상품가격을 하락시키는 결과를 초래한다.
④ 공해세 부과에도 불구하고 상품가격이 불변이라면 그렇지 않은 경우보다 생산량이 크게 감소한다.
⑤ 공해세 부과의 가장 큰 장점은 공해를 완전히 제거하는 것이다.

37 소득세 부과가 가계의 저축에 미치는 영향으로 옳지 않은 것은?

① 저축에 대한 조세의 영향은 시점 간 자원배분모형을 이용하여 분석될 수 있다.
② 근로소득세로 인해 가처분소득이 감소할 때 대체효과가 발생한다.
③ 이자소득세는 저축을 감소시키는 대체효과와 저축을 증가시키는 소득효과를 동시에 발생시킨다.
④ 근로소득세 부과 시 세수의 전부를 정부저축으로 할당하면 경제 전체의 저축은 증가한다.
⑤ 이자소득세로 인해 미래소비보다 현재소비가 유리한 여건이 제공될 수 있다.

38 소득재분배 정책에 관한 설명으로 옳지 않은 것은?

① 소비세를 재원으로 한 공공부조는 소득재분배 수단이 될 수 없다.
② 소비세보다 소득세를 징수하는 것이 소득분배의 공평성을 높일 수 있다.
③ 공공부조는 국가의 도움에 의존하려는 성향을 갖게 하는 문제점이 있다.
④ 부의 소득세 제도는 일정수준 이하 저소득층의 가처분소득을 증가시키는 효과가 있다.
⑤ 절대빈곤층을 대상으로 하는 공공부조는 대표적인 소득재분배 정책이다.

39 투표거래(logrolling)에 관한 내용으로 옳지 않은 것을 모두 고른 것은?

ㄱ. 소수자를 보호할 수 있다.
ㄴ. 공공재 공급의 효율적인 결과를 낳을 수 없다.
ㄷ. 재정지출규모가 억제되는 효과가 있다.
ㄹ. 다양한 공공재를 공급하게 할 수 있다.
ㅁ. 다수결투표제하에서는 투표거래가 발생하더라도 선호의 강도가 반영될 수 없다.

① ㄱ, ㄴ, ㄷ   ② ㄱ, ㄹ, ㅁ   ③ ㄴ, ㄷ, ㄹ   ④ ㄴ, ㄷ, ㅁ   ⑤ ㄴ, ㄹ, ㅁ

40 다음은 환경관련 기초시설 사업의 기간별 비용과 편익이다. 이때 내부수익률은 얼마인가?

	0기	1기	2기
편익	0	15	18
비용	25	0	0

① 0.05   ② 0.08   ③ 0.10   ④ 0.15   ⑤ 0.20

재정학 기출문제

01 조세에 관한 설명으로 옳지 않은 것은?

① 역진세는 평균세율이 한계세율보다 크므로 소득이 증가할 때 평균세율은 하락하고 한계세율은 상승한다.
② 정액세는 소득이 증가할수록 평균세율이 하락한다.
③ 정액세의 한계세율은 0이다.
④ 정액세는 역진적 세부담을 초래한다.
⑤ 조세의 초과부담은 평균세율보다 한계세율과 더 밀접하게 관련되어 있다.

02 조세지출의 예로서 옳은 것은?

① 남북협력기업에 대한 보조금 지급
② 기초생활수급자에 대한 에너지 교환권 지급
③ 법인세 특별감가상각
④ 담배소비에 대한 특별 과세
⑤ 조세수입으로 확보된 자금의 지출

03 조세가 갖추어야 할 중요한 요소 중의 하나인 중립성에 관한 설명으로 옳지 않은 것은?

① 엄격한 의미에서 중립성이란 조세부과가 민간부문의 경제행위에 교란을 일으키지 않음을 의미한다.
② 조세가 부과될 때 사람들이 경제행위를 변화시키는 이유는 조세부담 회피와 관련이 있다.
③ 인두세는 장·단기적으로 경제행위에 영향을 미치지 않는 대표적인 중립세이다.
④ 완화된 개념에서 중립세란 소득효과만 있고 대체효과가 존재하지 않는 조세를 말한다.
⑤ 모든 조세가 반드시 경제행위를 왜곡시키는 것은 아니며, 오히려 민간부문의 왜곡된 경제현실을 교정하는 경우도 있다.

04 민주사회에서 공공지출을 결정하기 위한 투표과정에 관한 설명으로 옳지 않은 것은?

① 공공재 수준과 조세부담 비중을 결정하는 린달(E. Lindahl)의 모형은 시장에서의 가격 결정과 같이 파레토효율이 달성된다.

② 투표자 간 거래를 통해 각 개인이 선호하는 안건이 채택되도록 하는 전략적 행동을 투표의 거래(vote trading)라고 한다.

③ 모든 투표자가 단일정점(single-peaked) 선호라면, 국방예산의 규모를 결정하는 다수결투표의 결과는 항상 중위투표자의 선호를 반영한다.

④ 다수결투표를 통하여 해당 안건에 대한 개별 유권자의 선호 강도를 파악할 수 있다.

⑤ 린달이 제시한 공공재 규모 및 조세부담 비중모형은 공공지출에서도 만장일치 합의가 가능함을 보여준다.

05 후생경제학에 관한 설명으로 옳지 않은 것은?

① 100억원, 200억원, 300억원 규모의 예산 가운데 최적예산을 선택하는 투표를 할 경우 모든 투표자들이 단일정점(single-peaked)의 선호를 갖게 되면 투표의 역설은 발생하지 않는다.

② 사회무차별곡선이 우하향하면서 원점에 볼록한 것과 공평성을 사회후생에 반영하고 있는 것과는 관련성이 있다.

③ 한 상품에 종량세가 부과된 상태에서 다른 상품에도 종량세를 부과하면 자원배분의 효율성이 항상 악화되는 것은 아니다.

④ 모든 사람들이 단일정점의 선호를 갖게 되면 애로우(K. Arrow)의 불가능성 정리는 성립한다.

⑤ 애로우의 불가능성 정리에서 비독재성의 조건을 완화한다는 것은 단조변환에 제약을 두는 것을 의미한다.

06 어떤 상품에 25%의 종가세율로 생산자 측에 과세한 후 판매량은 50이고, 판매가격도 50이 되었다. 이 기업의 한계비용은 40으로 일정하고, 수요곡선의 기울기는 -1이라고 할 때, 조세수입의 크기는?

① 100　　　② 200　　　③ 250　　　④ 500　　　⑤ 550

07 외부성이 존재할 때 나타나는 현상에 관한 설명으로 옳지 않은 것은?

① 외부불경제가 존재하는 경우 시장에 맡겨두면 보편적으로 사회적 최적 생산량보다 과소 생산되는 경향이 있다.

② 외부불경제가 존재하는 경우 사회적 최적 생산량이 일반적으로 0이 되는 것은 아니다.

③ 대기오염에 의한 외부불경제의 경우 어떤 오염물질이 어느 정도 피해가 되는지는 측정하기 어렵다.

④ 외부불경제가 존재하는 경우 사회적 최적 생산량은 사적 한계비용에 한계피해를 더한 사회적 한계비용과 사회적 한계편익이 일치하는 수준에서 결정된다.

⑤ 사회적 최적 산출량 수준에서는 효율성이 극대화된다.

08 우리나라의 현행 조세에 관한 설명으로 옳지 않은 것은?

① 부가가치세는 국세이다.

② 지역자원시설세는 목적세이다.

③ 레저세는 광역자치단체세이다.

④ 지방소비세는 기초지방자치단체가 징수하고 있다.

⑤ 국세의 세수가 지방세의 세수보다 크다.

09 조세의 초과부담에 관한 설명으로 옳지 않은 것은?

① 완전보완재인 두 상품 X와 Y 중에서 상품 Y에 종가세를 부과할 때 초과부담은 존재하지 않는다.

② 보상수요곡선의 탄력성이 클수록 대체효과는 크게 되고 초과부담은 커진다.

③ 수요곡선과 공급곡선이 비탄력적일수록 조세수입은 작아진다.

④ 공급곡선이 완전비탄력적이고, 수요곡선이 우하향할 경우 조세의 초과부담은 없다.

⑤ 세율이 높을수록, 상품의 거래액이 클수록 초과부담은 커진다.

10 부(−)의 소득세제에서 과세표준이 Y(소득)일 때 조세함수는 $T=-200+0.2\,Y$이다. 이 때 옳지 않은 것은?

① 평균세율이 일정하다.
② 한계세율이 일정하다.
③ Y가 800이면 납부할 세금은 없다.
④ Y가 500이면 세후에 소득은 증가한다.
⑤ Y가 2,000이면 세금은 200이다.

11 생산요소 과세의 귀착에 관한 설명으로 옳지 않은 것은?

① 근로소득세는 종가세의 일종으로 근로소득세가 부과되면, 근로자가 받는 순임금률은 낮아진다.
② 근로자의 임금이 근로소득세만큼 낮아지기 때문에 근로소득세 부과는 전액 근로자에게 귀착된다고 볼 수 있다.
③ 소규모 개방경제하에서는 자본 공급곡선이 수평선이 되므로 자본에 대한 과세는 조세를 포함한 자본의 수익률을 과세폭만큼 상승시킨다.
④ 소규모 개방경제하에서 자본에 과세하면 자본의 공급자가 얻는 세후 수익률에는 변화가 없고 전액 자본 사용자에게 귀착된다.
⑤ 조세의 자본화란 자산의 가격이 미래에 발생될 조세부담의 현재가치만큼 하락함을 뜻하는 것으로 자산의 공급이 신축적이라면 완전한 자본화는 발생하지 않는다.

12 2생산요소−2상품인 경제(A. Harberger 모형)에서 한 상품에만 물품세를 부과하면 그 상품의 생산과정에 집약적으로 사용되는 생산요소의 상대가격을 떨어뜨리는 결과를 가져온다. 이때 상대가격 변화 및 물품세 귀착에 관한 설명으로 옳지 않은 것은?

① 두 산업 간 요소집약도의 차이가 클수록 상대가격비율은 더 큰 폭으로 변화한다.
② 조세부과의 대상이 된 상품에 대한 수요의 가격탄력성이 클수록 상대가격의 변화가 더 커진다.
③ 원천(source) 측면에서 보면 물품세가 부과된 산업에서 집약적으로 사용되고 있는 생산요소의 공급자에게 부담이 귀착된다.
④ 생산요소 간 대체탄력성이 작을수록 상대가격의 변화는 작아진다.
⑤ 사용(use) 측면에서 보면 과세되는 상품을 상대적으로 더 많이 소비하고 있는 사람일수록 더 많은 부담을 지게 된다.

13 적립방식의 국민연금제도 도입이 미치는 경제적 효과에 관한 이론적 설명으로 옳지 않은 것은?

① 국민연금제도를 도입하면 재산대체효과(wealth substitution effect)로 국민저축이 줄어든다.

② 국민연금제도가 도입되면 은퇴효과로 자발적인 저축이 증가한다.

③ 국민연금제도가 도입되면 상속효과로 자발적인 저축이 증가한다.

④ 국민연금제도가 도입될 때 나타나는 소득효과는 노년층의 노동공급을 줄이게 된다.

⑤ 국민연금제도 도입이 초래하는 대체효과가 노동시장에 미치는 효과는 불분명하다.

14 두 상품 X와 Y가 완전대체재일 경우 상품 Y에 조세가 부과되면 조세부담은 누구에게 귀착되는가?

① Y재의 공급자에게 전부 귀착된다.

② X재와 Y재의 공급자에게 귀착된다.

③ X재의 공급자에게 전부 귀착된다.

④ X재의 수요자에게 전부 귀착된다.

⑤ X재와 Y재의 수요자에게 귀착된다.

15 최적소득세의 누진성과 효율성에 관한 설명으로 옳지 않은 것은?

① 소득수준의 상승에 따라 평균세율이 상승하면 누진성이 커진다.

② 조세의 소득탄력성이 클수록 누진적이다.

③ 선형누진세의 한계세율이 높을수록 초과부담이 커지고, 정액증여(lump-sum grant)가 클수록 재분배효과가 커진다.

④ 스턴(N. Stern)에 따르면, 평등성에 대한 선호가 강할수록 최적소득세율은 높게 설정된다.

⑤ 스턴에 따르면, 소득과 여가 간 대체탄력성이 클수록 최적소득세율은 커진다.

16 개인의 효용함수가 $U(Y) = Y$일 때, V만큼의 소득을 축소신고하는 경우 적발되지 않으면 소득은 $W+tV$이고, 적발되면 세금 및 벌금 납부 후 소득은 $W-aV$이다(Y : 최종소득, W : 성실납세 후 소득, t : 세율, a : 적발될 경우에 추징세금을 반영한 총 벌과금의 비율). 이때 $t = 0.2$이고, $a = 0.3$이라면 적발될 확률(p)이 얼마가 되어야 축소신고를 하지 않기 시작하는가?

① 0.1   ② 0.4   ③ 0.5   ④ 0.6   ⑤ 1

17 법인세 개혁 방안의 하나로 거론되는 완전통합방식에 대하여 완전통합 옹호론자들이 주장하는 **효율성** 개선 효과로 옳은 것을 모두 고른 것은?

> ㄱ. 재원조달에 있어서 부채로의 편향을 제거할 수 있다.
> ㄴ. 완전통합으로 효율성이 개선되더라도 법인세 납세자 전체의 후생은 불변이다.
> ㄷ. 법인과 비법인 부문 간 자원배분의 왜곡이 제거될 수 있다.
> ㄹ. 조세로 인한 저축의사결정 왜곡이 감소하게 될 것이다.

① ㄱ, ㄴ   ② ㄱ, ㄷ, ㄹ   ③ ㄱ, ㄹ
④ ㄴ, ㄷ   ⑤ ㄴ, ㄷ, ㄹ

18 인플레이션이 법인세에 미치는 영향 및 교정방안에 관한 설명으로 옳지 않은 것은?

① 인플레이션으로 감가상각의 실질가치가 떨어지는 현상이 생기면 법인세의 실질적 부담은 커지게 된다.

② 재고처리에 선입선출법을 적용할 경우, 인플레이션은 기업의 장부상 이윤을 과대평가시켜 기업의 법인세 부담이 무거워진다.

③ 법인이 투자재원을 차입으로 충당하는 경우 인플레이션은 차입의 실질가치를 떨어뜨림으로써 기업에 이득을 준다.

④ 인플레이션이 발생하면 각종 자본재 가격의 평균상승 폭을 측정해 감가상각의 허용 폭을 이에 맞춰 늘려주는 방식으로 실질세율 상승 현상을 교정할 수 있다.

⑤ 인플레이션이 발생하면 각종 자본재 가격 상승률을 감안해 법인세제에서 허용해 주는 내용연수를 늘려서 교정해 주어야 한다.

19 노동공급곡선이 후방굴절하는 구간에서 임금소득세를 부과할 때 발생하는 현상으로 옳지 않은 것은?

① 노동공급자가 받는 순임금률인 공급임금률은 조세보다 더 크게 하락한다.
② 기업이 지불하는 수요임금률은 조세보다 더 크게 증가한다.
③ 조세는 노동공급자에게 100% 이상 귀착된다.
④ 균형노동량은 증가한다.
⑤ 수요자는 과세로 인해 더 낮은 임금률로 더 많은 노동을 고용한다.

20 단순 2기간 생애주기모형에서 이자소득세만을 부과하는 경우 개인의 저축에 미치는 영향으로 옳지 않은 것은? (단, 현재소비와 미래소비는 정상재, 무차별곡선은 원점에 대해 볼록, 이자율은 양(+)으로 주어져 있음)

① 이자소득세는 초과부담을 초래하지 않는다.
② 이자소득세 부과에 따른 소득효과는 일정수준의 미래소비를 유지하기 위하여 저축을 증가시키는 것을 말한다.
③ 소득효과가 대체효과를 압도하는 경우 저축이 증가한다.
④ 대체효과는 현재소비를 증가시킨다.
⑤ 납세 후 이자율이 인하되어 현재소비의 상대가격을 하락시킨다.

21 회계상 감가상각이 경제적 감가상각과 같은 경우 법인세에 관한 설명으로 옳지 않은 것은?

① 법인세의 과세대상은 법인의 자기자본에 대한 정상적인 보수와 경제적 이윤을 합한 것이다.
② 100% 차입경영인 경우에는 경제적 이윤과 세전 당기순이익은 다르다.
③ 100% 차입경영인 경우에는 법인세가 기업의 노동수요에 영향을 주지 않는다.
④ 100% 자기자본을 사용한 경우에 법인세는 법인에 사용된 자본에 대한 세금이 된다.
⑤ 100% 자기자본을 사용한 경우에 법인세는 비법인 기업에 투자되는 자본에 영향을 준다.

22 신재생에너지 설비의 증대를 위하여 시행되는 투자세액공제(investment tax credit)가 기업의 신재생에너지 설비 비중을 증대시키는 이유로 옳은 것은?

① 기업이 신재생에너지 설비 구입에 대하여 지불하는 이자를 직접적으로 감소시키기 때문이다.

② 신재생에너지 설비의 한계생산물이 증가하기 때문이다.

③ 신재생에너지 설비의 실질 구매가격이 하락하기 때문이다.

④ 투자세액공제는 일반적으로 과거자료를 근거로 산정되어 공제액이 과대 계상되기 때문이다.

⑤ 투자세액공제로 인하여 실질적으로 해당 설비의 감가상각률이 하락하기 때문이다.

23 특정 회계연도의 정부지출은 300조원, 정부수입은 270조원이어서 30조원을 국채로 조달하였다. 정부수입은 모두 조세 형태이며, 재정적자는 전액 국채로 충당한다고 가정할 경우, 리카도(D. Ricardo) 대등정리에 부합하는 것으로 옳은 것은?

① 정부지출이 증가하면 총수요가 영향을 받는다.

② 정부지출 수준은 그대로 유지한 채 감세를 통해 정부수입을 축소시키면 경기를 부양하는 효과가 발생한다.

③ 정부지출이 증가할 때 구축효과로 인하여 총수요는 영향을 받지 않는다.

④ 경기 침체기에는 조세보다 국채로 정부지출 재원을 조달하는 것이 효과적이다.

⑤ 경기 호황기에는 조세보다 국채로 정부지출 재원을 조달하는 것이 효과적이다.

24 공공서비스의 가격설정 이론에 관한 설명으로 옳지 않은 것은?

① 규모의 경제가 존재할 때 한계비용가격설정을 할 경우 결손이 발생한다.

② 이부가격제도에서 공공요금은 독점적 생산자가 소비자잉여의 크기를 미리 예상해 이를 가입비로 받고 사용료는 한계비용과 일치하게 설정한다.

③ 자연독점일 경우 평균비용가격설정을 하면 경제적 이윤은 0이 된다.

④ 최대부하가격설정(peak-load pricing)에서 비부하기(off-peak period)의 단위당 공공요금은 한계비용 수준으로 설정하는 것이 효율적이다.

⑤ 규모의 경제가 존재할 때 평균비용가격설정으로 효율적인 생산량을 도출할 수 있다.

25 시장에서 자원이 최적 배분되지 못하는 시장실패가 발생하는 경우에 관한 설명으로 옳지 않은 것은?

① 어떤 한 기업이 해당 시장에 유일한 생산자로 참여하여 이윤극대화를 추구하는 경우에 발생한다.

② 어떤 한 기업이 생산요소시장의 유일한 수요자로 행동하여 해당 요소를 구매하는 경우에 발생한다.

③ 외부경제로 인하여 사회적 최적 생산량보다 과다생산되는 경우에 발생한다.

④ 경제 주체들 간의 비대칭적 정보가 존재하거나 경제 현상에 대한 불확실성이 존재할 경우에 발생한다.

⑤ 보험시장이나 자본시장이 완전하게 갖추어져 있지 못한 경우에 발생한다.

26 공공재와 무임승차 문제에 관한 설명으로 옳지 않은 것은?

① 공공재에서 무임승차가 발생하는 원인은 비배제성 때문이다.

② 공공재에서 무임승차 가능성은 집단의 크기와는 관련이 없다.

③ 무임승차는 산업에서 생산제한이나 가격인상을 위한 담합의 형성을 어렵게 함으로써 유용한 역할을 하는 경우도 있다.

④ 공공재의 효율적 생산수준은 각 개인의 수요를 수직적으로 합한 수요곡선과 공공재 생산의 한계비용곡선이 만나는 곳에서 결정된다.

⑤ 각 개인의 수요를 수직적으로 합하여 공공재의 수요곡선을 도출하는 이유는 공공재의 비경합성 때문이다.

27 A, B, C 3인으로 구성된 경제에서 각각의 효용함수는 준선형함수 형태로 $U^A = \sqrt{G} + X_A$, $U^B = 2\sqrt{G} + X_B$, $U^C = 3\sqrt{G} + X_C$이다. $P_G = P_X = 1$일 때, 공공재를 효율적으로 공급하기 위해서 B가 부담하여야 하는 분담률은? (단, G : 공공재, X_i : i의 사적재 소비량, P_G : 공공재 가격, P_X : 사적재 가격, i : A, B, C)

① $\dfrac{1}{3}$ ② $\dfrac{1}{9}$ ③ $\dfrac{1}{6}$ ④ $\dfrac{1}{2}$ ⑤ $\dfrac{2}{3}$

28 최적조세에 관한 설명으로 옳지 않은 것은?

① 파레토 최적조건을 위반하지 않으면서 세수를 거둘 수 있는 조세는 정액세(lump-sum tax)이다.

② 역탄력성 법칙에 의하면 각 상품에 대한 최적세율은 수요의 가격탄력성에 반비례하도록 책정되어야 한다.

③ 램지(F. Ramsey)규칙에 따르면 최적조세제도는 모든 상품의 수요를 같은 비율로 감축시키는 조세체계이다.

④ 최적소비과세는 효율성을 충족하지만 형평성을 저해할 수 있다.

⑤ 소득계층 간 소비패턴에 큰 차이가 있다면 가난한 사람이 주로 사용하는 상품에 높은 세율을 부과할 때 재분배 효과를 기대할 수 있다.

29 3인의 유권자 a, b, c가 있는 사회이다. 공공재에 대한 유권자들의 수요함수는 각각 $D_a = 30 - P_a$, $D_b = 40 - P_b$, $D_c = 41 - P_c$로 주어져 있다. 공공재 1단위를 공급하기 위한 비용은 60이고, 이 비용은 각 유권자가 $\frac{1}{3}$씩 부담한다. 이때 공공재 규모 결정에 있어서 다수결 원칙에 의해 결정되는 수준(ㄱ)과, 사회적 최적 수준(ㄴ)은? (단, D_i : 유권자 i의 공공재 수요량, P_i : 유권자 i의 지불가격, $i : a, b, c$)

① ㄱ : 17, ㄴ : 17　　② ㄱ : 20, ㄴ : 17　　③ ㄱ : 20, ㄴ : 20

④ ㄱ : 17, ㄴ : 20　　⑤ ㄱ : 21, ㄴ : 17

30 어떤 상품의 시장수요곡선은 $Q = 20 - P$이고, 한계비용은 $MC = 5 + Q$이며, 상품 1단위 생산 시 발생한 한계피해는 $MD = Q$이다. 자원배분 왜곡을 치유하기 위한 최적 제품부과금(product charge)은? (단, Q : 수량, P : 가격)

① 2.5　　② 5　　③ 7.5　　④ 12.5　　⑤ 15

31 온실가스 배출로 인하여 발생하는 지구온난화현상은 다양한 지구환경문제를 야기한다. 온실가스 배출 저감을 위하여 시행되는 배출권 거래제 정책에 관한 설명으로 옳지 않은 것은?

① 우리나라는 온실가스 배출권 거래 관련 법안이 이미 통과되어 향후 시행할 예정이다.

② 온실가스 배출권 거래제는 개별 기업의 온실가스 저감에 따른 한계비용 격차가 작을수록 효과적이다.

③ 온실가스 배출권 거래제는 실제 거래에 따른 거래비용이 크지 않을 경우 일반적으로 직접 규제정책에 비하여 효율적이다.

④ 무상으로 배출권을 할당하는 경우 배출권 거래제에서는 과다할당에 따라 불로소득 (windfall profit)이 발생할 수 있다.

⑤ 온실가스 배출권 거래제는 규제대상 기업의 온실가스 저감기술 개발을 유인할 수 있다.

32 정부는 저소득층에 대한 에너지 복지정책으로 전력, 등유 등 특정 에너지로 교환할 수 있는 바우처 정책 또는 동일한 수준의 에너지를 구입할 수 있는 현금지급 정책의 도입을 고려하고 있다. 이에 관한 설명으로 옳지 않은 것은? (단, 모든 재화는 정상재이며, 바우처 환매는 불가능함)

① 두 정책에서 저소득층의 예산선은 서로 다르게 나타난다.

② 바우처 정책은 에너지 소비뿐만 아니라 다른 재화에 대한 소비를 증가시킬 수 있다.

③ 바우처 정책은 현금지급 정책에 비하여 상대적으로 선택 가능한 재화의 조합이 적다.

④ 바우처 정책은 정부가 일종의 가부장적 역할을 하여 소비자 주권에 개입하는 사례로 볼 수 있다.

⑤ 바우처 정책의 경우 소득효과만 발생하지만 현금지급 정책의 경우 에너지 가격체계의 변화를 발생시켜 대체효과도 추가적으로 나타나게 된다.

33 A, B 두 사회는 구성원 수도 같고, 전체소득도 같다고 한다. 원점에서 수평축의 중간점까지는 A의 로렌츠곡선이 B의 로렌츠곡선 아래에 있고, 중간점에서 마지막까지는 A의 로렌츠곡선이 B의 로렌츠곡선 위에 있다. 이에 관한 설명으로 옳은 것은?

① A의 지니계수가 B의 지니계수보다 크다.

② B의 지니계수가 A의 지니계수보다 크다.

③ 두 로렌츠곡선의 교차점에서는 A와 B의 소득점유율이 상이하다.

④ A의 로렌츠곡선상 한 점의 좌표가 (20, 10)이라면, 하위소득자 10%가 전체소득에서 20%를 점유하는 것을 나타낸다.

⑤ 상대적으로 A는 B보다 중간점 이하의 소득계층에서 소득 편차가 크다.

34 재정적자의 경제적 효과에 관한 설명으로 옳은 것을 모두 고른 것은?

> ㄱ. 통화주의학파는 경제 불황기에는 호황기에 비해 구축효과가 크게 나타난다고 하였다.
> ㄴ. 국채발행을 통해 재정적자를 충당하면 케인즈학파는 승수효과만큼 총수요 증가를
>   가져온다고 하였다.
> ㄷ. 리카도(D. Ricardo) 대등정리가 성립하지 않는 경우에 재정적자를 국채로 충당하
>   면 국제수지를 악화시킨다.

① ㄱ　　　　　② ㄱ, ㄷ　　　　　③ ㄴ　　　　　④ ㄴ, ㄷ　　　　　⑤ ㄷ

35 정부 공공사업의 비용－편익분석과 관련된 설명으로 옳지 않은 것은?

① 정부 공공사업에 대한 할인율은 기회비용의 관점에서 희생된 민간부문 투자의 수익
   률을 사용할 수 있다.
② 공공사업에 대한 투입물의 가격은 경쟁시장 여부에 따라 달라진다.
③ 민간에 고용되었던 사람이 공공사업에 투입되었다면 민간에서의 임금률이 기회비용
   이 된다.
④ 공공사업으로 시장가격이 낮아지는 경우라면 증가된 소비자잉여가 사회적 편익에
   포함되어야 한다.
⑤ 조세가 부과된 제품을 공공사업의 투입물로 사용하는 경우 투입물의 생산자가격이
   아닌 소비자가격을 비용계산에 사용하여야 한다.

36 역선택(adverse selection)에 관한 사례로 옳은 것은?

① 의료보험에 가입한 사람이 부주의하게 행동하여 부상 발생률이 증가하는 경우
② 주택의 임차인보다는 주택소유자가 집을 더 잘 관리하여 내부수리 비용이 적게 드
   는 경우
③ 중고차 시장에서 상태가 나쁜 자동차가 주로 거래되는 경우
④ 하천에 대한 재산권이 설정되지 않아 상류와 하류 지역 간 분쟁이 발생하는 경우
⑤ 정부가 이공계 육성을 위해서 공과대학의 증설을 결정하는 경우

37 선형누진소득세 구조에 관한 설명으로 옳지 않은 것은?

① 면세점 소득 이상의 구간에서 한계세율은 일정하다.
② 면세점 소득 이상의 구간에서 소득이 증가할수록 평균세율이 증가한다.
③ 면세점 소득에서는 한계세율과 평균세율이 일치한다.
④ 동일한 효용을 유지하는 경우 선형누진소득세의 초과부담이 비례소득세의 초과부담보다 크다.
⑤ 면세점 소득 이상의 구간에서 한계세율은 평균세율보다 언제나 크다.

38 비배제성과 비경합성에 관한 설명으로 옳은 것은?

① 재화가 일단 제공되면 다른 사람이 그 재화를 소비하는 데 추가비용이 발생하지 않는 경우 소비가 비배제성을 띤다고 한다.
② 어떤 사람이 그 재화를 소비하지 못하도록 배제하는 것이 불가능할 때 소비가 비경합성을 띤다고 한다.
③ 클럽재(club goods)는 비경합성이 있으면서 비배제성을 띠지 않는 대표적 재화이다.
④ 일반적으로 시장은 비배제성의 원칙이 적용되는 상황에서 적절히 기능할 수 있다.
⑤ 한계비용이 0인 자연독점 재화는 비경합성을 띤다.

39 법인세 부과에도 불구하고 중립성이 보장되는 경우로 옳지 않은 것은?

① 진정한 경제적 감가상각과 금융비용 전액 공제를 허용하는 경우
② 현금의 흐름 혹은 직접적 비용을 기준으로 과세하는 경우
③ 자본비용상각의 현재가치가 자본구입가격과 일치하는 경우
④ 적자가 발생할 때 손실액을 다음 해로 이월해 주는 경우
⑤ 조세가 자본의 사용자비용을 변화시키지 않는 경우

40 지방재정에 있어서 교부금(grants)에 관한 설명으로 옳지 않은 것은?

① 범주적 교부금(categorical grants)은 중앙정부가 특정한 조건을 달고 지방정부에 제공하는 교부금이다.

② 대응교부금(matching grants)은 지방정부가 어떤 사업을 수행할 경우 비용의 일정 부분을 중앙정부가 부담하는 방식으로 교부금을 지급하는 방식이다.

③ 비대응교부금(non-matching grants)은 대응교부금과 달리 아무런 대응조건 없이 중앙정부가 교부하는 교부금이다.

④ 대응교부금은 가격보조에 해당하고 비대응교부금은 소득보조에 해당한다고 볼 수 있다.

⑤ 무조건 교부금(unconditional grants)은 중앙정부가 지방정부와 세입을 공유한다는 입장에서 아무런 조건 없이 제공하는 교부금을 뜻한다.

재정학 기출문제

01 조세부담 원칙에 관한 설명으로 옳지 않은 것은?

① 납세자가 공공서비스로부터 받은 편익에 비례하도록 조세를 부담하는 것이 공평하다고 보는 원칙이 있다.

② 공공서비스의 혜택이 어떻게 분배되고 있는지와 관계없이 납세자의 담세능력에 따라 조세부담이 분배되어야 공평하다고 보는 원칙이 있다.

③ 피구세(Pigouvian tax)는 능력원칙에 부합하는 조세이다.

④ 밀(J.S. Mill)은 공평한 과세의 원칙으로 동등희생의 원칙을 제시하였다.

⑤ 수평적 공평성과 수직적 공평성은 편익원칙보다는 능력원칙과 밀접하게 관련된다.

02 정부가 재분배정책의 일환으로 저소득자에 대한 사회복지 정액보조금을 늘리면서, 한편으로는 고소득자의 한계세율을 높였을 때 나타날 수 있는 현상으로 옳지 않은 것은? (단, 여가는 정상재이다.)

① 저소득자 후생 증가

② 고소득자 후생 감소

③ 저소득자 노동공급 증가

④ 대체효과로 인한 고소득자 노동공급 감소

⑤ 초과부담 증가

03 자본이득을 실현기준으로 과세할 때 나타나는 동결효과(lock-in effect)로 인해 발생되는 문제점이 아닌 것은?

① 부동산의 장기보유 경향이 감소된다.

② 자본재의 생산성이 떨어진다.

③ 새로운 투자가 제약되고 자산의 효율적 배분이 저해된다.

④ 가계의 자산선택이 왜곡된다.

⑤ 자산이동이 억제됨으로써 자산시장의 공급이 위축된다.

04 불평등 발생의 원인과 대책에 관한 설명으로 옳지 않은 것은?

① 불평등을 발생시키는 원인들은 크게 개인적 요인과 사회적 요인으로 구분될 수 있다.

② 불평등의 원인으로 유전적 요인, 교육적 환경 차이, 경제적 환경 차이 등이 있다.

③ 앳킨슨(A. Atkinson)지수에서 소득분배가 불균등할수록 균등분배대등소득과 평균소득과의 격차가 커진다.

④ 블라인더(A. Blinder)는 실업문제의 우선해결에 중점을 두는 경제안정화정책은 빈곤층보다 중산층 이상의 고소득층에 유리하다고 보았다.

⑤ 불평등 현상을 완화하기 위하여 정부는 누진세제와 각종 사회보장제도를 시행한다.

05 공평과세에 관한 설명으로 옳은 것은?

① 조세부담이 누진적이면 자원배분이 효율적이라고 할 수 있다.

② 우리나라의 부가가치세는 조세부담이 누진적인 경향을 갖는다.

③ 우리나라의 근로소득세는 이익설에 기초한 조세이다.

④ 모든 사람의 소득의 한계효용이 일정하다면 비례세가 비례희생균등의 원칙에 부합된다.

⑤ 한계희생균등의 원칙은 과세로 인해 희생된 효용의 비율이 모든 사람에게 동일해야 함을 의미한다.

06 니스카넨(W. Niskanen)이 제기한 관료들의 예산결정 행태에 관한 설명으로 옳지 않은 것은?

① 관료가 목표로 하는 생산수준은 총편익곡선이 총비용곡선과 교차할 때 달성된다.

② 관료가 목표로 하는 생산수준에서는 사회적 잉여가 완전히 소멸되어 사회적 순편익이 0이 된다.

③ 관료들의 특권, 명성, 영향력은 자신이 집행하는 예산의 규모에 비례한다.

④ 관료들은 제1급 가격차별 독점자와 같은 독점력을 갖게 된다.

⑤ 관료들은 정치인의 득표수를 극대화하는 예산을 선택한다.

07 두 상품 X, Y 중 한 상품 X에 대해서만 세율 t_X의 물품세가 부과될 때 소비자가 효용극대화를 추구하면 성립하는 조건으로 옳은 것은? (단, MRS는 한계대체율, MRT는 한계변환율을 의미한다.)

① $MRS_{XY} = (1 + t_X)MRT_{XY}$

② $MRS_{XY} = (1 - t_X)MRT_{XY}$

③ $(1 + t_X)MRS_{XY} = MRT_{XY}$

④ $(1 - t_X)MRS_{XY} = MRT_{XY}$

⑤ $(1 + t_X)MRS_{XY} = (1 - t_X)MRT_{XY}$

08 어떤 사회가 롤스(J. Rawls)의 사회후생함수를 선택한 경우에 관한 설명으로 옳지 않은 것은?

① 원초적 위치(original position)라는 가상적 상황에서 출발하고 있다.

② 부자와 가난한 사람의 소득을 전부 합친 후 절반씩 나누어 가지면 사회후생은 증가한다.

③ 이 사회는 소득재분배 정책을 위험에 대비하는 보험정책으로 간주한다.

④ 이 사회에서는 소득 중간계층에 대한 감세정책으로 사회후생이 증가하지 않는다.

⑤ 복권당첨으로 부자의 소득이 증가하면 사회후생은 감소한다.

09 목적세에 관한 설명으로 옳은 것을 모두 고른 것은?

> ㄱ. 세원과 지출이 연계되어 있어 재정운용의 경직성이 초래될 수 있다.
> ㄴ. 장기간 지속되는 특정 분야 또는 사업에 대한 예산을 안정적으로 확보하는 데 유리하다.
> ㄷ. 현행 우리나라 지방세체계하에서 레저세는 목적세로 분류된다.
> ㄹ. 목적세는 과세의 능력원칙을 구현하기 위한 조세이다.
> ㅁ. 현행 우리나라 국세체계하에서 교통 · 에너지 · 환경세는 목적세로 분류된다.

① ㄱ, ㄴ, ㄷ　　　　② ㄱ, ㄴ, ㄹ　　　　③ ㄱ, ㄴ, ㅁ

④ ㄴ, ㄹ, ㅁ　　　　⑤ ㄷ, ㄹ, ㅁ

10 보상의 원칙에 관한 설명으로 옳은 것은?

① 개인 간의 효용을 직접 비교하여 어떤 변화가 사회후생의 개선인지 여부를 평가한다.

② 보상의 원칙은 개인 간의 효용비교 문제를 잠재적 보상이라는 개념을 통해 우회한다.

③ 어떤 변화를 통해 이득을 얻는 사람에 의해 평가된 이득의 가치가 손해를 보는 사람에 의해 평가된 손해의 가치와 일치할 때 그 변화는 사회후생의 개선이다.

④ 보상의 원칙은 당사자 간 실제 보상이 이루어지는 것을 전제로 한다.

⑤ 파레토 개선의 경우에만 보상의 원칙이 충족된다.

11 비가치재(demerit goods)에 관한 설명으로 옳지 않은 것은?

① 비가치재는 정부에 의해 생산과 소비가 제약될 수 있다.

② 마약의 사용금지 조치는 비가치재에 대한 법적 규제의 예이다.

③ 주류에 대한 중과세는 직접규제의 예이다.

④ 비가치재에 대해서는 정부가 개인의 선호에 간섭하여 소비자주권을 제약한다.

⑤ 죄악세(sin tax) 부과는 가격기구를 활용한 비가치재 대책에 해당한다.

12 조세제도 개혁에 관한 설명으로 옳은 것을 모두 고른 것은?

> ㄱ. 서레이(S. Surrey)는 조세지출(tax expenditure) 요소가 많이 포함되어 있을수록 재정이 효율적으로 운영된다고 주장했다.
> ㄴ. 파레토 개선의 성격을 갖는 조세제도의 개혁은 현실적으로 어렵다.
> ㄷ. 인플레이션하에서 종가세는 조세부담액을 감소시키므로 종가세율을 높이는 방향으로 조세제도를 개혁하는 것이 바람직하다.
> ㄹ. 소득세의 세원을 넓히기 위한 방법 중 하나인 포괄적 소득세 제도는 헤이그-사이먼즈(Haig-Simons)의 소득 정의에 근거를 두고 있다.
> ㅁ. 소득세 과세범위를 줄이는 대신 세율을 올리는 방향으로 조세제도를 개혁하는 것이 바람직하다.

① ㄱ, ㄴ   ② ㄱ, ㅁ   ③ ㄴ, ㄷ

④ ㄴ, ㄹ   ⑤ ㄹ, ㅁ

13 정부지출 증가의 원인에 관한 설명으로 옳은 것을 모두 고른 것은?

> ㄱ. 1인당 국민소득이 증가할 때 국민경제에서 차지하는 정부지출 규모의 상대적 크기가 커지는 현상은 바그너(Wagner)법칙에 부합한다.
> ㄴ. 브라운-잭슨(Brown-Jackson)은 위기 상황이 몇 차례 반복됨에 따라 정부지출은 점차 더 증가하나, 혼란기가 지난 후에도 정부지출의 상대적 비중은 이전수준으로 복귀하지 못하고 일단 높아진 수준에서 지속적으로 증가하는 현상이 나타난다고 설명하였다.
> ㄷ. 피콕-와이즈만(Peacock-Wiseman)은 바그너법칙을 중위투표자 선택과 결부시켜 설명하며, 공공서비스에 대한 수요의 소득탄력성이 충분히 크면 정부지출의 상대적 비중이 커진다고 보았다.
> ㄹ. 보몰(W. Baumol)은 정부부문의 규모가 확대되는 이유로 정부부문의 생산성이 향상됨에 따라 확대재정정책을 추구하려는 욕구가 강하기 때문으로 보았다.
> ㅁ. 뷰캐넌(J. Buchanan)은 대의민주주의체제가 본질적으로 정부부문의 과도한 팽창을 유발하는 속성을 갖고 있다는 리바이어던 가설(Leviathan hypothesis)을 제시하였다.

① ㄱ, ㄹ   ② ㄱ, ㅁ   ③ ㄴ, ㄷ
④ ㄷ, ㄹ   ⑤ ㄷ, ㅁ

14 중앙정부와 지방정부의 재정기능에 관한 설명으로 옳지 않은 것은?

① 티부(C. Tiebout)는 주민이 자유롭게 거주지를 선택할 수 있다면 지방 공공재가 효율적으로 공급될 수 있다고 하였다.

② 공공재로부터 편익의 귀속 지역이 전국적인 경우에는 중앙정부가, 지방단위에 그치는 경우에는 지방정부가 공급하는 것이 바람직하다.

③ 지역 간 공공재에 대한 선호가 이질적인 경우 중앙정부가 일률적으로 공급하는 것이 효율적이다.

④ 공공재 공급에 있어서 규모의 경제가 발생하는 경우 중앙정부가 공급하는 것이 바람직하다.

⑤ 소득재분배 기능은 전국적인 수준에서 시행되어야 하므로 중앙정부가 맡는 것이 바람직하다.

15 환경정책에 있어서 비용과 편익의 측정 및 평가 방법에 관한 설명으로 옳지 않은 것은?

① 조건부가치평가법은 잘 보존된 환경이 갖는 사용가치를 시장가격으로 측정하는 방법이다.

② 위험을 회피하기 위해 어느 정도 지출을 감수할 용의가 있는지를 파악하는 편익 산출법을 회피행위접근법이라고 한다.

③ 회피행위접근법에 따라 환경정책으로 인한 편익을 산출하면 편익이 과소평가될 수 있다.

④ 헤도닉(hedonic)가격접근법은 주택가격이 환경의 질을 포함하여 주택이 가지는 여러 가지 특성에 의해 결정된다고 설명한다.

⑤ 지불의사접근법은 환경의 질 악화로 인해 손해를 본다고 느끼는 사람들이 환경개선을 위해 지불할 용의가 있는 금액을 파악하는 방법이다.

16 A씨는 $1m^2$당 $1,000,000$원 하는 토지를 $1,000m^2$ 가지고 있다. $1m^2$당 $10,000$원의 재산세가 영구적으로 부과되는 경우 조세의 자본화(tax capitalization) 크기는? (단, 할인율은 10%, 토지공급은 완전비탄력적이라고 가정한다.)

① $1m^2$당 $1,000$원   ② $1m^2$당 $5,000$원   ③ $1m^2$당 $10,000$원

④ $1m^2$당 $50,000$원   ⑤ $1m^2$당 $100,000$원

17 생산요소 공급이 가변적일 경우, 노동집약적인 산업에 물품세를 부과할 때 나타나는 효과로 옳지 않은 것은?

① 생산요소 공급이 고정되었을 때보다 자본의 상대가격 변동에 미치는 효과가 줄어든다.

② 노동공급이 감소된다.

③ 노동과 자본의 대체탄력성이 작을수록 요소의 상대가격 변화가 크다.

④ 생산요소 공급이 고정되었을 때보다 노동의 상대가격은 더 크게 하락한다.

⑤ 산업 간 요소집약도의 차이가 클수록 요소의 상대가격 변화가 크다.

18 시장수요곡선이 $Q = 160 - P$, 독점자의 평균비용곡선이 $AC = 40 + Q$라고 할 때 독점이윤을 극대화하는 산출량(Q^*), 가격(P^*), 소비자잉여(S^*)는 얼마인가?

① $Q^* = 30,\ P^* = 130,\ S^* = 400$

② $Q^* = 30,\ P^* = 130,\ S^* = 450$

③ $Q^* = 40,\ P^* = 120,\ S^* = 450$

④ $Q^* = 40,\ P^* = 120,\ S^* = 800$

⑤ $Q^* = 60,\ P^* = 100,\ S^* = 1,800$

19 최적조세제도에 관한 설명으로 옳지 않은 것은?

① 콜렛−헤이그(Corlett−Hague) 규칙은 각 상품에 적용되는 물품세의 세율을 수요의 가격탄력성에 반비례하도록 정하는 것이다.

② 지출세(expenditure tax)는 누진과세가 가능하다.

③ 일반적으로 소득세와 지출세는 저축이 과세대상이 되느냐의 여부에서 차이가 있다.

④ 칼도(N. Kaldor)는 임금소득에 대해 과세하는 것보다 소비행위에 과세하는 것이 더 바람직하다고 주장하였다.

⑤ 최적물품세이론은 공평성보다는 효율성 관점에서 접근하고 있다.

20 플라스틱을 생산하는 과정에서 오염물질을 배출해 주민들에게 피해를 입히는 공장이 있다. 이 공장의 플라스틱 제품에 대한 주민들의 수요곡선, 한계비용 그리고 오염의 한계피해는 다음과 같다.

- $Q_d = 900 - P\,(Q_d$는 수요량, P는 가격)

- $MC = \dfrac{2}{5} Q_s\,(MC$는 사적 한계비용, Q_s는 생산량)

- $MD = \dfrac{1}{10} Q_s\,(MD$는 오염의 한계피해)

이 경우 피구세(Pigouvian tax) 부과에 따른 정부 조세수입의 크기는?

① 3,600 　　　② 9,000 　　　③ 18,000

④ 36,000 　　　⑤ 72,000

21 한 나라의 소득분포가 제1오분위 8%, 제2오분위 10%, 제3오분위 20%, 제4오분위 26%, 제5오분위 36%로 주어졌을 때 십분위분배율은?

① 0.25 ② 0.30 ③ 0.50

④ 1.00 ⑤ 2.00

22 우리나라는 근로소득세 최고세율을 35%에서 38%로 인상하였다. 이때 발생할 수 있는 변화에 관한 설명으로 옳지 않은 것은? (단, 여가는 정상재이다.)

① 소득효과와 대체효과가 정확하게 상쇄되면 노동공급은 불변이다.

② 세율 인상으로 인한 소득효과가 대체효과보다 크면 고소득층의 노동공급이 감소한다.

③ 노동공급곡선이 후방굴절되는 구간에서는 세율 인상으로 노동공급이 증가한다.

④ 세율 인상으로 초과부담이 증가한다.

⑤ 세율 인상에도 불구하고, 고소득층의 노동공급량 감소에 따라 세수증대가 이루어지 지 않을 수 있다.

23 어떤 사람의 소득이 2,000만원, 소득세율은 30%, 정액증여(lump-sum grant)가 500 만원이라고 하자. 이때 선형누진세에 의한 조세부담액은?

① 100만원 ② 200만원 ③ 450만원

④ 600만원 ⑤ 750만원

24 리카도(D. Ricardo)의 대등정리에 관한 설명으로 옳지 않은 것은?

① 국채발행의 부담이 미래세대로 전가되지 않는다.

② 국채발행이 국민저축과 투자에 영향을 미치지 않는다.

③ 개인들은 공공부문의 부채를 정확하게 파악하여 의사결정을 한다.

④ 개인들은 원하는 차입을 아무런 제한 없이 조달할 수 있다는 자본시장의 완전성을 전제로 한다.

⑤ 재정적자가 증가하면 민간저축이 감소한다.

25 맥주의 보상수요곡선이 $Q_d = 200 - P$이고 공급곡선(Q_s)은 $P = 100$일 때, 정부가 생산자에게 맥주 단위당 20의 물품세를 부과한다고 가정하자. 이 경우 나타나는 비효율성 계수(coefficient of inefficiency)는? (단, 모든 가격의 단위는 원이다.)

① $\dfrac{1}{8}$ ② $\dfrac{1}{4}$ ③ $\dfrac{1}{2}$

④ 1 ⑤ 2

26 하루 24시간 중 노동과 여가의 선택에 직면한 근로자의 시간당 임금은 w이다. 이때 세율 t_w의 근로소득세가 부과될 경우 다음 설명 중 옳지 않은 것은? (단, M은 소득, H는 여가를 의미한다.)

① 세후 순임금률은 $(1 - t_w)w$이다.
② 세금부과 전의 예산선은 $M = -wH + 24w$이다.
③ 세금부과 후의 예산선은 $M = -(1 - t_w)wH - 24w(1 - t_w)$이다.
④ 세금부과 전 예산선의 소득축 절편은 $24w$이다.
⑤ 세금부과 후 예산선의 여가축 절편은 24이다.

27 이윤세에 관한 설명으로 옳지 않은 것은?

① 이윤세 부과는 독점기업의 균형생산량을 감소시킨다.
② 이윤세 부과는 완전경쟁기업의 단기 균형생산량에는 영향을 미치지 않는다.
③ 이윤세 부과는 완전경쟁기업의 단기 균형가격에는 영향을 미치지 않는다.
④ 이윤세 부과는 완전경쟁기업의 장기 균형생산량에는 영향을 미치지 않는다.
⑤ 이윤세는 경제적 이윤에 부과되는 것이다.

28 외부효과에 관한 설명으로 옳지 않은 것은?

① 과수원의 이웃에 양봉업자가 이주해 옴으로써 사과 수확량이 증가하였다.
② 기업이 생산과정에서 제3자에게 끼친 손해를 전액 보상하더라도 생산측면에서 외부효과는 여전히 존재한다.
③ 사회적 비용이 사적 비용보다 큰 경우 이 기업의 균형생산량은 최적생산량보다 많은 상태이다.
④ 섬진강 상류에서 돼지를 키우는 사람이 축산폐수를 방류한 결과, 하류의 고기잡이에 부정적인 영향이 발생했다.
⑤ 긍정적인 의미의 외부성이 존재한다는 것은 사회적 편익이 사적 편익보다 크다는 것을 의미한다.

29 사회보험제도에 관한 설명으로 옳지 않은 것은?

① 고용보험, 건강보험 등이 대표적인 예이다.
② 소득재분배의 기능도 있다.
③ 소비평탄화(consumption smoothing) 효과가 있다.
④ 국민연금제도의 재산대체효과는 저축을 줄이는 방향으로 작용한다.
⑤ 사적 보험제도와는 달리 도덕적 해이는 발생하지 않는다.

30 사회후생함수에 관한 설명으로 옳지 않은 것은?

① 공리주의적 가치관에 따르면, 사회후생함수는 개인의 효용을 더한 것으로 정의된다.
② 평등주의적 가치관에 따르면, 사회후생을 결정할 때 효용수준이 높은 사람이나 낮은 사람이나 동일한 가중치를 적용해야 한다.
③ 롤스(J. Rawls)의 사회후생함수는 사회구성원들 중에서 효용수준이 가장 낮은 사람의 효용이 그 사회의 후생수준이라고 본다.
④ 애로우(K. Arrow)는 불가능성정리에서 어떤 사회의 여러 가지 상태를 비교, 평가할 수 있는 합리적 기준이 존재하지 않음을 입증하였다.
⑤ 차선이론은 하나 이상의 효율성 조건이 이미 달성되지 않은 상태에서는, 만족되는 효율성 조건의 수가 많아진다고 해서 사회적 후생이 더 커진다는 보장이 없다는 이론이다.

31 투표의 역설에 관한 설명으로 옳지 않은 것은?

① 투표 순서에 따라 그 결과가 달라지는 현상을 말한다.
② 중위투표자정리가 성립하지 않는다.
③ 두 안건 가운데 하나를 선택하는 경우에는 발생하지 않는다.
④ 안건이 셋 이상인 경우에 발생할 수 있다.
⑤ 2차원 이상의 선택인 경우에도 모든 사람이 단봉선호를 갖고 있다면 발생하지 않는다.

32 상품의 거래단계마다 일정 세율을 부과하는 다단계거래세(multi-stage turnover tax)와 부가가치세의 차이에 관한 설명으로 옳은 것을 모두 고른 것은?

> ㄱ. 다단계거래세는 부가가치세에 비해 수평적 통합을 부추긴다.
> ㄴ. 부가가치세는 다단계거래세에 비해 탈세의 유인을 줄인다.
> ㄷ. 소비형 부가가치세는 자본재를 과세대상에서 제외시킨다.
> ㄹ. 다단계거래세는 역진적이나, 부가가치세는 누진적이다.
> ㅁ. 다단계거래세는 부가가치세와 달리 수출상품에 대한 환급세액을 정확히 파악하기 어렵게 만든다.

① ㄱ, ㄴ, ㄷ   ② ㄱ, ㄴ, ㄹ   ③ ㄴ, ㄷ, ㅁ
④ ㄴ, ㄹ, ㅁ   ⑤ ㄷ, ㄹ, ㅁ

33 다음 중 파레토 효율 상태에서 항상 달성되는 조건이 아닌 것은?

① 완전경쟁시장에서 평균수입과 한계비용이 일치한다.
② 완전경쟁시장에서 시장가격이 한계비용과 일치한다.
③ 두 재화의 상대가격이 두 재화의 한계대체율과 일치한다.
④ 시장가격이 평균비용과 일치한다.
⑤ 두 재화 간의 한계대체율과 한계변환율이 일치한다.

34 조세부담의 전가와 귀착에 관한 설명으로 옳지 않은 것은?

① 조세부담의 전가란 법적으로 조세부담의 의무를 지고 있는 사람이 다른 사람에게 그 부담을 강제로 떠넘기는 것은 아니다.
② 기능별 소득분배 관점에서는 어떤 생산요소를 공급하느냐에 따라 사람들을 구분하고 각 그룹별로 세부담의 귀착을 분석한다.
③ 부가가치세를 동일한 세수의 법인세로 대체할 때 어떤 분배적 효과가 생기는지를 분석하는 것이 차별귀착(differential incidence)의 한 예이다.
④ 다른 조세나 지출에 아무런 변화가 없다는 전제하에서 특정 조세의 분배적 효과를 분석하는 것을 절대귀착(absolute incidence)이라고 한다.
⑤ 법인세를 부과하면 소비자에게도 세부담이 전가될 수 있는데, 이를 후방전가라고 한다.

35 누진적인 근로소득세 부과가 초과부담을 초래하는 이유로 옳은 것은?

① 납세자의 경제능력에 관계없이 차등 과세하기 때문이다.
② 세부담의 영향으로 납세자의 소득수준이 증가하기 때문이다.
③ 평균세율이 소득증가에 따라 하락하기 때문이다.
④ 여가를 과세대상에 포함시키는 것이 현실적으로 불가능하기 때문이다.
⑤ 소득 불평등도를 악화시키기 때문이다.

36 분배의 정의 및 이론에 관한 설명으로 옳지 않은 것은?

① 평등주의적 정의관의 문제점 중 하나는 개인의 정당한 권리가 침해될 가능성이 있다는 것이다.
② 에지워드(F. Edgeworth)의 최적분배이론에서 전제된 가정 중 심각한 문제는 소득의 한계효용이 일정하다는 것이다.
③ 에지워드는 사회후생이 극대화되기 위해서는 완전히 균등한 분배가 이루어져야 한다고 주장한다.
④ 러너(A. Lerner)는 사람들의 효용함수가 다르다 해도 모든 사람이 특정 효용함수를 가질 확률이 같다는 가정하에서 균등한 분배가 최적임을 주장하였다.
⑤ 러너는 기대효용 관점에서 균등한 분배 상태와 불균등한 분배 상태를 비교할 때 균등한 분배 상태에서의 기대효용이 더 크다는 것을 입증하였다.

37 두 재화 X, Y 중 X재에만 물품세를 부과하는 대신, 동일한 조세수입을 가져다주는 소득세로 대체하는 경우 다음 중 옳지 않은 것은? (단, M은 소득, P_X와 P_Y는 각각 X재와 Y재의 가격, t_X는 물품세율, t는 소득세율이다.)

① 물품세 부과 이전의 예산선은 $M = P_X X + P_Y Y$이다.
② X재에만 물품세를 부과한 후의 예산선은 $M = (1 + t_X)P_X X + P_Y Y$이다.
③ 물품세 부과와 동일한 조세수입을 가져다주는 소득세로 대체한 후의 예산선은 $(1 + t)M = P_X X + P_Y Y$이다.
④ 오직 두 재화 사이에서의 소비자 선택이 문제되고 있는 상황에서는 소득세가 물품세보다 효율적이다.
⑤ 효율성 측면에서 여가까지 고려한 일반적인 상황에서는 소득세가 더 우월하다고 할 수 없다.

38 린달(E. Lindahl)의 공공재 최적공급 모형에 관한 설명으로 옳지 않은 것은?

① 공공재 생산량과 비용부담비율이 동시에 결정되는 모형이다.

② 공공재 공급규모 결정과정에 참여하는 사회구성원들은 자신의 진정한 선호를 드러 낸다고 가정한다.

③ 비용부담비율이 시장에서의 가격과 동일한 역할을 수행하게 된다.

④ 균형점에서 결정되는 조세부담비율은 누진성을 보장한다.

⑤ 공공재 비용부담비율 결정은 편익원칙에 근거를 두고 있다.

39 공공요금 결정원리에 관한 설명으로 옳지 않은 것은?

① 공기업이 동일한 서비스 공급에 대해 차별가격을 적용하여, 수요의 가격탄력성이 높은 그룹에는 낮은 가격을, 낮은 그룹에는 높은 가격을 적용함으로써 효율성 상실 을 최소화할 수 있다.

② 이부요금제는 서비스 이용기회 제공에 대해 부과하는 고정요금과 실제 소비량에 대 해 부과하는 종량요금으로 구성된다.

③ 이부요금제는 전화, 전기, 가스처럼 관로나 선을 통해 서비스를 공급하는 경우에 주 로 적용된다.

④ 최대부하가격 결정원리는 성수기와 비수기에 따라 요금을 달리함으로써 수요의 변 동폭을 줄여, 설비의 최적이용을 실현하기 위한 것이다.

⑤ 이부요금제에서 관로나 선을 통해 공급된 서비스는 수요의 가격탄력성이 높기 때문 에 기업이 고정요금 인상을 통해 부담을 이용자에게 전가시킬 수 있다.

40 법인세의 성격과 존립 논쟁에 관한 설명으로 옳지 않은 것은?

① 통합주의 견해는 법인세를 폐지하자는 것이다.

② 절대주의 견해에 따르면 법인세 폐지는 기업의 사내유보에 대한 과세를 강화한다.

③ 법인세를 소득세와 완전 통합하는 방식 중 자본이득방식은 법인세를 철폐하고 실현 되지 않은 부분을 포함한 모든 자본이득에 소득세를 부과하는 것이다.

④ 우리나라에서는 법인세의 이중과세 문제를 완화하기 위하여 배당세액공제제도를 시 행하고 있다.

⑤ 법인세 반대론자들은 법인세에는 이중과세 문제가 발생한다고 주장한다.

01 공평한 조세부담 원칙에 관한 설명으로 옳지 않은 것은?

① 납세자들의 무임승차 성향은 편익원칙의 실현을 어렵게 하는 원인이 될 수 있다.

② 동등희생(equal sacrifice)원칙은 편익원칙에 근거한 조세부담의 이론적 기초를 제공한다.

③ 편익원칙은 능력원칙에 비해 조세부담에 있어 납세자의 자발적 협조를 유도하기가 용이하다.

④ 능력원칙에 따르면, 똑같은 경제적 능력을 가진 사람들에게 동일한 금액의 조세를 부담시켜야 한다.

⑤ 능력원칙에 따르면, 서로 다른 경제적 능력을 가진 사람들에게 차등적인 금액의 조세를 부담시켜야 한다.

02 보다투표제(de Borda rule)는 애로우(K. Arrow)가 제시한 집합적 선택조건 중에서 어떤 조건을 충족시키지 못하는가?

① 완전성　　　　　　② 이행성　　　　　　③ 비제한성
④ 파레토 효율성　　　⑤ 무관한 선택대안으로부터의 독립성

03 사중손실(deadweight loss)에 관한 설명으로 옳지 않은 것은?

① 사중손실은 수요의 가격탄력성과 공급의 가격탄력성이 클수록 증가한다.

② 대체재가 많은 재화일수록 그 재화에 대한 과세로 인해 초래되는 사중손실은 더 커진다.

③ 사중손실의 크기를 계산하기 위해서는 소득효과와 대체효과를 모두 반영한 수요의 가격탄력성이 필요하다.

④ 사중손실의 크기는 세율의 제곱에 비례한다.

⑤ 세율이 증가하면 비효율성계수는 커진다.

04 헤이그-사이먼즈(Haig-Simons)의 포괄적 소득에 관한 설명으로 옳지 않은 것은?

① 소득은 일정 기간 동안 발생한 개인의 경제적 능력의 순증가분을 말한다.

② 납세자의 경제적 능력을 증가시키더라도 실현되지 않은 부분은 소득에 포함시키지 않는다.

③ 과거에 축적된 부는 소득에서 제외한다.

④ 각종 공제제도는 포괄적 소득세를 제도화하는 과정에서 나타나는 문제점을 보완하기 위해 도입된 것이다.

⑤ 발생원천과 사용용도가 다른 소득이라도 동일하게 취급한다.

05 소득분배에 관한 설명으로 옳지 않은 것은?

① 공리주의적인 관점에서는 노동공급이 비탄력적인 경우, 소득재분배로 인한 왜곡이 크기 때문에 소득재분배를 원하지 않는다.

② 롤스(J. Rawls)의 최소극대화 기준을 나타내는 사회무차별곡선의 모양은 L자형이다.

③ 노직(R. Nozick)은 개인들의 경제활동으로 창출된 소득분배상태를 교정하는 것보다 그 분배상태가 형성되는 과정을 중시한다.

④ 평등주의적인 사회후생함수에서 도출된 사회무차별곡선은 평등주의적 성향이 강할수록 원점에 대해 더욱 볼록한 모양을 갖는다.

⑤ 쿠즈네츠(S. Kuznets)의 U자 가설은 세로축에 소득분배의 균등도를, 가로축에 경제발전단계 또는 1인당 국민소득을 표시한 평면에서 설명된다.

06 조세의 귀착에 관한 설명으로 옳은 것은?

① 개방경제에서 국가 간 자본이동이 완전한 경우, 자본에 대한 과세는 전적으로 자본수요자에게 귀착된다.

② 생산요소의 공급이 완전비탄력적인 경우, 그 생산요소에 대한 조세는 수요자와 공급자 모두에게 귀착된다.

③ 완전경쟁시장 상품에 과세할 때, 공급곡선이 불변이면 수요곡선이 탄력적일수록 소비자의 조세부담이 증가한다.

④ 물품세가 부과될 때, 독점기업일지라도 부과된 세금 이상을 소비자에게 전가시킬 수 없다.

⑤ 램지(Ramsey)규칙은 조세부담을 최소화하기 위한 정책기준이다.

07 공채에 관한 설명으로 옳지 않은 것은? (단, 다른 조건은 일정하다고 가정한다.)

① 리카르도(D. Ricardo)의 대등정리(equivalence theorem)에 따르면, 재정지출 재원을 공채발행으로 조달하는 경우와 조세로 조달하는 경우의 경제적 효과는 동일하다.

② 러너(A. Lerner)에 따르면, 외부채무(external debt)는 정부지출 재원을 민간부문에서 조달하기 때문에 미래세대의 부담이 늘어나지 않는다.

③ 공채발행에 따른 재정지출의 증가가 민간투자를 감소시키는 현상을 구축효과라고 한다.

④ 이자율에 영향을 주지 않을 만큼 민간부문에 여유자금이 충분할 경우, 정부의 공채발행을 통한 재원조달로 인하여 구축효과가 발생하지 않는다.

⑤ 공채발행의 증가는 이자율의 상승을 초래하여 무역수지를 악화시킬 수 있다.

08 정액세(lump-sum tax)에 관한 설명으로 옳은 것은?

① 정액세의 부과는 상대가격을 변경시킨다.

② 정액세는 대체효과와 소득효과를 발생시킨다.

③ 정액세는 효율성과 공평성을 동시에 충족시키는 조세이다.

④ 정액세는 납세자의 경제적 의사결정에 교란을 초래하지 않는다.

⑤ 소득이 1,000만원인 납세자에게는 200만원을, 소득이 100만원인 납세자에게는 20만원을 정액으로 부과하는 소득세는 정액세의 일종이다.

09 A국에는 100명의 주민이 거주한다. 공공재인 구축함 보유에 따른 개별 주민의 한계편익은 $MB = 10 - Q$이고, 구축함의 한 척당 공급가격은 100이다(단, Q : 구축함의 수). 이 때, A국의 최적 구축함 수는?

① 0척 ② 1척 ③ 5척
④ 9척 ⑤ 10척

10 법인세액 결정에 관한 설명으로 옳지 않은 것은?

① 법인세는 자기자본보다 타인자본을 우대한다.

② 투자세액공제는 설비투자금액의 일정비율을 공제하는 방식으로 이루어진다.

③ 물가가 상승하면 차입금의 실질이자부담이 줄어 절세효과가 나타난다.

④ 감가상각액이 늘어나면 법인세액이 줄어든다.

⑤ 법인소득을 주주에게 배당하면 법인세액이 줄어든다.

11 부가가치세에 관한 설명으로 옳은 것을 모두 고른 것은?

> ㄱ. 부가가치세의 주요 도입배경으로는 다단계거래세제에서 나타날 수 있는 수직적 통합을 이용한 조세회피 방지와 수출품에 대한 소비세 환급을 통한 수출촉진 등을 들 수 있다.
> ㄴ. 부가가치세는 모든 소비재에 대해 단일세율을 적용함으로써 저소득층의 조세부담을 상대적으로 낮추게 된다.
> ㄷ. 어떤 상품이 부가가치세 면세 대상인 경우, 중간단계에서 이미 납부한 부가가치세는 환급해 준다.
> ㄹ. 어떤 상품에 영세율이 적용되는 경우, 그 이전 단계에서 납부한 부가가치세는 전액 환급해 준다.

① ㄱ, ㄴ　　　　② ㄱ, ㄷ　　　　③ ㄱ, ㄹ
④ ㄴ, ㄷ　　　　⑤ ㄷ, ㄹ

12 지방재정과 관련한 설명으로 옳지 않은 것은?

① 오우츠(W. Oates)의 분권화정리에 따르면, 지방정부에 의한 지방공공재 공급이 주민들의 선호를 더 잘 반영할 수 있다.
② 공공재가 공간적 파급효과(spillover effect)를 발생시킬 경우, 지방정부가 공급하는 것이 효율적이다.
③ 티부(C. Tiebout)모형에 따르면, 지방공공재의 경우 분권적인 배분체계에서 효율적인 자원배분을 실현할 수 있다.
④ 경제정책의 세 가지 목표인 경제안정, 소득재분배, 자원배분 중 지방정부에서는 자원배분의 역할이 강조된다.
⑤ 지방재정조정제도의 주요 목적은 수평적 재정형평성 및 수직적 재정형평성의 제고에 있다.

13 후생경제학에 관한 설명으로 옳은 것은?

① 모든 사람들의 한계대체율이 같을 때 소비 및 생산의 파레토 최적이 달성된다.
② 후생경제학의 제1정리는 완전경쟁균형이 항상 존재하는 것을 의미한다.
③ 두 사람이 동일한 동조적(homothetic)선호체계를 갖고 그들의 한계대체율이 체감한다면, 에지워드 상자(Edgeworth box)에서 그들 간의 파레토 최적 배분점의 궤적은 대각선으로 표시된다.
④ 후생경제학의 제2정리는 초기 부존자원을 적절하게 재분배함으로써 효율성은 저해하지만 공평성을 추구할 수 있다는 것을 보여준다.
⑤ 칼도(N. Kaldor)보상기준에 따르면, 어떤 정책이 사회후생을 증대시키기 위해서는 그 정책 시행으로 공평성이 개선되어야 한다.

14 조세의 효율성에 관한 설명으로 옳은 것을 모두 고른 것은?

> ㄱ. 여가를 포함한 모든 상품에 동일한 세율로 조세를 부과하면 정액세(lump-sum tax)와 동등해진다.
> ㄴ. 여가를 포함한 모든 상품에 동일한 세율로 조세를 부과하면 초과부담이 발생하지 않는다.
> ㄷ. 콜렛-헤이그(Corlett-Hague)법칙에 따르면, 세율은 그 상품의 소득탄력성에 반비례하여야 한다.
> ㄹ. 독점시장에서 평균비용과 한계비용이 동일하고 수요곡선이 우하향하는 직선일 경우, 단위당 종량세 t를 부과하면 가격은 $\frac{1}{2}t$만큼 상승한다.

① ㄱ, ㄴ　　　　② ㄷ, ㄹ　　　　③ ㄱ, ㄴ, ㄷ
④ ㄱ, ㄴ, ㄹ　　　⑤ ㄴ, ㄷ, ㄹ

15 이윤극대화를 추구하는 어떤 독점기업의 비용함수는 $C = 16 + Q^2$이고, 수요함수는 $P = 20 - Q$이다(단, Q : 수요량, P : 가격). 정부가 재화 한 단위당 4원씩의 조세를 이 기업 또는 소비자에게 부과한다고 가정할 때, 옳은 것을 모두 고른 것은?

> ㄱ. 조세가 부과되기 전, 독점기업은 재화 한 단위당 15원의 가격에 5단위를 판매한다.
> ㄴ. 조세가 독점기업에 부과되는 경우, 이 기업은 재화 한 단위당 16원의 가격에 4단위를 판매하므로 조세의 $\frac{3}{4}$을 부담한다.
> ㄷ. 조세가 소비자에게 부과되는 경우, 소비자는 재화 한 단위당 12원의 가격에 4단위를 구매한다.
> ㄹ. 조세가 독점기업에 부과될 때, 소비자는 자신에게 부과되는 경우에 비해 부담을 덜 지게 된다.

① ㄱ, ㄴ　　　　② ㄷ, ㄹ　　　　③ ㄱ, ㄴ, ㄷ
④ ㄴ, ㄷ, ㄹ　　　⑤ ㄱ, ㄴ, ㄷ, ㄹ

16 공공재의 공급에 관한 설명으로 옳지 않은 것은?

① 부분균형분석에 의하면, 소비자들의 한계편익의 합과 한계비용이 일치할 때 효율적인 공급이 이루어진다.

② 보웬(H. Bowen)에 따르면, 개별적이고 자발적인 교섭에 의해 공공재의 적정공급이 실현된다.

③ 린달(E. Lindahl)은 시장의 분권화된 의사결정으로는 효율적인 자원배분이 달성될 수 없음을 보였다.

④ 클라크-그로브즈(Clarke-Groves)조세를 부과할 경우, 우월전략은 공공재 소비자가 자신의 진정한 선호를 표출하는 것이다.

⑤ 사무엘슨(P. Samuelson)은 모든 소비자들의 공공재와 사적재 간 한계대체율의 합이 두 재화의 한계변환율과 일치하는 것이 효율적인 공공재 공급의 필요조건이라고 하였다.

17 외부성에 관한 설명으로 옳은 것은?

① 외부성을 내부화시키기 위해서는 항상 당사자 간의 자발적인 협상을 통해야 한다.

② 공공재적 외부성(joint externalities)은 사적재적 외부성(appropriable externalities)에 비해 당사자 간 직접적 협상에 의한 해결가능성이 높다.

③ 환경오염유발 재화에 최적 피구세(optimal Pigouvian tax)를 부과하면 환경오염이 발생하지 않는다.

④ 금전적 외부성(pecuniary externalities)이 자원배분의 비효율성을 유발시킬 수 있다.

⑤ 오염배출허가서 제도를 통하여 외부불경제를 교정하는 방법은 점차 시장경쟁성을 떨어뜨릴 수 있다.

18 근로소득세 부과가 노동시장에 미치는 영향으로 옳지 않은 것은?

① 동일한 조세수입을 징수하고자 할 때, 비례소득세보다 선형누진소득세가 근로의욕을 더 떨어뜨린다.

② 여가가 열등재일 때, 비례소득세를 부과하면 노동공급은 감소한다.

③ 여가가 정상재일 때, 비례소득세 부과가 노동시장에 미치는 영향은 소득효과와 대체효과의 상대적 크기에 따라 다르다.

④ 선형누진소득세제에서 면세점을 인하할 경우, 여가가 열등재라면 노동공급은 증가한다.

⑤ 선형누진소득세제에서 면세점을 인상할 경우, 여가가 정상재라면 노동공급은 감소한다.

19 국민연금제도의 경제적 효과에 관한 설명으로 옳지 않은 것은? (단, 다른 조건은 일정하다고 가정한다.)

① 재산대체효과는 자발적인 저축을 줄이도록 영향을 미친다.
② 은퇴효과는 자발적인 저축을 줄이도록 영향을 미친다.
③ 상속효과는 자발적인 저축을 증가시키도록 영향을 미친다.
④ 국민연금제도는 은퇴 후 개인의 실질소득을 증가시킴으로써 은퇴 후 노동공급을 줄이는 효과를 발생시킨다.
⑤ 국민연금제도가 국민연금에 가입한 근로자들의 노동공급에 미치는 효과는 불분명하다.

20 여가-소득 간의 선택 모형에서 조세가 개인의 노동공급 의사결정에 미치는 영향에 관한 설명으로 옳은 것은? (단, 여가는 정상재이다.)

① 비례적 근로소득세율 인상은 여가의 가격을 상승시킨다.
② 근로소득세를 인상하면 소득효과는 노동공급을 증가시키는 반면, 대체효과는 노동공급을 감소시킨다.
③ 누진적 소득세의 경우, 여가의 가격을 나타내는 예산선의 기울기가 일정하다.
④ 일반적으로 근로소득세율이 낮을 때, 세율인상은 노동공급을 감소시키지만 근로소득세율이 높을 때 세율인상은 노동공급을 증가시킨다.
⑤ 세율인상의 효과는 임금률 상승의 효과와 동일하다.

21 조세의 귀착과 초과부담에 관한 설명으로 옳지 않은 것은?

① 두 상품 X와 Y가 완전대체재인 경우, 상품 X에 조세가 부과되면 이 조세는 모두 상품 X의 수요자에게 귀착된다.
② 두 상품 X와 Y가 완전보완재인 경우, 상품 Y에 종가세가 부과되면 그로 인해 초과부담은 발생하지 않는다.
③ 완전경쟁시장에서 공급곡선은 완전비탄력적이고 수요곡선이 우하향하는 경우, 그 상품에 대한 조세는 초과부담을 발생시키지 않는다.
④ 다른 조건이 일정할 때, 시간이 흐를수록 공급곡선의 탄력성이 커지면 상대적으로 소비자에게 조세가 더 많이 귀착된다.
⑤ 이자소득세는 대체효과를 통해 비효율성을 유발한다.

22 완전경쟁시장에서 토지가격은 그 토지로부터 발생하는 임대료 수입 흐름의 현재가치와 같아진다. 이때 정부가 임대료 수입에 대해 과세하면 토지가격은 미래 조세부담 흐름의 현재가치만큼 하락하게 된다. 이와 같은 현상과 조세의 실질적 부담자를 옳게 연결한 것은?

① 환원(tax capitalization) − 현재의 토지 소유자
② 소전(tax transformation) − 현재의 토지 소유자
③ 환원(tax capitalization) − 미래의 토지 구매자
④ 소전(tax transformation) − 미래의 토지 구매자
⑤ 전전(forward shifting) − 현재의 토지 소유자

23 음(陰)의 소득세(negative income tax)가 $T = t \times (B - Y)$와 같이 설정(단, T : 음의 소득세, t : 한계세율, B : 소득보장액, Y : 개인소득)되어 있다고 할 때, 옳지 않은 것은?

① 소득보장액은 50만원, 개인소득은 25만원, 한계세율은 0.5일 때, 음의 소득세액은 12.5만원이다.
② 소득보장액은 높게, 한계세율은 낮게 설정하면 비효율성을 줄이면서 재분배효과를 높일 수 있다.
③ 소득보장액은 100만원, 개인소득은 25만원, 한계세율은 0.5일 때, 최종소득은 62.5만원이다.
④ 음의 소득세제의 재분배효과는 소득보장액이 클수록 작아진다.
⑤ 선형의 한계세율구조를 가정할 경우, 한계세율이 인상되면 음의 소득세액은 증가한다.

24 법인세에 관한 설명으로 옳지 않은 것은?

① 법인세는 과세의 공평성과 자원배분의 효율성을 달성하기 위해 소득세와의 통합이 논의된다.
② 인플레이션은 감가상각의 실질가치를 떨어뜨림으로써 법인의 실질적 조세부담을 크게 한다.
③ 정부는 법인세제상의 감가상각이 정상적인 속도보다 빠르게 진행되는 것을 허용함으로써 법인세의 탈세유인을 축소시키고자 한다.
④ 법인세는 법인에 부과되는 조세로서 귀착자가 누구인지 불분명하다.
⑤ 법인세의 성격에는 법인부문에 투자된 자본에 대한 과세, 경제적 이윤에 대한 과세 등의 견해가 있다.

25 최적물품세에 관한 설명으로 옳지 않은 것은?

① 동질적 소비자를 가정할 때, 수요의 가격탄력성에 반비례하도록 종량세를 부과하면 초과부담이 최소화된다.

② 동질적 소비자를 가정할 때, 최적물품세는 모든 재화에 대해 수요량이 동일한 비율로 감소되도록 조세를 부과해야 한다.

③ 이질적 소비자를 가정할 때, 소득의 사회적 한계가치를 반영하여 소득이 낮은 사람들이 많이 사용하는 재화에는 낮은 세율을, 소득이 높은 사람들이 많이 사용하는 재화에는 높은 세율을 부과하는 것이 바람직하다.

④ 여가가 정상재일 때, 여가와 보완관계에 있는 재화에는 더 낮은 세율을, 여가와 대체관계에 있는 재화에 대해서는 더 높은 세율을 부과해야 한다.

⑤ 동질적 소비자를 가정할 때, 수요의 가격탄력성에 반비례하는 물품세는 공평성을 저해할 수 있다.

26 비대칭적 정보가 존재할 때 의료보험시장에서 발생하는 역선택을 감소시키는 방안으로 옳지 않은 것은?

① 의료보험 가입 시 정밀신체검사를 요구한다.

② 보험회사가 의료보험 가입 희망자의 과거 병력을 조회한다.

③ 의료보험 가입 희망자의 건강상태를 반영하여 보험료를 차등 부과한다.

④ 단체의료보험상품을 개발하여 해당 단체 소속원 모두 강제 가입하게 한다.

⑤ 의료보험에 기초공제제도를 도입한다.

27 가치재(merit goods)와 비가치재(demerit goods)에 관한 설명으로 옳지 않은 것은?

① 정부의 가치재 공급은 소비자 주권과 충돌할 수 있다.

② 정부가 보건소를 통해 어린이들에게 무료예방접종을 제공하는 것은 가치재의 사례에 해당한다.

③ 담배와 같이 사회적 비용을 유발하는 재화에 과세하는 것은 비가치재 소비를 억제하는 데 목적이 있다.

④ 정부가 국방서비스를 생산하고 공급하는 것은 그것이 가치재이기 때문이다.

⑤ 가치재 공급은 정부가 개인들의 의사결정이 적절하지 않다고 판단하는 경우에 이루어진다.

28 두 기간을 사는 어떤 개인의 기간선택모형(inter-temporal choice model)을 이용하여 조세가 저축에 미치는 영향을 파악하고자 한다. 1기는 일을 하는 기간으로서 소득이 발생하며, 2기는 은퇴 후 기간으로서 소득이 없다고 가정한다. 이 개인이 1기에 발생한 소득 가운데 일부는 소비하며, 나머지 일부를 2기에 사용하기 위하여 저축한다고 할 때, 관련된 설명으로 옳지 않은 것은? (단, 두 기간 간 이자율은 r이고, 차입은 없다.)

① 어떤 개인이 2기의 소비수준을 과세 전과 동일하게 유지하고자 한다면, 이자소득세율을 인상할 경우 현재소비를 줄이고 저축을 늘리게 된다.

② 이자소득에 t의 세율로 과세하면 저축의 수익률은 $r \times (1-t)$가 된다.

③ 이자소득과세는 1기 소비를 늘리고 저축을 줄인다.

④ 저축에 대한 조세가 부과되기 이전에는 1기 소비의 가격은 $(1+r)$이 된다.

⑤ 이자소득세율 인상과 이자율 인하는 이론적으로 저축에 미치는 효과가 동일하다.

29 공공재의 성격에 관한 설명으로 옳은 것은?

① 해안가 작은 마을에 울린 지진해일 경보사이렌은 공공재이다.

② 클럽재의 경우, 회원 수 증가에 따른 편익변화만 제대로 도출할 수 있다면, 이론적으로는 적정회원 수의 산정이 가능하다.

③ 공공부문이 어떤 재화를 공급한다면 그것은 공공재가 되기 위한 충분조건이 된다.

④ 무임승차문제는 소비의 경합성으로 인해 발생하며 정부가 그 재화를 공급해야 하는 이유가 된다.

⑤ 어떤 재화의 소비가 배제불가능하더라도 비경합적이면 시장을 통해 그 재화를 공급할 수 있다.

30 완전경쟁시장의 시장수요함수는 $Q = 240 - 10P$이고, 개별기업들의 비용을 합한 총비용함수는 $C = 8Q$이다(단, Q : 수요량, P : 가격). 모든 기업이 하나의 카르텔(cartel)을 형성하여 독점이윤을 극대화했을 때, 독점이윤의 크기와 그에 따른 초과부담은?

① 160, 80
② 320, 160
③ 320, 320
④ 640, 160
⑤ 640, 320

31 시장실패에 관한 설명으로 옳지 않은 것은?

① 소수의 기업이 참여하는 시장에서 이윤극대화를 추구할 때 발생한다.

② A기업의 생산이 B기업 생산에 미치는 영향이 A기업에서 생산한 재화의 시장가격에 반영되지 않는 경우에 발생한다.

③ 사회적 비용이 사적 비용보다 클 경우, 기업의 사적 생산량은 사회적으로 효율적인 생산량보다 적다.

④ 경제 주체들 간에 비대칭적 정보가 존재할 경우에 발생한다.

⑤ 무임승차문제가 나타날 경우에 발생한다.

32 A와 B 두 사람과 커피(C)와 햄(H) 두 재화가 존재하는 교환경제를 상정한다. 수평축을 햄, 수직축을 커피로 하는 에지워드 상자(Edgeworth box)에서 A의 원점을 좌측 하단의 꼭짓점, B의 원점을 우측 상단의 꼭짓점이라고 하자. A의 효용함수는 $U(H_A, C_A) = H_A + 4\sqrt{C_A}$이고, B의 효용함수는 $U(H_B, C_B) = H_B + 2\sqrt{C_B}$이다. 이때 계약곡선(contract curve)의 모양은? (단, 초기부존자원이 A는 $H=8$, $C=10$이고, B는 $H=8$, $C=2$이다.)

① 수직선

② 수평선

③ 대각선

④ A의 원점에서 시작되는 기울기가 1/4인 직선

⑤ B의 원점에서 시작되는 기울기가 1/4인 직선

33 공공부문이 공급하는 재화나 서비스에 대한 공공요금 부과와 관련된 설명으로 옳지 않은 것은?

① 공공요금 부과의 정당성은 공공요금이 가격기능을 수행하게 하여 자원배분의 효율성을 높이는 데 있다.

② 비용체감산업의 경우, 한계비용가격설정방식을 적용하면 효율성을 달성하지만 손실이 발생한다.

③ 비용체감산업의 경우, 평균비용가격설정방식을 적용하면 손실은 발생하지 않지만 과소생산으로 인한 비효율이 발생한다.

④ 램지가격설정원칙에 따르면, 비효율성을 최소화시키기 위해서는 수요의 가격탄력성이 클수록 가격과 한계비용의 격차는 상대적으로 더 크게 설정되어야 한다.

⑤ 공공요금부과를 통해서 소득재분배 목표를 달성하려는 정책은 효율성을 저해시킬 뿐만 아니라 손실보전 문제를 발생시킬 우려가 있다.

34 기후변화와 같은 매우 장기적인 현상과 관련된 사업의 비용편익분석에서 일정한 기간 단위로 점차 감소하는 양(陽)의 사회적 할인율을 적용하자는 주장이 있다. 이러한 주장의 근거로 옳은 것은?

① 미래에 발생하는 비용과 편익을 더 높은 비중으로 반영하기 위한 것이다.
② 현재시점에서 미래세대에 대한 고려는 무의미하기 때문이다.
③ 비용편익분석에서 나타나는 장기적인 편익의 불확실성과 위험을 반영하기 위한 것이다.
④ 미래에 발생하는 비용과 편익이 서로 다르기 때문이다.
⑤ 현재에 발생하는 비용과 편익을 더 높은 비중으로 반영하기 위한 것이다.

35 조세에 관한 설명으로 옳은 것은?

① 소비자들이 쉽게 대체재를 구할 수 있는 상품의 공급자들이 생산량을 조절하기 어려울 경우, 그 상품에 부과되는 조세는 소비자에게 더 많이 귀착된다.
② 수요와 공급 중 하나가 탄력적이거나 모두 탄력적인 재화에 조세를 부과하면, 상대적으로 거래량은 적게 감소하고 사중손실(deadweight loss)은 커진다.
③ 수요에 비해 공급이 상대적으로 비탄력적일 때 조세를 부과하면, 공급량이 가격 하락에 덜 민감하기 때문에 소비자들이 더 큰 조세부담을 지게 된다.
④ 정액세(lump-sum tax)는 모든 사람이 동일한 세액을 납부하므로 비례세 성격을 띠고 소득에 역진적이다.
⑤ 세율이 누진적으로 증가하는 소득세제는 납세자의 노동, 저축 및 투자유인을 왜곡시킬 수 있다.

36 지출세(expenditure tax)에 관한 설명으로 옳지 않은 것은?

① 호황기에 소비지출을 억제시키는 자동안정화 기능을 한다.
② 일반소비세인 부가가치세와 마찬가지로 물세이다.
③ 소득파악이 쉽지 않은 고소득층의 소득에도 실질적으로 과세할 수 있다.
④ 개인의 총소비액에서 인적공제 또는 비인적공제 등을 적용할 수 있어 실질적으로 소득세와 유사하게 설계할 수 있다.
⑤ 소득세와 달리 과세대상 기간에 적립한 저축에 대한 이중과세 문제가 발생하지 않는다.

37 어떤 투자사업은 초기 투자비용이 500억원이고, 투자 다음 해부터 20년 간 매년 20억원의 편익과 2억원의 비용이 발생한다고 한다. 사회적 할인율이 0%일 때, 이 사업에서 발생하는 순편익의 현재가치는? (단, 사업의 잔존가치는 0원이다.)

① −100억원 ② −140억원 ③ 0원
④ 100억원 ⑤ 140억원

38 하천 상류의 화학공장 총수입은 $10Q_C$, 총비용은 $\frac{1}{4}Q_C^2$이고, 하천 하류의 양식업자 총수입은 $10Q_F$, 총비용은 $\frac{1}{4}Q_F^2+\frac{1}{4}Q_CQ_F$이다(단, Q_C : 화학공장의 생산량, Q_F : 양식업자의 생산량). 화학물과 양식생산물의 가격은 10이고 두 기업의 합병이 불가능할 때, 파레토 최적을 위해서 화학공장에 부과해야 할 단위당 피구세(Pigouvian tax)는?

① $\frac{20}{3}$ ② $\frac{30}{3}$ ③ $\frac{5}{3}$
④ $\frac{15}{3}$ ⑤ $\frac{10}{3}$

39 소득불평등 지수에 관한 설명으로 옳지 않은 것은?

① 앳킨슨(A. Atkinson)지수 값은 불평등성에 대한 그 사회의 가치판단을 전제로 하여 계산된다.
② 5분위배율은 상위 20%에 속하는 사람들의 소득점유율을 하위 20%의 소득점유율로 나눈 값으로 그 값이 클수록 소득분배가 불평등함을 의미한다.
③ 지니(Gini)계수는 0에서 1 사이의 값을 가지며 소득분배가 평등할수록 0에 가까워진다.
④ 달튼(H. Dalton)의 평등지수는 0에서 1 사이의 값을 가지며 소득분배가 평등할수록 1에 가까워진다.
⑤ 십분위분배율은 하위 20%에 속하는 사람들의 소득점유비율을 상위 40%에 속하는 사람들의 소득점유비율로 나눈 값으로 그 값이 클수록 소득분배가 평등하다고 할 수 있다.

40 신고전학파의 기업투자결정모형에서 자본의 사용자비용에 직접적으로 영향을 미치지 않는 것은?

① 이자율 ② 투자세액공제율 ③ 사내유보비율
④ 법인세율 ⑤ 경제적 감가상각률

01 소득분배의 불평등도를 측정하는 방법에 관한 설명으로 옳지 않은 것은?

① 로렌츠(Lorenz)곡선의 경우 대각선에 가까울수록 소득분배가 평등하다.

② 앳킨슨(Atkinson)지수가 0에 가까울수록 소득분배가 불평등하다.

③ 달튼(Dalton)의 평등지수는 공리주의적 사회후생함수를 가정하고 있다.

④ 지니(Gini)계수가 작을수록 소득분배가 평등하다.

⑤ 십분위분배율은 최하위 40%의 소득점유율을 최상위 20%의 소득점유율로 나눈 값이다.

02 두 사람 A와 B가 사용하는 공공재의 한계편익과 한계비용이 다음과 같을 때 B의 린달가격(부담비율)은?

공공재 단위	1	2	3	4	5
한계편익 A	22	15	10	4	2
한계편익 B	18	15	10	8	6
한계비용	8	9	10	12	15

① $\dfrac{5}{3}$ ② 1 ③ $\dfrac{2}{3}$

④ $\dfrac{1}{2}$ ⑤ $\dfrac{2}{5}$

03 경기침체로 세입은 감소하는 상황에서 정부가 금융위기 극복을 위해 지출을 확대한 결과 정부부채가 증가하였다고 가정하자. 이에 관한 설명으로 옳지 않은 것은?

① 재정적자가 누적되면 정부부채는 증가한다.

② 고전학파의 견해에 따르면, 정부부채가 증가할 경우 민간투자는 감소한다.

③ 리카도의 대등정리(equivalence theorem)에 따르면, 정부부채가 증가할 경우 총수요가 감소한다.

④ 케인즈의 이론에 따르면, 국채를 발행하여 정부지출을 증대시킬 경우 국민소득이 증가한다.

⑤ 정부부채는 민간 또는 해외의 자산이 된다.

04 두 사람 A와 B로 구성되어 있고, 사적재인 X재 한 재화만 존재하는 경제에서 A와 B의 효용은 각각 $U_A = \sqrt{3X_A}$, $U_B = \sqrt{X_B}$로 표시된다(단, X_A, X_B는 각각 A와 B의 X재 소비량). 이 경제의 사회후생함수가 롤스(Rawls)의 사회후생함수이고, X재의 총 부존량이 1,200일 때 극대화된 사회후생의 값은?

① 30   ② 40   ③ 50   ④ 60   ⑤ 70

05 칼도-힉스(Kaldor-Hicks) 보상기준에 관한 설명으로 옳지 않은 것은?

① 사업시행으로 이득을 본 그룹의 이득이 손해를 본 그룹의 손해보다 클 때 칼도-힉스 보상기준을 만족한다.

② 사업시행으로 인해 이득을 본 그룹의 최대지불의사 금액이 손해를 본 그룹이 수용할 수 있는 최소금액 이상이면 칼도 기준을 만족한다.

③ 모든 파레토 개선은 칼도-힉스 보상기준을 만족한다.

④ 힉스 기준에서는 손해를 보는 그룹이 이득을 보는 그룹에게 사업시행이 이루어지지 않도록 보상하는 상황을 전제로 한다.

⑤ 칼도-힉스 보상기준을 만족하기 위해서는 실제적으로 보상이 이루어져야 한다.

06 두 사람 A와 B가 각각 사적재 X와 공공재 Y를 소비하고 있다. A와 B의 X재 소비량은 X_A, X_B이고, Y재 소비량은 Y_A, Y_B라고 할 때 A와 B의 효용함수 U_A와 U_B를 바르게 나타낸 것은?

① $U_A(X_A,\ X_B)$ ② $U_B(X_A,\ X_B,\ Y_A)$ ③ $U_A(X_A,\ Y_A,\ Y_B)$

④ $U_B(X_A,\ X_B,\ Y_A,\ Y_B)$ ⑤ $U_B(X_A,\ Y_A,\ Y_B)$

07 여가가 정상재인 경우 부의 소득세(negative income tax)가 근로의욕에 미치는 효과로 옳지 않은 것은?

① 부의 소득세는 빈곤 문제를 근본적으로 해결하지는 못한다.

② 부의 소득세는 면세점 이하 소득계층의 근로의욕을 저해하는 소득효과를 발생시킨다.

③ 부의 소득세 부과는 면세점 이하 소득계층에 대한 여가의 기회비용을 하락시킨다.

④ 부의 소득세를 부과하면 면세점 이하 소득계층에서 대체효과는 소득효과와 반대 방향으로 작용한다.

⑤ 부의 소득세는 면세점 이하 소득계층의 근로의욕에 부정적인 영향을 미친다.

08 두 기업 A와 B가 존재하는 경제에서 기업 A와 B의 총오염저감비용은 각각 $C_A = 100 + 2Z_A^2$, $C_B = 100 + 3Z_B^2$으로 표시된다(단, Z_A, Z_B는 각각 기업 A와 B의 오염물질 감축량). 이때 배출권거래제하에서 사회 전체적으로 오염물질을 60만큼 감축해야 한다면 이 경제 전체의 총오염저감비용을 최소화시키는 A와 B의 오염물질 감축량은?

① A는 24, B는 36   ② A는 20, B는 40   ③ A는 35, B는 25

④ A는 40, B는 20   ⑤ A는 36, B는 24

09 공공사업의 비용-편익분석에 관한 설명으로 옳지 않은 것은?

① 공공사업의 비용과 편익이 장기간에 걸쳐 발생하기 때문에 적정한 사회적 할인율 선정이 어렵다.

② 공공사업의 경우 불완전경쟁시장에서는 잠재가격이 적절한 평가기준이 되지 못하므로 시장가격을 사용한다.

③ 공공사업의 경우 예상되는 편익과 비용의 현재가치를 기준으로 판정하므로 분배적 측면을 고려하기는 어렵다.

④ 공공사업의 경우 공공투자의 편익이 국민소득에 전혀 영향을 미치지 않을 정도로 작고, 공공투자의 비용이나 편익이 다수의 사람에게 분할될 때 위험과 불확실성을 고려할 필요가 없다.

⑤ 공공사업에서 발생하는 무형의 비용 및 편익에 대한 평가가 매우 힘든 경우 비용효과성 분석을 사용한다.

10 정수, 철수, 영희 3인으로 구성된 사회에서 공공재에 대한 개개인의 수요함수는 $P_{정수} = 10 - X$, $P_{철수} = 25 - X$, $P_{영희} = 30 - X$이다(단, P는 공공재 가격, X는 공공재 수량). 공공재의 공급함수가 $P = 45$일 때 파레토 효율적인 공공재 수량(A)과 다수결로 결정되는 공공재 수량(B)은? (단, 다수결로 결정된 공공재 생산의 비용은 3인이 균등하게 분담)

① A는 $\dfrac{20}{3}$, B는 15 　　② A는 $\dfrac{20}{3}$, B는 10 　　③ A는 $\dfrac{10}{3}$, B는 15

④ A는 $\dfrac{10}{3}$, B는 10 　　⑤ A는 15, B는 $\dfrac{20}{3}$

11 정부가 공공의료보험제도를 통해 보건의료서비스 시장에 개입하는 경우에 관한 설명으로 옳지 않은 것은?

① 공공의료보험제도 도입은 역선택으로 인한 가입자 감소 문제를 완화한다.

② 저소득층에게도 보편적인 보건의료서비스를 제공하여야 한다는 차원에서 정부개입의 근거가 된다.

③ 보건의료서비스 시장에서 도덕적 해이는 실제비용보다 지불가격이 높을 때 발생한다.

④ 의료보험 가격을 실현된 결과의 함수로 측정하는 방식인 경험요율제도(experience rating)를 적용하게 되면 역선택 문제를 축소할 수 있다.

⑤ 공공의료보험이 수요독점을 행할 경우 보건의료서비스 시장을 왜곡시킬 수 있다.

12 A시가 폐기물매립장을 건설하는 데 2010년 말 700만원의 비용이 소요된다. 2011년 초부터 폐기물을 반입하기 시작하여 2012년 말까지 사용할 수 있는데, 이 2년 동안 매립장의 사용에 따른 편익은 매년 말 1,005만원, 비용은 매년 말 400만원씩 발생한다. 할인율이 연 10%일 때, 이 사업의 2010년 말 기준 순현재가치는? (단, 잔존가치는 "0"임)

① 150만원 ② 250만원 ③ 350만원
④ 450만원 ⑤ 550만원

13 외부성에 관한 설명으로 옳지 않은 것은?

① 외부성에는 부정적인 효과뿐만 아니라 긍정적인 효과도 있다.
② 거래비용이 매우 작고 소유권이 확립될 경우, 외부성을 해결하기 위해 정부가 반드시 개입할 필요는 없다.
③ 외부성을 해결하기 위한 피구세(Pigouvian tax)는 사회적으로 최적인 생산수준에서의 한계피해와 일치한다.
④ 오염물질 배출과 같은 외부성을 해소하기 위해서는 오염자들이 각각 동일한 양만큼 오염물질 배출을 줄이는 것이 비용효과적이다.
⑤ 생산의 외부성이 존재할 경우 사회적으로 최적인 생산량은 사회적 한계비용과 한계편익이 일치하는 수준에서 달성된다.

14 우리나라의 현행 세목에 관한 설명으로 옳지 않은 것은?

① 종합부동산세는 재산세의 일종이므로 지방세이다.
② 상속세 및 증여세는 자산과세의 일종이다.
③ 교통 · 에너지 · 환경세는 국세인 반면, 주행세는 지방세이다.
④ 농어촌특별세는 세수의 용도가 지정되어 있는 목적세이다.
⑤ 소득세 및 법인세는 소득과세의 일종이다.

15 완전경쟁시장에서 휴대폰의 수요곡선이 $P = 195 - Q$, 공급곡선이 $P = 60 + 4Q$라고 하자(단, P는 휴대폰 가격, Q는 휴대폰 수량). 정부가 25%의 종가세를 생산자에게 부과할 때 세후 소비자가격(A)과 정부의 조세수입(B)은?

① A는 180원, B는 900원
② A는 175원, B는 945원
③ A는 210원, B는 1,134원
④ A는 175원, B는 700원
⑤ A는 180원, B는 945원

16 납세순응비용(tax compliance cost)을 증가시키는 효과가 상대적으로 작은 경우는?

① 세액공제 ② 소득공제 ③ 부과과세
④ 원천징수 ⑤ 종합소득세

17 하버거 삼각형(Harberger's triangle)에 관한 설명으로 옳은 것은?

① 외부불경제가 존재할 때 피구세를 부과하면 자중손실(deadweight loss)은 감소한다.
② 자중손실의 크기는 세율의 제곱근에 비례한다.
③ 대체재가 많은 상품일수록 세금을 부과하면 자중손실은 감소한다.
④ 자중손실의 크기를 정확하게 측정하기 위해서는 보통수요곡선(ordinary demand curve)이 필요하다.
⑤ 공급곡선이 탄력적일수록 자중손실은 감소한다.

18 종량세를 부과하는 경우 조세의 초과부담 및 전가에 관한 설명으로 옳지 않은 것은?

① 공급곡선이 탄력적일수록 초과부담은 커지고, 공급자의 세부담은 작아진다.
② 수요곡선이 비탄력적일수록 초과부담은 작아지고, 공급자의 세부담은 커진다.
③ 공급곡선이 탄력적일수록 초과부담은 커지고, 수요자의 세부담은 커진다.
④ 수요곡선이 탄력적일수록 초과부담은 커지고, 수요자의 세부담은 작아진다.
⑤ 공급곡선이 비탄력적일수록 초과부담은 작아지고, 수요자의 세부담은 작아진다.

19 토지공급이 고정되어 있을 때, 토지에 부과된 조세가 자본화(capitalization)되는 경우에 관한 설명으로 옳은 것은?

① 자본화의 결과로 토지가격은 상승한다.
② 자본화의 크기는 기간당 이자율에 비례한다.
③ 토지수요곡선이 비탄력적일수록 토지수요자의 조세부담이 증가한다.
④ 토지소유자가 토지에 부과된 조세를 모두 부담한다.
⑤ 세율이 낮을수록 조세의 자본화 정도는 커진다.

20 조세의 근거학설 중 이익설의 단점으로 옳지 않은 것은?

① 조세부과의 강제성을 설명하지 못한다.
② 공공재 공급과 조세부담을 연계하기 어려워 공공재를 효율적으로 공급하기 힘들다.
③ 불황 등 경제불안정 극복을 위해 필요한 정부지출 재원을 조달하기 쉽지 않다.
④ 외부성이 있는 공공재의 공급에 필요한 재원 조달이 어렵다.
⑤ 저소득층 지원을 위한 복지적 지출에 필요한 재원 마련이 곤란하다.

21 우리나라 부가가치세의 특성이 아닌 것으로 묶인 것은?

> ㄱ. 원칙적으로 단일세율을 적용한다.
> ㄴ. 총소득형 부가가치세이다.
> ㄷ. 단일 세목으로는 가장 큰 세입을 차지한다.
> ㄹ. 소비재와 자본재에 동시에 과세하기 때문에 경기조절기능이 크다.
> ㅁ. 전(前)단계 거래액공제방식을 적용한다.
> ㅂ. 수출품, 특정 외화획득재화 등에 대해서는 영세율을 적용한다.

① ㄱ, ㄴ, ㄷ   ② ㄹ, ㅁ, ㅂ   ③ ㄱ, ㄷ, ㅂ
④ ㄴ, ㄹ, ㅁ   ⑤ ㄷ, ㅁ, ㅂ

22 어떤 근로자의 근로소득은 100만원, 비과세이자소득은 10만원이다. 소득공제 20만원, 근로소득세액공제 5만원이고, 단일세율로 20%를 부과할 때 이 근로자의 실효세율은?

① 20%   ② 15%   ③ 11%   ④ 10%   ⑤ 9%

23 하버거(Harberger)의 일반균형 귀착분석모형(2 재화, 2 생산요소)에서 노동집약적인 재화에만 개별소비세를 부과할 경우의 조세귀착에 관한 설명으로 옳지 않은 것은?

① 원천(source)측면에서 보면 노동자는 자본가보다 상대적으로 높은 조세부담을 지게 된다.

② 노동과 자본 사이의 대체탄력성이 클수록 상대적으로 노동자의 조세부담이 더 커질 것이다.

③ 과세대상 재화에 대한 수요의 가격탄력성이 클수록 노동자가 상대적으로 더 큰 조세부담을 지게 된다.

④ 소비자들의 선호가 동일하지 않을 경우 원천측면 뿐만 아니라 사용측면(use)에서도 조세부담을 고려해야 한다.

⑤ 두 재화 사이의 요소집약도의 차이가 클수록 노동자가 상대적으로 더 큰 조세부담을 지게 된다.

24 국민건강증진을 위하여 담배소비세를 인상한다고 할 때 예상되는 효과로 옳은 것은?

① 담배소비가 가격비탄력적일 때, 세수는 증가하지만 담배소비를 줄이는 효과는 크지 않다.

② 담배소비가 가격비탄력적일 때, 세수와 담배소비 모두 감소하는 효과가 있다.

③ 담배소비가 가격비탄력적일 때, 세수는 감소하지만 담배소비는 오히려 증가하는 효과가 있다.

④ 담배소비가 가격탄력적일 때, 세수와 담배소비 모두 증가하는 효과가 있다.

⑤ 담배소비가 가격탄력적일 때, 세수는 변함이 없지만 담배소비는 증가하는 효과가 있다.

25 완전경쟁시장에서 수요곡선은 $P = 2,000 - 2Q$이며, 공급곡선은 완전탄력적이다(P는 가격, Q는 수량). 세전 균형가격이 1,000원이라고 할 때 단위당 100원의 종량세를 부과한 결과로 옳지 않은 것은?

① 소비자가격은 1,100원이다.

② 수요량은 450이다.

③ 소득효과가 없다면 초과부담은 2,500원이다.

④ 세수는 45,000원이다.

⑤ 판매수입은 489,500원이다.

26 여러 재화에 대한 간접세 과세를 설명하는 것으로 옳지 않은 것은?

① 램지원칙에 따라 과세하면 초과부담의 총합을 극소화한다.

② 수요의 가격탄력성이 큰 재화에 대해 상대적으로 높은 세율로 과세하면 효율성은 감소한다.

③ 역탄력성법칙(inverse elasticity rule)은 형평성을 고려하지 않는 과세원칙이다.

④ 모든 재화에 동일한 세율을 적용할 때 효율성이 극대화된다.

⑤ 램지원칙에 따르면 모든 재화의 수요량이 동일한 비율로 감소하도록 세율구조를 만들어야 한다.

27 최적조세이론이 주는 시사점으로 옳지 않은 것은?

① 사드카(Sadka)와 시어드(Searde)에 의하면 비선형 최적과세하에서 최고소득수준의 한계세율은 0이다.

② 콜렛-헤이그(Corlett-Hague)원칙에 따르면 여행사의 서비스에 대한 세율이 업무용 컴퓨터에 대한 세율보다 높아야 한다.

③ 에지워드(Edgeworth)모형에 의한 최적소득세는 급진적인 누진세를 의미하므로, 부자에 대한 세금이 사실상 100%가 되어야 한다.

④ 스턴(Stern)의 최적과세모형에 의하면 노동공급의 탄력성이 작을수록 높은 세율을 책정하여야 한다.

⑤ 롤스(Rawls) 사회후생함수에서 근로유인이 고려될 경우 최적 세율은 100%가 되어야 한다.

28 소득세에 관한 설명으로 옳지 않은 것은?

① 누진적인 소득세는 경기변동에 따라 자동안정화기능을 한다.

② 누진적인 소득세의 경우 동일한 소득수준에서 한계세율은 평균세율보다 항상 크다.

③ 한계세율은 세액공제에 의해 영향을 받는다.

④ 선형누진세의 경우 한계세율은 소득수준에 관계없이 항상 일정하다.

⑤ 한계세율이 증가할 때 대체효과는 근로의욕을 감퇴시킨다.

29 소득세 부과의 경제적 영향으로 옳지 않은 것은?

① 여가가 정상재인 경우 노동에 과세할 때, 소득효과는 노동시간을 감소시킨다.
② 이자소득에 대해 과세하는 경우 대체효과는 현재소비를 증가시킨다.
③ 노동 및 이자에 대한 과세로 인하여 노동공급 및 저축이 증가할 수 있다.
④ 다른 조건이 동일할 때, 위험자산에 대한 투자손실을 소득에서 전액 공제하는 경우 위험자산의 비중이 반드시 증가한다.
⑤ 다른 조건이 동일할 때, 자가주택의 귀속임대료를 소득공제하는 경우 자가주택의 비중이 높아진다.

30 법인세 과세에 관한 설명으로 옳은 것은?

① 가속감가상각을 할 경우 실효세율이 하락한다.
② 물가상승기에는 명목이자율이 실질이자율보다 높아서 차입을 많이 한 기업이 세부담 측면에서 불리하다.
③ 투자세액공제는 신규투자에 대한 순비용을 증가시킨다.
④ 자기자본에 대한 귀속이자가 경비로 인정되면 기업의 타인자본 의존도가 높아진다.
⑤ 적자기업들이 세액공제의 혜택을 가장 많이 받는다.

31 탈세를 방지하기 위한 대책으로 볼 수 없는 것은?

① 누진세제를 강화하는 방향으로 조세구조를 개편한다.
② 세무조사 횟수를 늘리고 조사방법을 개선한다.
③ 일정한 기준치를 벗어나는 세무신고서는 전산시스템으로 검색하여 직접 조사한다.
④ 이중장부 발각 시 특별추징금을 부과한다.
⑤ 공평한 과세행정 정립에 노력한다.

32 소비과세에 관한 설명으로 옳지 않은 것은?

① 소비과세는 담세자가 조세부담을 인지하기 어렵기 때문에 소득과세나 자산과세에 비해 조세저항이 작다.
② 소비과세를 시행할 경우 미실현 자본이득과 자본손실을 측정해야 하는 소득과세의 한계를 피할 수 있다.
③ 일반소비세는 소득세에 비해 형평성을 악화시킬 수 있다.
④ 우리나라의 레저세는 소비과세에 해당한다.
⑤ 소비과세의 경우 인플레이션으로 인한 실질 조세부담의 증가를 피할 수 없다.

33 평균세율(세액/소득금액)의 변화로 조세의 누진성 여부를 판단할 때 옳지 않은 것은?

① 전 국민에게 동일 금액으로 소득세를 부과하는 경우 누진성이 강화된다.
② 주세처럼 역진적인 세목은 소득분배를 악화시킨다.
③ 고소득층이 많이 사용하는 사치품에 대한 개별소비세 과세로 소비세의 역진성을 완화할 수 있다.
④ 동일한 세수라면 누진성이 높은 경우가 소득분배를 더 많이 개선한다.
⑤ 역진적인 조세라도 세수를 저소득층 중심으로 사용하면 소득분배를 개선할 수 있다.

34 정부가 은퇴를 대비한 저축을 장려하기 위해 적립 및 거치기간에는 기여금과 이자소득에 과세하지 않고 수령 시에 과세할 경우, 세금우대가 은퇴저축에 미치는 효과로 옳은 것은?

① 현재소비는 항상 증가한다.
② 대체효과는 은퇴저축을 항상 증가시킨다.
③ 대체효과와 소득효과 모두 은퇴저축을 항상 증가시킨다.
④ 대체효과와 소득효과 모두 은퇴저축을 항상 감소시킨다.
⑤ 유산동기가 있는 경우 은퇴저축은 항상 감소한다.

35 정부의 재정적자가 증대될 때 나타날 수 있는 현상으로 옳지 않은 것은?

① 인플레이션 상황에서는 정부부채의 실질적 부담이 감소한다.
② 재량적인 경기부양정책을 사용할 여지가 줄어든다.
③ 국채의 액면가격은 변화하지 않더라도 이자율 상승으로 국채의 시장가치가 하락한다.
④ 자국 통화의 평가절상을 가져와 무역수지 적자가 발생한다.
⑤ 민간부문의 투자를 증대시켜 자본축적이 증가한다.

36 자연독점 공기업의 공공요금 설정에 관한 설명으로 옳지 않은 것은?

① 고정요금과 비례요금으로 구성되는 이부요금제(two-part tariff)는 비선형가격설정방식이다.
② 평균비용과 수요곡선이 교차하는 점에서 생산하면 기업은 적자를 면하지만 비효율적이다.
③ 수요곡선이 우하향하는 경우 공기업 대신 민간기업이 독점 공급한다면 요금수준이 높아진다.
④ 수요곡선과 한계비용곡선이 교차하는 점에서 생산할 경우 자원배분의 효율성이 극대화된다.
⑤ 평균비용가격설정방식에서 평균비용곡선이 수요곡선보다 상방에 위치해야 수익성이 보장된다.

37 지방공공재에 대한 중앙정부의 대응교부금(matching grant)과 비대응교부금(non-matching grant) 지원효과를 예산선과 무차별곡선을 이용하여 설명하는 것으로 옳지 않은 것은?

① 대응교부금은 지방공공재의 가격을 변화시킨다.
② 대응교부금 지원의 한도가 지방공공재 최대 수요량보다 작을 경우 예산선이 굴절된다.
③ 비대응교부금은 예산선을 수평으로 이동시키며 다른 재화의 가격도 낮추게 된다.
④ 대응교부금의 증가가 지방공공재의 소비를 감소시키는 경우도 있다.
⑤ 비대응교부금은 소득효과만을 갖는다.

38 어떤 기업이 사용하는 자본의 시장수익률이 10%, 경제적 감가상각률이 2%이고, 이 기업이 창출하는 모든 이익은 특정인 A에게 배당된다. 법인세율이 20%, 배당소득에 대한 세율이 40%일 때, 자본사용비용(user cost of capital)에 관한 설명으로 옳지 않은 것은?

① 경제적 감가상각률이 2%보다 커지면 자본사용비용은 증가한다.

② A에 대한 배당소득 과세는 자본사용비용에 영향을 미치지 않는다.

③ 법인세율이 20%보다 작아지면 자본사용비용도 줄어든다.

④ 자본의 시장수익률이 10%보다 커지면 자본사용비용도 커진다.

⑤ 자본사용비용은 경제적 감가상각률과 자본의 시장수익률의 합에 비례한다.

39 기업의 투자에 관한 설명으로 옳지 않은 것은?

① 조세는 일반적으로 자본투자의 비용을 높이게 된다.

② 토빈의 q가 1보다 크면 투자가치가 있다.

③ 가속감가상각은 실제 경제적 감가상각보다 빠르게 자산을 결손처분하도록 하는 방식이다.

④ 모딜리아니-밀러(Modigliani-Miller) 제1정리에 따르면 기업이 어떠한 부채-자본비율을 선택하는가에 따라 기업의 가치는 변화한다.

⑤ 한계실효세율접근법에 의하면 한계실효세율이 높을수록 조세부과가 투자를 더욱 위축시킨다.

40 오우츠(Oates)의 분권화정리(decentralization theorem)에 해당하는 것은?

① 자신이 선호하는 지방자치단체로 이주하는 선택을 통해 개인의 공공재 선호를 드러낸다.

② 지역공동체는 지역이 제공하는 편익을 나누기 위한 클럽의 한 유형으로, 혼잡성이 유발된다.

③ 교부금의 형태로 받는 것이 동일한 금액의 지방자치단체 소득증가보다 더 많은 공공재 지출로 연결된다.

④ 지역 간 외부효과가 현저한 공공재의 공급은 지방자치단체가 관리하는 것이 바람직하다.

⑤ 공공재 공급비용이 일정하다면 중앙정부가 획일적으로 공급하는 것보다는 각 지방자치단체가 자율적으로 공급하는 것이 효율적이다.

정답 및 해설

2016년 정답 및 해설

1	2	3	4	5	6	7	8	9	10
③	⑤	②	③	④	⑤	④	①	③	②
11	12	13	14	15	16	17	18	19	20
②	②	⑤	④	④	⑤	⑤	④	③	⑤
21	22	23	24	25	26	27	28	29	30
①	⑤	①	①	③	④	⑤	⑤	③	②
31	32	33	34	35	36	37	38	39	40
④	③	③	④	④	③	②	①	⑤	②

01. 정답 ③

피구세는 외부불경제 발생 시 외부성의 문제를 해결하기 위하여 부정적 외부성을 유발한 경제주체에게 부과하는 교정과세이다. 따라서 대기오염이라는 부정적 외부성을 유발한 경제주체(오염발생 기업)에게 사회적 최적산출량 수준에서의 한계피해액(MD)만큼의 피구세를 부과하면 산출량(오염발생량)이 최적 수준으로 감소하여 과다생산에 따른 후생손실이 사라지고, 효율성을 만족하게 된다.

02. 정답 ⑤

ㄱ, ㄷ, ㄹ. |X| 간이과세자의 간이과세 적용요건을 완화하거나, 각종 공제혜택을 확대하는 경우 면세자 비율은 오히려 높아진다.

ㄴ. |O| 향후 경제성장률이 물가상승률보다 더 높다는 것은 근로자들의 실질소득이 점차 증가함을 의미한다. 따라서 면세점을 현재 수준으로 유지하더라도 소득증대를 통해 면세점 이하 근로자들이 과표구간 상위로 이동, 납세자로 바뀌어 면세자 비율은 낮아지게 된다.

03. 정답 ②

ㄱ. |O|, ㄴ. |X| 정부가 X재에 대해 t_X의 세율로 조세를 부과하면 X재의 상대가격이 상승하므로 대체효과에 의해 X재 소비는 감소하고, Y재 소비는 증가한다.

ㄷ. |X|, ㄹ. |O|, ㅁ. |X| 정부가 X재에 대해 t_X의 세율로 조세를 부과하면 소비자 A의 실질소득이 감소하므로 소득효과에 의해 열등재인 X재 소비는 증가하고, 정상재인 Y재 소비는 감소한다.

- 대체효과 : $t_X \Rightarrow P_X\uparrow \Rightarrow \left(\dfrac{P_X}{P_Y}\right)\uparrow \Rightarrow X$재 소비$\downarrow$, Y재 소비$\uparrow$
- 소득효과 : $t_X \Rightarrow P_X\uparrow \Rightarrow$ 실질소득$\downarrow$ ┌ 열등재 : X재 소비$\uparrow$
  └ 정상재 : Y재 소비$\downarrow$

04. 정답 ③

주어진 표를 바탕으로 공공투자사업의 순현재가치를 구해 보면 다음과 같다.

- $NPV = B_0 - C_0 + \dfrac{B_1 - C_1}{(1+r)} + \dfrac{B_2 - C_2}{(1+r)^2} + \cdots + \dfrac{B_n - C_n}{(1+r)^n}$ (단위 : 억원)

$$= -10 + \frac{10-10}{(1+0.1)} + \frac{10-10}{(1+0.1)^2} + \frac{10-10}{(1+0.1)^3} + \frac{10}{(1+0.1)^4}$$

$$= -10 + \frac{10}{(1.1)^4}$$

$$= -3.17$$

ㄱ. |×| ㄷ. |○| 단일사업을 평가할 때 현재가치법, 내부수익률법 및 편익−비용비율법은 모두 동일한 결과를 나타낸다. 공공투자사업의 순현재가치가 0보다 작으므로 내부수익률은 사회적 할인율인 10%보다 작으며, 편익−비용비율(B/C ratio)은 1보다 작다.

ㄴ. |×| 공공투자사업의 순현재가치는 −3.17로, 0보다 작으므로 이 사업은 타당성이 없다.

ㄹ. |○| 사회적 할인율(r)이 인하되면 순현재가치는 증가한다.

> 💡 이 문제의 경우, 순현재가치를 직접 계산하기보다는 표를 분석하여 답을 찾아내는 것이 보다 효율적이다. 표에 제시된 내용에 의하면, 1 ~ 3기까지의 순편익이 0이므로 이 공공투자사업은 초기(0기)에 10억원의 비용을 투자하여 마지막 기(4기)에 10억원의 편익을 창출하는 사업임을 알 수 있고, 이를 통해 사업의 타당성이 없다는 것을 금방 알 수 있다.

05. 정답 ④

① |○| 재산세와 같은 일반적인 자산과세의 세부담자는 자산소유자이지만, 재산세는 부동산, 고정자산 등 개인 및 기업이 보유한 특정한 유형자산(재산)에 대해 과세되는 물세이다.

② |○| 일반적으로 보유자산의 규모가 큰 계층은 고소득층이므로, 자산수익률이 노동수익률보다 높을 때 자산과세의 강화는 자산의 차이로 인해 부의 격차가 벌어지는 것을 완화하는 역할을 한다.

③ |○| 재산세의 과세대상인 부동산, 고정자산 등은 지역 간 이동성이 낮고, 지역에 따라 심한 가격편차를 나타내므로 재산세를 지방세의 근간으로 하면 지역 간 재정불균형을 심화시킬 수 있다.

④ |×| 동결효과란 실현된 자본이득에 대해서만 과세할 경우 자산의 소유자들이 가능한 한 자산의 매각시점을 늦추어 조세납부시점을 뒤로 연기하려는 효과를 말한다. 동결효과로 인해 경제주체들은 가치가 상승한 자산(ex. 부동산)의 매각시점을 뒤로 연기할 것이므로 부동산의 장기보유 경향이 커지고, 그에 따라 부동산시장의 공급이 축소되어 부동산 거래는 위축된다.

⑤ |○| 일반적으로 보유자산의 규모가 클수록 담세능력이 크고(능력원칙), 정부의 공공서비스가 개인이 보유한 실물자산의 가치를 증가시킨다(편익원칙)는 점에서 재산세는 능력원칙과 편익원칙을 모두 구현할 수 있는 과세방식으로 평가된다.

06. 정답 ⑤

일반적으로 공공재 공급에 따른 편익의 귀속지역이 전국적이면 중앙정부가, 편익이 특정지역에만 국한되는 경우에는 지역의 특수성과 지역주민의 선호를 더 잘 알고 있는 지방정부가 공공재를 공급하는 것이 효율적이다. 그런데 특정 지방정부의 공공재 공급에 따른 편익이 타 지역으로 누출되는 경우에는 지방정부에 의한 효율적인 공공재 공급이 불가능하다. 따라서 지역 간 외부성이 발생하는 공공재의 경우에는 지방정부보다 중앙정부가 공급하는 것이 바람직하다.

07. 정답 ④

끈끈이효과란 중앙정부가 지방정부에 제공하는 정액교부금이 지방정부의 공공재 지출증대에 미치는 효과가 중앙정부의 조세감면에 따른 지역주민의 소득증가가 지방정부의 공공재 지출증대에 미치는 효과보다 큰 현상을 말한다. 끈끈이효과의 발생원인은 다음과 같다.

i) 재정착각

지역주민의 소득증가와 달리 중앙정부의 정액교부금 지원은 지방공공재 공급의 평균조세가격을 하락시키는데, 지역주민이 이를 한계조세가격의 하락으로 인식하는 재정착각에 빠지면 지역주민은 지방정부에 더 많은 공공재 공급을 요구하게 되고, 지방정부도 주민의 요구에 부응하여 교부금을 공공재 지출에 사용하게 된다.

ii) 관료의 태도(예산극대화)

지방정부 관료도 중앙정부 관료와 마찬가지로 영향력 및 승진기회 확대 등을 위해 예산극대화를 추구하는 경향이 있으며, 확보된 예산에 대해서는 재량권을 가지므로 중앙정부로부터 지원된 교부금을 지역주민의 세금감면보다는 공공재 지출에 사용한다. 즉, 예산극대화를 추구하는 지방정부 관료들이 중앙정부로부터 교부금을 받았다는 사실을 공개하지 않고, 지원된 교부금을 공공재 지출을 늘리는 데 써버린 결과 끈끈이효과가 발생하게 된다.

iii) 중앙정부의 압력

중앙정부는 여러 경로를 통해 지방정부의 교부금 사용용도를 제약하거나, 특정 공공재 공급에 교부금을 사용하도록 압력을 가한다. 또한, 교부금 지원을 철회할 재량권을 보유하고 있으므로 지방정부로서는 정액교부금이 지원되더라도, 이를 지역주민의 세금감면보다는 공공재 지출에 사용할 수밖에 없다.

08. 정답 ①

① |×|, ③ |○| 소득형태별 점유율을 살펴보면, 전체 소득 중 노동소득이 차지하는 비중은 86.0%이고, 자산 및 기타소득이 차지하는 비중은 14.0%로 노동소득이 차지하는 비중이 자산 및 기타소득이 차지하는 비중의 약 6배에 해당함을 알 수 있다. 따라서 동일한 세율로 세수를 극대화하기 위해서는 노동소득에 과세하는 것이 효과적이다.

② |○| 소득계층별 점유율을 살펴보면, 전체 자산소득 중 상위소득자의 자산소득이 차지하는 비중은 96.9%로 상위소득자가 거의 모든 자산소득을 보유하고 있음을 알 수 있다.

④ |○| 소득계층별 점유율을 살펴보면, 금융소득과 부동산(임대, 양도)소득에 해당하는 자산 및 기타소득 중 상위소득자의 자산 및 기타소득이 차지하는 비중이 각각 96.9%와 66.3%로 심각한 소득 불균형을 나타내고 있다. 따라서 효과적인 소득재분배를 위해서는 자산 및 기타소득에 중과세할 필요가 있다.

⑤ |○| 단일세율 소득세제하에서는 모든 소득에 대해 동일세율이 적용되므로 조세가 민간부문의 의사결정에 미치는 교란이 최소화된다. 따라서 동일한 조세수입을 가정할 때 모든 소득에 대해 단일세율을 적용하면 조세의 효율성을 충족하나, 조세의 누진성 약화로 소득분배의 공평성 측면에서는 바람직하지 못한 결과가 초래될 가능성이 있다.

09. 정답 ③

ㄱ. |×| 코즈 정리에 관한 설명이다.

ㄴ. |×| 린달모형에서는 각 개인이 공공재에 대한 수요를 자발적으로 시현한다는 가정하에 당사자 간의 자발적인 합의를 통해 공공재의 적정생산수준과 비용부담비율이 결정된다. 즉, 린달모형은 정부의 개입 없이 시장에서 공공재의 적정공급량이 결정될 수 있음을 강조하는 모형(준시장적 해결책)으로, 공공재도 사용재의 경우처럼 시장의 분권화된 의사결정으로 효율적인 자원배분이 달성될 수 있음을 보여준다.

ㄷ. |○| 린달모형에서 도출된 공공재의 적정공급조건은 다음과 같다.

- 린달 조건 : $MB^A + MB^B = MC_G$ ······ ①

위 조건이 공공재 외에 사용재(X)가 존재하는 상황에서는 어떻게 달라지는지 살펴보기 위해 사용재의 가격 P_X를 1로 정규화하고, 이것이 완전경쟁시장에서 거래됨을 가정하면 사용재의 가격(P_X)과 사용재 생산에 따른 한계비용(MC_X)은 모두 1의 값을 갖게 된다. 이때 소비자는 사용재의 가격(P_X)과 사용재 소비에 따른 한계편익(MB_X)을 일치시킬 것이므로 다음의 관계가 성립하게 된다.

- $MB_X = MC_X(=1)$ ······ ②

이제, 식 ①의 양변을 식 ②의 양변으로 각각 나누면 다음과 같은 식을 얻을 수 있다.

- $\dfrac{MB^A}{MB_X} + \dfrac{MB^B}{MB_X} = \dfrac{MC_G}{MC_X}$

한계편익과 한계효용은 사실상 동일한 개념이므로 위 식의 좌변은 두 소비자의 한계대체율을 더한 것과 같고, 위 식의 우변은 공공재와 사용재 간의 한계비용 비율인 한계변환율을 의미한다. 따라서 이를 n명의 소비자가 존재하는 경우로 일반화하면 다음과 같다.

- 사무엘슨 조건 : $\sum_{i=1}^{n} MRS_i = MRT$

⇒ 따라서 린달모형에서 도출된 해는 소비자들의 한계대체율의 합이 한계변환율과 일치해야 한다는 사무엘슨의 효율성 조건을 만족시킬 수 있다.

ㄹ. |○| 린달균형에서 결정되는 각 개인의 공공재 비용부담비율은 각 개인이 공공재 소비로부터 얻는 편익에 의해 결정되므로 시장에서의 가격과 유사한 역할을 수행한다.

ㅁ. |×| 린달모형은 정부의 개입이 불필요하다는 것을 강조했다는 점에서 코즈 정리와 유사하지만, 두 이론 모두 형평성과는 무관하다.

10. 정답 ②

ⅰ) 여러 소득계층에 대한 $\dfrac{MU}{MR}$ 비율이 주어져 있을 때 사회후생을 극대화하는 최적소득세율은 세수 1원당 한계효용이 모든 소득계층에 대해 같아지는 세율이다. 따라서 최적소득세 조건은 다음과 같이 나타낼 수 있다(단, λ는 추가적인 세수의 가치).

- 최적소득세 조건 : 여러 소득계층에 대한 $\dfrac{MU_i}{MR_i} = \lambda$가 되도록 소득세율 설정

ⅱ) 고소득층은 이미 높은 수준의 소비를 향유하고 있기 때문에 한계효용체감의 법칙에 의해 한계효용(MU)은 저소득층보다 훨씬 낮다. 반면, 1%의 세율로 소득세를 부과할 때 보다 많은 세수를 징수할 수 있는 계층은 소득수준이 높은 고소득층이므로 고소득층의 한계세수(MR)가 저소득층보다 높다. 따라서 고소득층의 $\dfrac{MU}{MR}$ 비율은 저소득층보다 훨씬 낮고, 저소득층의 $\dfrac{MU}{MR}$ 비율은 높다. 이를 통해 1번째 과세구간은 고소득층을, n번째 과세구간은 저소득층을 나타냄을 알 수 있다.

ⅲ) 최적소득세 조건에 의해 고소득층에 해당하는 1번째 과세구간의 소득세율을 높이면 $\dfrac{MU}{MR}$ 비율은 증가한다. 이를 구체적으로 살펴보면, 1번째 과세구간에 대한 소득세율을 높이면 세후소득 감소로 소비수준이 감소하여 한계효용(MU)이 증가한다. 반면, 세율상승으로 인해 이들의 노동공급은 감소하고, 그에 따라 세원이 줄어 세수가 감소하므로 한계세수(MR)는 감소한다. 한편, 저소득층에 해당하는 n번째 과세구간의 소득세율을 낮추면 $\dfrac{MU}{MR}$ 비율이 감소하는 반대의 결과가 도출된다.

ⅳ) 결국, $\dfrac{MU_i}{MR_i} = \lambda$가 성립하는 수준까지 1번째 과세구간의 소득세율은 높이고, n번째 과세구간의 소득세율은 낮출 때 사회후생이 극대화된다. 즉, 소비수준이 높은 계층(한계효용이 낮은 계층)에게는 많은 세금이 부과되고, 소비수준이 낮은 계층(한계효용이 높은 계층)에게는 적은 세금이 부과될 때 사회후생은 극대가 되는 것이다.

11. 정답 ②

① ㅣ○ㅣ 아래 그림은 오염감축시장을 나타낸 것으로, 오염발생 기업은 오염감축으로부터 사적으로 아무런 편익을 얻지 못하기 때문에 PMB곡선이 가로축과 일치하며, MD곡선($= SMB$곡선)은 추가적인 오염감축을 통해 회피할 수 있는 한계피해를 의미한다. PMC곡선은 추가적인 오염감축에 드는 비용이 체증하기 때문에 우상향하며, 외부효과는 오염을 실제로 감축시키는 과정에서 발생하는 것이 아니라 '오염감축'이라는 최종재로부터 발생하므로 PMC곡선은 동시에 SMC곡선이기도 하다.

- A점 : 시장을 자유롭게 작동하도록 내버려 둔다면 오염발생 기업은 0의 오염감축과 최대량의 오염수준 P_{full}을 선택할 것이다(0의 $PMC=$0의 PMB).
- B점 : 오염감축의 사회적 한계편익(오염의 한계피해)과 오염감축의 사회적 한계비용이 일치하는 최적점으로 최적 오염감축량은 R^*이다($SMB = SMC$). 오염수준은 오염감축수준과 상보적 관계에 있으므로 최적 오염량은 P^*이다.

⇒ 시장의 자유로운 작동 결과가 0의 오염감축과 P_{full}의 오염수준이라면, 최적은 R^*의 오염감축과 P^*의 오염수준이다.

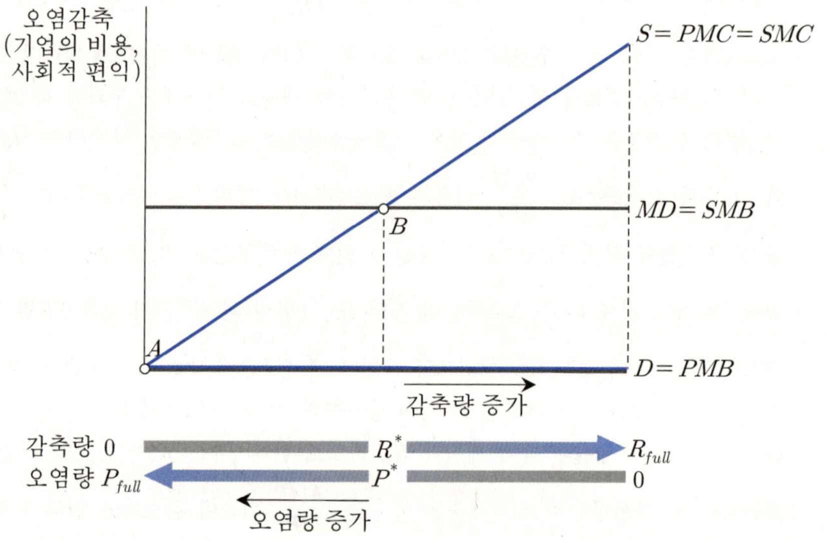

② ㅣ×ㅣ, ⑤ ㅣ○ㅣ 오염에 대한 과세는 오염발생 기업의 비용 증가를 유발하므로 오염발생 기업 스스로 오염을 억제할 유인을 주며, 나아가 오염 감축기술의 개발을 촉진하게 된다.

③ ㅣ○ㅣ 오염감축비용에 관계없이 모든 기업에 대해 동일한 수준의 오염감축을 요구하는 것은 자원배분의 효율성 측면에서 볼 때 비효율적이다. 따라서 기업 간 오염감축비용을 고려하여 오염감축비용이 낮은 기업이 오염감축비용이 높은 기업보다 오염감축을 많이 하도록 통제하는 것이 사회 전체적으로 합리적이라 할 수 있다.

④ ㅣ○ㅣ 코즈 정리에 의하면, 협상비용이 무시할 수 있을 정도로 작고 명확한 재산권 설정이 이루어지는 경우에는 당사자 간의 자발적 협상을 통해 오염의 최적수준(효율성)을 달성할 수 있다.

12. 정답 ②

ㄱ. |×|, ㄴ. |○| 정부가 정량보조의 형태로 소규모 임대아파트를 지역주민들에게 무상으로 제공하는 것은 현물보조에 해당하고, 정부가 지역주민들에게 정액 임대료를 지원하는 것은 현금보조에 해당한다. 동액의 보조를 전제할 때 무주택자의 후생 측면에서는 현금보조가 현물보조와 동일하거나 더 우월하나, 대형평수 주택소유자의 경우에는 현금보조가 현물보조보다 더 우월하다.

ㄷ. |×| 식품을 정량보조의 형태로 지급하는 것은 현물보조에 해당하는데, 현물보조 시에는 보조대상 재화(식품)의 소비량이 보조 이전보다 증가하는 것이 일반적이다. 그런데 예외적으로, 정부가 소규모 임대아파트의 입주권을 지역주민들에게 무상으로 제공하는 경우에는 주택서비스 소비자의 입주 기피로 인해 보조대상 재화(소규모 임대아파트)의 소비가 오히려 감소할 수도 있다. 따라서 두 현물보조가 동일한 효과를 갖는다고 보기는 어렵다.

13. 정답 ⑤

①, ③ |×| 고용보험제도(실업보험)하에서는 실직하더라도 실업급여를 지급받을 수 있으므로 취업기간 중 근무를 태만하게 하거나, 실업기간 중 적극적인 구직활동을 하지 않음에 따라 실업기간이 연장되는 도덕적 해이가 발생할 수 있다. 그러나 급여 지급액과 수급기간이 한정되어 있으므로 고용보험제도가 구직활동을 완전히 포기하게 만든다고 보기는 어렵다.

② |×| 우리나라의 고용보험제도는 자발적 실업자에 대해서는 실업급여를 지급하지 않고 있다.

④ |×| 고용보험제도는 경기변동 시 자동으로 경기진폭을 줄여주는 자동안정화기능을 가지고 있다. 예컨대, 경기과열로 취업자 수가 증가하면 정부의 실업보험료 징수액이 증가하고, 실업자 수의 감소로 실업급여 지급액은 감소하여 소비 증가가 억제되고, 유효수요가 감소함으로써 자동으로 과열된 경기가 완화된다. 즉, 고용보험제도는 총수요의 급격한 변화를 방지하는 자동안정화기능을 통해 경기안정화에 기여한다.

⑤ |○| 고용보험제도에서 말하는 소득대체율이란 평소 임금 대비 실업급여 지급액으로, 실업급여 지급액이 개인의 평소 임금에서 몇 %가 되는지를 보여주는 비율이다. 즉, 소득대체율이 50%이면 실업급여 지급액이 평소 임금의 절반 정도 된다는 의미이다. 따라서 소득대체율이 높을수록 구직노력을 덜 하게 하는 유인이 발생할 수 있다.

14. 정답 ④

①, ②, ⑤ |○| 세수함수 $T = -300 + 0.3Y$가 과표축을 지나는 직선이므로 제시된 소득세 체계는 선형누진세 체계이다. 따라서 한계세율이 평균세율보다 항상 높고, 소득이 증가할 때 평균세율이 상승하는 누진적 구조를 가지고 있기 때문에 비례세에 비해 수직적 형평성을 개선하고 있다.

③ |○|, ④ |×| 소득공제란 과세대상 소득에서 일정액을 차감해주는 것을 의미하는데, 소득세 체계가 $T = (Y - 1,000) \times 0.3$이므로 소득공제액은 1,000이다. 한편, 세액공제란 산출세액에서 세액의 일부를 공제하는 것을 의미하는데, 제시된 소득세 체계는 세액공제를 고려하고 있지 않음을 알 수 있다.

15. 정답 ④

연금저축 납입액 400만원에 대한 소득공제와 소득공제가 세액공제로 전환되었을 때의 소득계층별 세부담은 다음과 같다.

구 분	소득공제	세액공제	세부담
저소득층	400만원× 5% = 20만원	400만원×10% = 40만원	20만원 감소
중소득층	400만원×15% = 60만원	400만원×10% = 40만원	20만원 증가
고소득층	400만원×35% =120만원	400만원×10% = 40만원	80만원 증가

ⅰ) 저소득층의 경우, 세액공제 전환으로 인해 연금저축 납입액에 대한 세부담이 감소하므로 저소득층의 연금저축은 증가할 것이다.

ⅱ) 반면, 중소득층과 고소득층의 경우에는 세액공제 전환으로 인해 연금저축 납입액에 대한 세부담이 오히려 증가한다. 즉, 정책변경에 따른 세제혜택 감소효과가 저소득층에 비해 상대적으로 크므로 중소득층과 고소득층의 연금저축은 감소할 것이다.

ⅲ) 따라서 세액공제 전환에 따른 중소득층과 고소득층의 세부담 증가액이 저소득층의 세부담 감소액과 상쇄되면 재정상의 큰 변동 없이 저소득층으로의 소득분배 개선 효과가 발생하게 된다.

16. 정답 ⑤

램지규칙에 의하면, 일정한 조세수입을 확보하면서도 초과부담이 극소화되도록 하려면 각 재화에서 거두어들이는 조세수입의 한계초과부담이 서로 일치하도록 세율이 결정되어야 한다. 즉, 각 재화의 소비량 감소율이 동일해지도록 각 재화에 대한 세율을 설정해야 하는데, 이를 달성하기 위해서는 각 재화에 대한 세율을 해당 재화의 수요의 가격탄력성에 반비례하도록 설정해야 한다. 수요의 가격탄력성이 큰 재화에 대해서는 낮은 세율을 설정하고, 수요의 가격탄력성이 작은 재화에 대해서는 높은 세율을 설정하는 것이다(역탄력성원칙).

따라서 램지규칙(역탄력성원칙)에 따라 조세를 부과하게 되면 수요가 비탄력적인 필수재에 대해서는 높은 세율을, 수요가 탄력적인 사치재에 대해서는 낮은 세율을 적용하므로 조세부담이 역진적이 된다. 결국, 램지규칙은 조세의 효율성 측면만을 고려하고 있으며, 공평성 측면은 전혀 고려하지 않고 있다.

17. 정답 ⑤

ⅰ) A와 B의 효용함수가 각각 $U_A = 3\sqrt{X_a}$, $U_B = \sqrt{X_b}$ 이므로 먼저, A와 B의 한계효용을 구해 보면 다음과 같다.

- A의 한계효용 : $MU_A = \dfrac{3}{2\sqrt{X_a}}$

- B의 한계효용 : $MU_B = \dfrac{1}{2\sqrt{X_b}}$

ⅱ) A의 한계효용 $MU_A = \dfrac{3}{2\sqrt{X_a}}$ 이고, B의 한계효용 $MU_B = \dfrac{1}{2\sqrt{X_b}}$ 로 두 사람 모두 한계효용이 체감함을 알 수 있다. 공리주의 사회후생함수에서 두 사람의 한계효용이 모두 체감하는 경우 사회후생이 극대화되려면 $MU_A = MU_B$가 성립하도록 X재가 배분되어야 한다. 이때 X재의 총량이 1,000단위이므로, 이를 식으로 나타내면 다음과 같다.

- $MU_A = MU_B \rightarrow \dfrac{3}{2\sqrt{X_a}} = \dfrac{1}{2\sqrt{X_b}}$ $\therefore X_a = 9X_b$ ······ ①

- $X_a + X_b = 1,000$ ······ ②

iii) 식 ①과 ②를 연립하면 $X_a = 900$, $X_b = 100$으로 계산된다. 공리주의 사회후생함수 $W = U_A + U_B$에서 사회후생은 각 개인들의 총효용의 합으로 정의되므로 $X_a = 900$, $X_b = 100$을 A와 B의 효용함수 $U_A = 3\sqrt{X_a}$, $U_B = \sqrt{X_b}$에 대입한 다음, 이를 더하면 사회후생의 극대값 $W_{\max} = 100$으로 계산된다.

- $U_A = 3\sqrt{X_a} \rightarrow U_A = 3\sqrt{900} = 90$

- $U_B = \sqrt{X_b} \rightarrow U_B = \sqrt{100} = 10$

$\Rightarrow W_{\max} = U_A + U_B = 90 + 10 = 100$

18. 정답 ④

① ㅣㅇㅣ 생산자의 이윤극대화 조건은 등량곡선과 등비용선의 기울기가 일치하는 점에서 달성되는데, 생산요소시장이 완전경쟁시장일 경우 개별생산자는 가격수용자로서 동일한 생산요소 간 가격비 $\left(\dfrac{w}{r}\right)$에 직면하게 된다. 따라서 완전경쟁시장하의 생산자균형점에서는 모든 생산자의 한계기술대체율($MRTS_{LK}$)이 같아지고, 생산의 효율성이 충족된다.

- 생산의 효율성 : $MRTS_{LK}^X = MRTS_{LK}^Y = \dfrac{w}{r}$

② ㅣㅇㅣ 소비자의 효용극대화 조건은 무차별곡선과 예산선의 기울기가 일치하는 점에서 달성되는데, 생산물시장이 완전경쟁시장일 경우 개별소비자는 가격수용자로서 동일한 재화 간 가격비 $\left(\dfrac{P_X}{P_Y}\right)$에 직면하게 된다. 따라서 완전경쟁시장하의 소비자균형점에서는 모든 소비자의 한계대체율(MRS_{XY})이 같아지고, 소비의 효율성이 충족된다.

- 소비의 효율성 : $MRS_{XY}^A = MRS_{XY}^B = \dfrac{P_X}{P_Y}$

③ ㅣㅇㅣ 후생경제학의 제1정리에 의하면, 모든 개인의 선호체계가 강단조성을 지니고 외부성, 공공재 등의 시장실패요인이 존재하지 않는다면 일반경쟁균형의 자원배분은 파레토 효율적이다. 즉, 일정 조건하에서 완전경쟁균형은 파레토 효율성을 충족한다.

④ ㅣ×ㅣ 효용가능경계란 생산과 교환이 모두 효율적으로 이루어질 때 두 경제주체가 얻을 수 있는 효용수준의 조합을 의미하며, 효용가능경계상의 모든 점에서는 소비, 생산 및 재화 구성의 파레토 효율성이 동시에 충족된다.

⑤ ㅣㅇㅣ 종합적 효율성은 생산에 있어서의 두 재화 간 한계변환율과 소비에 있어서의 두 재화 간 한계대체율이 같을 때 충족된다.

- 종합적 효율성 : $MRS_{XY} = MRT_{XY} = \dfrac{P_X}{P_Y}$

19. 정답 ③

① | ○ | 누진세 구조의 개인소득세는 저소득층의 소득을 직접적으로 증가시키는 것은 아니지만 고소득 층과 저소득층 간 부의 격차를 완화하여 소득분배를 개선시킨다.

② | ○ | 사치품의 주요 소비계층은 고소득층이므로 소비세의 과세대상을 사치품으로 한정한다면 고소 득층이 세금부담을 주로 할 것이므로 소득분배 개선 효과가 나타난다.

③ | × | 소득공제에 의해 경감되는 세액의 크기는 한계세율에 비례한다. 따라서 한계세율이 점증하는 누진소득세 체계에서 소득공제의 도입은 고소득층의 세후소득을 증가시킨다. 즉, 누진소득세 제하에서는 고소득층일수록 소득공제에 따른 편익이 크다.

④ | ○ | 법인세 부과 시 법인(주주)이 부담하여야 할 세부담이 소비자에게 전가된다면 소득분배는 악화된다.

⑤ | ○ | 지니계수가 높을수록 소득분배가 불평등하다. 따라서 자산소득 지니계수가 높은 나라에서 자 산소득에 대해 높은 세율로 소득세를 부과하면 소득분배 개선 효과가 나타난다.

20. 정답 ⑤

공적연금보험제도의 도입이 저축에 미치는 효과는 아래 표와 같다.

구분		적립방식	부과방식
자산대체효과	민간저축(S_P)	$S_P\downarrow$	$S_P\downarrow$
	정부저축(S_G)	$S_G\uparrow$	−
	국민저축(S_N)	S_N 불변	$S_N\downarrow$
상속, 은퇴, 인식효과		$S_P\uparrow$	$S_P\uparrow$

① | ○ | 인식효과에 대한 설명으로, 인식효과에 따르면 민간저축은 증가한다.

② | ○ | 해당자의 가입이 강제되는 공적연금보험제도의 특성상 연금 보험료는 일종의 조세(사회보장 세)라 할 수 있다. 따라서 연금 보험료를 납부하게 되면 개인의 가처분소득이 감소하고, 민간 저축은 감소한다.

③ | ○ | 자산대체효과란 사람들이 연금 보험료 납부를 저축으로 인식함에 따라 민간의 자발적인 저축 이 감소하는 효과를 말한다. 자산대체효과에 따르면 민간저축은 감소한다.

④ | ○ | 상속효과란 공적연금보험제도의 도입으로 자식들의 소득 감소가 예상될 때 부모들이 이를 보 전해 주고자 더 많은 상속재산을 물려주기 위해 민간의 자발적인 저축이 증가하는 효과를 말 한다. 상속효과에 따르면 민간저축은 증가한다.

⑤ | × | 일반적으로 공적연금보험제도는 노년층의 조기은퇴를 촉진시키는데, 은퇴효과란 조기은퇴에 따라 퇴직 이후의 기간이 길어지면 보다 많은 자금이 필요하므로 이에 대비하기 위해 민간의 자발적인 저축이 증가하는 효과를 말한다. 은퇴효과에 따르면 민간저축은 증가한다.

21. 정답 ①

ⅰ) 병원 방문의 수요곡선이 $P(=MB)=400-Q$이고, 건강보험이 없는 상태의 방문당 비용이 100 ($MC_0=100$)이므로 건강보험 가입 전의 의료서비스 소비량은 300단위이다.

- $MB=MC_0 \rightarrow 400-Q=100 \therefore Q=300$

ⅱ) 건강보험 가입 시 방문당 본인부담금이 $20(MC_1 = 20)$이므로 건강보험 가입 시의 의료서비스 소비량은 380단위이다.

- $MB = MC_1 \rightarrow 400 - Q = 20 \ \therefore \ Q = 380$

ⅲ) 건강보험 가입 시의 의료서비스 소비량은 380단위로, 건강보험 가입 전(300단위)과 비교할 때 의료서비스 과잉소비로 인한 도덕적 해이가 발생함을 알 수 있다. 아래 그림에서 소비자의 도덕적 해이로 인한 후생비용(초과부담)은 ΔA의 면적에 해당하므로, 이를 계산하면 다음과 같다.

- 후생비용 : ΔA의 면적 $= 80 \times 80 \times \dfrac{1}{2} = 3{,}200$

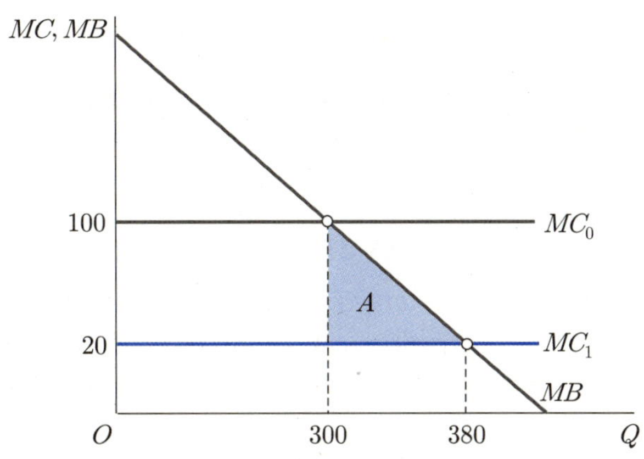

22. 정답 ⑤

공공서비스 공급에 있어서 규모의 경제가 발생하는 경우 가격과 한계비용이 같도록 가격을 설정하는 한계비용가격설정방식을 적용하면 대규모의 손실이 발생하는데, 이를 해결하기 위한 방안으로는 ① 조세를 통한 충당, ② 평균비용가격설정방식의 적용, ③ 2급 가격차별, ④ 이부가격 설정 등이 있다.

⑤ |×| 규모의 경제가 발생하면 생산량이 증가할수록 단위당 생산비가 하락하므로 평균비용곡선이 우하향하고, 평균비용곡선이 우하향하므로 한계비용곡선은 평균비용곡선의 하방에 위치한다. 따라서 한계수입과 한계비용이 같은 점을 공공서비스가격으로 설정하더라도 $P < AC$가 유지되어 여전히 손실이 발생한다.

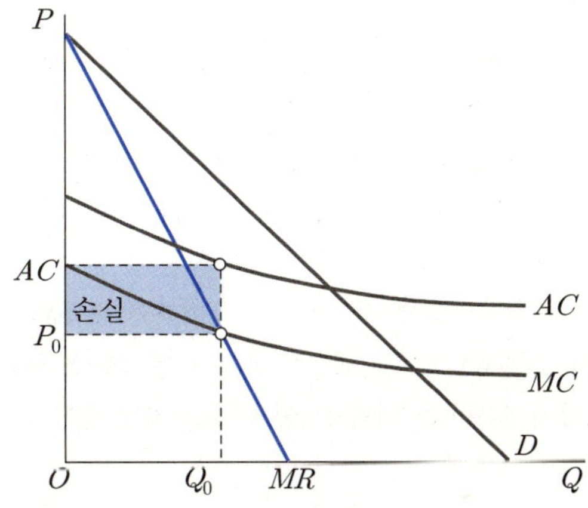

23. 정답 ①

A기업의 비용함수는 $C_a = X^2 + 4X$이고, B기업의 비용함수는 $C_b = Y^2 + 3Y + X$로 A기업은 자신이 생산하는 X재 생산량에 의해서만 생산비용이 결정되나, B기업은 A기업의 X재 생산량이 증가할수록 생산비용이 증가하는 것을 알 수 있다. 즉, A기업의 생산활동이 B기업에게 부정적인 영향(생산비용 증가)을 미치고 있으므로, 위 사례는 생산의 외부불경제에 해당한다. 생산의 외부불경제가 발생하는 경우 효율적인 자원배분을 위해서는 부정적 외부성을 유발하는 경제주체인 A기업에게 환경세를 부과해야 한다.

24. 정답 ①

i) 두 사람의 한계편익의 합(ΣMB)과 한계비용(MC)은 다음과 같다.
- A의 한계효용 : $MU_A = 4 - X$
- B의 한계효용 : $MU_B = 8 - 2X$
  $\Rightarrow \Sigma MB = 12 - 3X$ (한계효용과 한계편익은 사실상 동일하다.)
- 한계비용 : $MC = 2X$

ii) 린달 조건에 의해 공공재의 적정공급량은 $\Sigma MB = MC$인 점에서 결정되므로, 두 사람의 한계편익의 합과 한계비용을 연립하면 공공재 X의 적정공급량은 2.4단위로 계산된다.
- 공공재 X의 적정공급량 : $\Sigma MB = MC \rightarrow 12 - 3X = 2X \rightarrow 5X = 12 \therefore X = 2.4$

25. 정답 ③

손실상계가 허용되지 않는 상황에서 위험자산에 대해 비례소득세가 부과되면 위험의 크기는 불변이나, 위험을 부담할 때 얻을 수 있는 기대수익이 감소한다. 동일한 위험을 부담할 때 얻을 수 있는 기대수익이 감소한다는 것은 위험부담의 가격상승을 의미하므로 개인의 위험부담 행위(위험자산에 대한 투자)의 증감 여부는 비례소득세 부과에 따른 대체효과와 소득효과의 상대적인 크기에 따라 달라진다.

- 대체효과 : 　　　　조세부과 $\Rightarrow P_{위험부담} \uparrow \Rightarrow$ 위험부담 행위 $\downarrow$
- 소득효과 : $\begin{cases} \epsilon_M > 0 : \text{조세부과} \Rightarrow \text{실질소득} \downarrow \Rightarrow \text{위험부담 행위} \downarrow \\ \epsilon_M < 0 : \text{조세부과} \Rightarrow \text{실질소득} \downarrow \Rightarrow \text{위험부담 행위} \uparrow \end{cases}$
- 💡 ϵ_M : 위험부담 행위의 소득탄력성

i) 비례소득세가 부과되면 위험부담의 가격이 상승하므로 대체효과에 의해서는 위험자산에 대한 투자가 감소한다.

ii) 비례소득세가 부과되면 실질소득이 감소하므로 위험부담 행위의 소득탄력성이 양(+)일 경우 소득효과에 의해서는 위험자산에 대한 투자가 감소하고, 위험부담 행위의 소득탄력성이 음(-)일 경우 소득효과에 의해서는 위험자산에 대한 투자가 증가한다.

$\Rightarrow$ 따라서 위험부담 행위의 소득탄력성이 양(+)이면 소득효과와 대체효과 모두에 의해 위험자산에 대한 투자가 감소하나, 위험부담 행위의 소득탄력성이 음(-)이면 대체효과에 의해서는 위험자산에 대한 투자가 감소하고, 소득효과에 의해서는 위험자산에 대한 투자가 증가하므로 총효과는 불확실하다.

26. 정답 ④

완전경쟁시장과 독점시장에서 조세부과의 효과를 살펴보면 다음과 같다.

ⅰ) 완전경쟁시장 : 가격 상승폭이 같도록 종량세와 종가세가 부과되는 경우

   ① 최초의 균형점인 E점에서 종량세가 부과되면 공급곡선이 상방으로 평행이동하고, 새로운 균형
점은 F점이 된다. 한편, 종가세가 부과되면 공급곡선이 상방으로 회전이동하는데, 과세 후 균형
점에서 수요가격과 공급가격의 차($\overline{FG}$의 길이)가 종량세 부과 시와 같다면 종가세의 경우에도
새로운 균형점은 F점이 된다.

   ② 새로운 균형점에서 소비자 지불가격은 P_C이고, 생산자 수취가격은 P_S이며, 정부의 조세수입은
□$(A+B)$의 면적이다. 이때 가격상승으로 인한 소비자부담은 □A의 면적, 가격하락으로 인한
생산자부담은 □B의 면적이다.

   ③ 결국, 과세 후 균형점에서 수요가격과 공급가격의 차만 같으면 종가세와 종량세의 조세수입은
동일하고, 소비자와 생산자에게 귀착되는 조세부담 역시 동일하다.

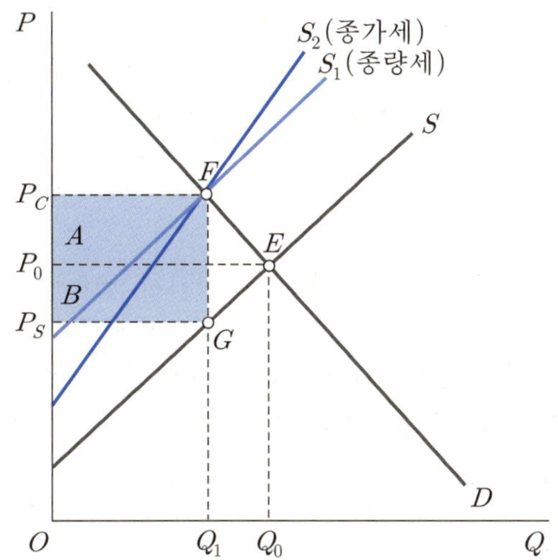

ⅱ) 독점시장 : 생산량 감소폭이 같도록 종량세와 종가세가 부과되는 경우

   ① 과세 전 독점시장의 이윤극대화 생산량과 가격은 $MR = MC$인 점에서 결정된다(Q_0, P_0). 종량
세가 부과되면 수요곡선과 한계수입곡선이 하방으로 평행이동하므로 과세 후 생산량과 가격은
$MR' = MC$인 점(f점)에서 결정된다(Q_1, P_C).

   ② 단위당 종량세액의 크기는 과세 전 수요곡선과 과세 후 수요곡선 간의 수직거리인 $\overline{ab}$의 길이이
고, 과세 후 생산량이 Q_1이므로 정부의 조세수입은 □$(A+B)$의 면적이다.

   ③ 종가세가 부과되면 수요곡선과 한계수입곡선이 하방으로 회전이동하는데, 종량세 부과 시와 생
산량 감소폭이 같도록 종가세가 부과되려면 종가세 부과 이후의 독점시장의 이윤극대화 조건인
$MR'' = MC$를 만족하는 점 역시 f점이 되어야 한다. 따라서 과세 후 생산량과 가격은 종량세
부과 시와 마찬가지로 (Q_1, P_C)이고, 단위당 종가세액의 크기는 과세 전 수요곡선과 과세 후 수
요곡선 간의 수직거리인 $\overline{ac}$의 길이이다. 과세 후 생산량이 Q_1이므로 정부의 조세수입은
□$(A+B+C)$의 면적이다.

④ 결국, 종량세와 종가세가 생산량에 동일하게 영향을 미친다면 종가세의 조세수입이 종량세의 조세수입보다 많아지나, 두 조세 모두 과세에 따른 생산량 감소폭(거래량 감소폭)이 같으므로 이로 인한 사중손실의 크기는 동일하다.

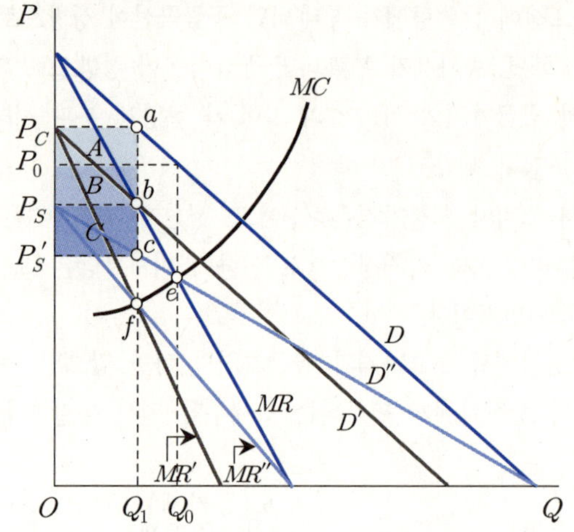

iii) 독점시장 : 조세수입이 같도록 종량세와 종가세가 부과되는 경우

① 과세 전 독점시장의 이윤극대화 생산량과 가격은 $MR = MC$인 점에서 결정된다(Q_0, P_0). 종량세가 부과되면 수요곡선과 한계수입곡선이 하방으로 평행이동하므로 과세 후 생산량과 가격은 $MR' = MC$인 점에서 결정된다(Q_1, P_C).

② 단위당 종량세액의 크기는 과세 전 수요곡선과 과세 후 수요곡선 간의 수직거리인 $\overline{ab}$의 길이이고, 과세 후 생산량이 Q_1이므로 정부의 조세수입은 □($P_C P_S ba$)의 면적이다.

③ 종가세가 부과되면 수요곡선과 한계수입곡선이 하방으로 회전이동하는데, 종량세 부과 시와 조세수입이 같도록 종가세가 부과되려면 동일한 생산량 수준(Q_1)에서 단위당 조세액($\overline{ab}$의 길이)이 종량세 부과 시와 같아야 한다. 따라서 과세 후 생산량과 가격은 (Q_2, P_C')가 된다.

④ 결국, 종량세와 종가세의 조세수입이 같다면 종가세의 생산량(Q_2)이 종량세의 생산량(Q_1)보다 더 많아진다.

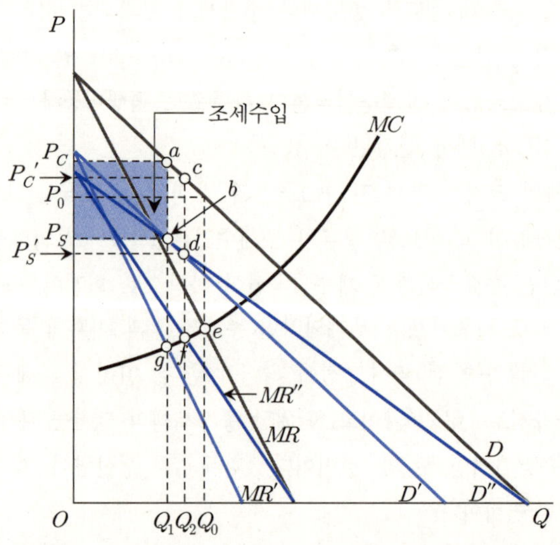

27. 정답 ⑤

비례적인 근로소득세가 부과될 때 대체효과와 소득효과에 따른 노동공급의 증감 여부는 다음과 같다.

> - 대체효과 : 근로소득세 부과 $\Rightarrow$ 세후$w\downarrow \Rightarrow P_{여가}\downarrow \quad \Rightarrow$ 여가$\uparrow$, $L_s\downarrow$
> - 소득효과 : 근로소득세 부과 $\Rightarrow$ 세후$w\downarrow \Rightarrow$ 실질소득$\downarrow$ ┌ 정상재 : 여가$\downarrow$, $L_s\uparrow$
>   └ 열등재 : 여가$\uparrow$, $L_s\downarrow$

① |×| 여가가 정상재일 때 비례소득세가 부과되면 대체효과에 의해서는 노동공급이 감소하고, 소득 효과에 의해서는 노동공급이 증가하므로 대체효과가 소득효과보다 크면 노동공급은 감소한다.

② |×| 정액세가 부과되면 상대가격체계의 교란을 가져오는 대체효과는 발생하지 않고 소득효과만 발생한다. 따라서 여가가 정상재일 때 정액세가 부과되면 노동공급은 증가한다. 그러나 비례소득세의 경우에는 대체효과와 소득효과의 상대적인 크기에 따라 노동공급의 증감 여부가 달라지므로 두 조세가 노동공급에 미치는 효과는 동일하지 않다.

③ |×| 여가가 열등재일 때 비례소득세가 부과되면 대체효과와 소득효과 모두에 의해 노동공급이 감소한다.

④ |×| 여가가 열등재일 때 비례소득세가 부과되면 대체효과와 소득효과 모두에 의해 노동공급이 감소한다. 그러나 정액세의 경우에는 대체효과는 발생하지 않고 소득효과에 의해서만 노동공급이 감소하므로 두 조세가 노동공급에 미치는 효과는 동일하지 않다.

⑤ |○| 정액세가 부과되면 대체효과는 발생하지 않고 소득효과만 발생하므로, 여가가 열등재일 때 정액세 부과로 실질소득이 감소하면 여가소비는 증가하고, 노동공급은 감소한다.

28. 정답 ⑤

ㄱ. |○| 불평등에 대한 혐오감지표의 절댓값이 낮다는 것은 공평성에 대한 사회선호가 약함을 의미하므로, 불평등에 대한 혐오감지표의 절댓값이 낮을수록 최적소득세율은 낮다.

ㄴ. |○| 정부의 조세수입 목표가 클수록 최적소득세율은 높다.

> 💬 **스턴의 연구**
> ① 공평성에 대한 사회선호가 강할수록 최적소득세율이 높음
> ② 정부의 조세수입 목표가 클수록 최적소득세율이 높음
> ③ 사회구성원 간의 능력 차이(기술분포)가 클수록 최적소득세율이 높음
> ④ 노동공급이 탄력적일수록(여가와 소득 간 대체탄력성이 클수록) 최적소득세율이 낮음

ㄷ. |○| 최적선형소득세 체계는 소득수준이 증가해도 한계세율이 일정하므로 면세점 이상인 소득자에 대해서 일종의 비례세와 같다. 따라서 수직적 공평성을 제고하는 데 별 효과가 없다. 반면, 최적비선형소득세 체계는 소득단계가 많고 단계에 따라 한계세율이 상승하므로 면세점 이상인 소득자에 대해서 최적비선형소득세 체계가 최적선형소득세 체계에 비해 수직적 공평성을 제고하는 데 효과적이다.

29. 정답 ③

조세부담은 탄력성에 반비례한다.

① |×| 노동의 수요탄력성이 무한히 클 경우 근로소득세가 부과되면 조세부담은 전부 노동자에게 귀착된다.

② |×| 자본의 개방도가 높을수록 자본공급곡선이 탄력적이다. 따라서 자본에 과세하는 경우 자본의 개방도가 높을수록 자본공급자의 조세부담은 낮아지고, 상대적으로 자본수요자의 조세부담은 높아진다.

③ |○|, ④ |×| 조세의 자본화란 정부가 토지와 같이 공급이 고정된 재화에 대해 조세를 부과하면 조세부과를 발표하는 시점에서 그 재화의 가격이 나중에 납부하게 될 조세의 현재가치($\frac{T}{r}$)만큼 하락하는 현상을 말한다. 따라서 토지의 공급이 신축적이라면 완전한 자본화는 발생하지 않으며, 조세의 자본화가 발생하면 조세부과를 발표하는 시점(현재)의 토지소유자가 토지에 부과된 조세를 전부 부담하게 된다.

⑤ |×| 노동의 공급탄력성이 매우 작을 경우 근로소득세가 부과되면 조세부담은 대부분 노동자에게 귀착된다.

30. 정답 ②

일정한 조세수입을 확보하면서도 공공요금 설정에 따른 효율성 상실을 극소화하기 위해서는 역탄력성 원칙을 공공요금 설정에 응용한 다음의 식을 충족하도록 공공요금을 설정해야 하는데, 이를 '램지가격설정'이라고 한다. 램지가격설정방식에 따르면, 공공서비스 X의 수요의 가격탄력성은 2로 계산된다.

$$\frac{\dfrac{P_X - MC_X}{P_X}}{\dfrac{P_Y - MC_Y}{P_Y}} = \frac{\epsilon_Y}{\epsilon_X} \rightarrow \frac{\dfrac{25-20}{25}}{\dfrac{50-30}{50}} = \frac{1}{\epsilon_X} \rightarrow \frac{1}{2} = \frac{1}{\epsilon_X} \ \therefore \ \epsilon_X = 2$$

31. 정답 ④

코즈 정리에 의하면, 협상비용이 무시할 수 있을 정도로 작고 명확한 소유권 설정이 이루어지는 경우 외부성에 관한 권리가 어느 경제주체에 귀속되는지에 상관없이 당사자 간의 자발적 협상을 통해 외부성으로 인해 초래되는 비효율성을 해소할 수 있다.

④ |×| 코즈 정리는 외부성 문제 해결에 있어서 효율성만을 고려할 뿐, 형평성은 고려하지 않는다.

32. 정답 ③

① |×| 비배제성이란 재화나 서비스에 대하여 대가를 치르지 않고 이를 소비하는 사람의 경우에도, 이들을 소비에서 배제할 수 없는 재화나 서비스의 특성을 말한다. 공공재의 경우 비배제성으로 인해 무임승차 문제가 발생하고, 그에 따라 공공재에 대한 정확한 수요를 도출하는 것이 사실상 불가능하다.

② |×| 공공재는 비경합성으로 인해 공동소비가 가능하므로 공공재의 전체 수요곡선은 개별수요곡선
을 수직으로 합하여 얻어진다.

③ |○|, ⑤ |×| 공공재의 최적공급 상황에서는 모든 사람들이 동일한 양의 공공재를 소비하면서, 개
별 이용자의 공공재 수요곡선의 높이(공공재 개별 이용자의 한계편익)만큼의 서로 다른 가격
을 지불하게 된다.

④ |×| 파레토 효율적인 공공재 공급은 공공재 개별 이용자의 한계편익의 합(사회 전체의 한계편익)과
공공재 공급에 따른 한계비용이 일치할 때 달성된다.

33. 정답 ③

①, ④ |○| 이익설(편익원칙)은 각 개인이 공공서비스로부터 얻는 편익에 비례하여 조세를 부담하는
것이 공평하다고 보는 원칙으로, 빅셀이 제시한 자발적 교환이론에 근거를 두고 있다. 편익원
칙에 따라 부과되는 조세의 크기는 각 개인이 공공서비스로부터 얻는 이익에 의해 결정되기
때문에 근로의욕을 저해하지 않고, 조세부담에 있어서 납세자의 자발적 협조를 유도하기가 용
이하다.

②, ⑤ |○| 편익원칙에 의하면, 조세는 오로지 편익의 대가로만 납부되므로 소득재분배 및 경제불안정
극복을 위해 필요한 정부지출 재원이나 외부성이 있는 공공재 공급에 필요한 재원 조달이 어
렵다.

③ |×| 편익원칙에 따라 각 개인이 공공서비스로부터 얻는 편익에 비례하여 조세를 부담할 경우 조세
부담을 줄이기 위해 편익의 크기를 줄여서 표출하는 문제가 발생할 수 있다. 즉, 무임승차를
하려는 납세자들의 전략적 행위로 인해 편익원칙의 적용은 현실적으로 어렵다.

34. 정답 ④

조세가 독점기업에게 부과되든 소비자에게 부과되든 상대적인 조세부담 면에서는 차이가 없다. 다음의
두 가지 풀이를 통해 이를 살펴보도록 하자.

풀이1) 독점기업에게 단위당 20의 조세가 부과되는 경우

독점시장의 수요함수가 $P = 100 - \frac{1}{3}Q$이므로 한계수입 $MR = 100 - \frac{2}{3}Q$이고, 독점공급자의 총

비용함수가 $TC = \frac{1}{2}Q^2 + 10Q + 20$이므로 한계비용 $MC = Q + 10$이다. 따라서 과세 전후의 균

형거래량과 균형가격은 다음과 같다.

- 과세 이전($MR = MC$) : $100 - \frac{2}{3}Q = Q + 10 \rightarrow \frac{5}{3}Q = 90 \quad \therefore \ Q = 54, \ P = 82$

- 과세 이후($MR = MC + T$) : $100 - \frac{2}{3}Q = Q + 30 \rightarrow \frac{5}{3}Q = 70 \quad \therefore \ Q = 42, \ P = 86$

⇒ 정부가 생산자에게 단위당 20의 조세를 부과하면 소비자가격이 4만큼 상승하므로 단위당 조

세액의 $\frac{1}{5}$이 소비자에게 전가됨을 알 수 있다. 한편, 생산자가격은 단위당 조세액의 $\frac{4}{5}$인

16만큼 하락하므로 소비자와 생산자가 실제로 부담하는 단위당 세금은 각각 4와 16이 된다.

풀이2) 소비자에게 단위당 20의 조세가 부과되는 경우

소비자에게 단위당 20의 조세가 부과되면 수요곡선이 20만큼 하방으로 이동하므로 과세 이후 독점시장의 수요함수는 $P = 80 - \frac{1}{3}Q$이고, 한계수입 $MR = 80 - \frac{2}{3}Q$이다. 한계비용 $MC = Q + 10$이므로 과세 이후의 균형거래량과 균형가격은 다음과 같다.

- 과세 이후($MR = MC$) : $80 - \frac{2}{3}Q = Q + 10 \rightarrow \frac{5}{3}Q = 70 \therefore Q = 42, P = 66$

⇒ 정부가 소비자에게 단위당 20의 조세를 부과하면 생산자가격이 16만큼 하락하므로 단위당 조세액의 $\frac{4}{5}$가 생산자에게 전가됨을 알 수 있다. 한편, 소비자가격은 단위당 조세액의 $\frac{1}{5}$인 4만큼 상승하므로 소비자와 생산자가 실제로 부담하는 단위당 세금은 풀이 1)과 마찬가지로 각각 4와 16이 된다.

a) 독점기업에게 조세가 부과될 때 b) 소비자에게 조세가 부과될 때

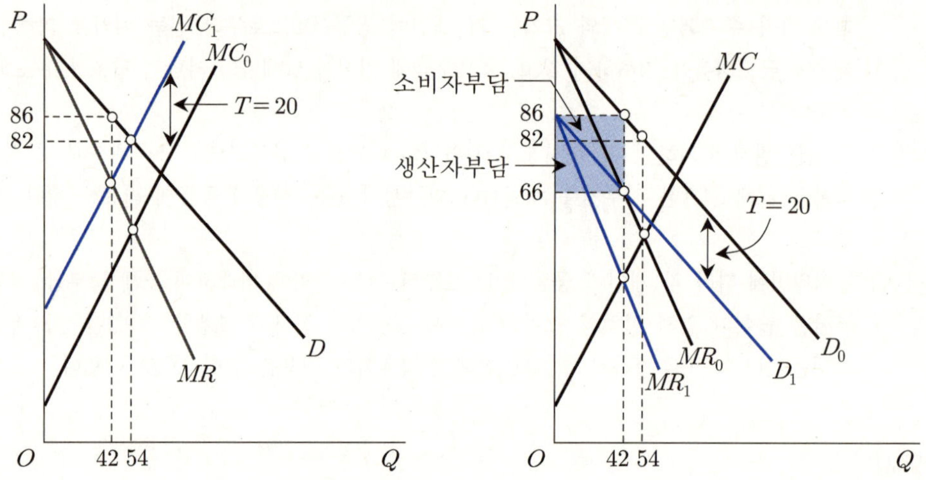

35. 정답 ④

소득세의 면세점 인상은 저소득층의 후생을 증가시키므로 소득분배의 형평성을 제고할 수 있으나, 자원배분의 효율성과는 상충된다.

36. 정답 ③

독점적 경쟁시장은 완전경쟁시장과 독점시장의 중간적 시장 형태로 완전경쟁적 요소와 독점적 요소가 혼합된 시장을 의미한다. 독점적 경쟁시장은 독점시장처럼 불완전경쟁시장이므로 독점적 경쟁기업에 대한 과세의 효과는 독점기업에 대한 과세의 효과와 거의 동일하다.

① ㅣ✕ㅣ 충성고객은 가격에 대해 비탄력적이므로 독점적 경쟁기업은 충성고객에 대해 높은 독점력을 행사하는 것이 가능하다. 따라서 조세가 부과되면 충성고객을 확보한 독점적 경쟁기업은 재화 가격의 인상을 통해 조세부담을 전가하기가 용이하다.

②, ⑤ ㅣ✕ㅣ 재화에 이질성이 높을수록 대체재를 찾기가 어려우므로 소비자는 가격에 대해 비탄력적이 된다. 따라서 독점적 경쟁기업의 독점력이 높아지고, 조세부담을 소비자에게 전가하기가 용이해진다. 반면, 재화에 동질성이 높을수록 소비자는 가격에 대해 탄력적이 되므로 독점적 경쟁기업은 조세부담을 소비자에게 전가하기가 어려워진다.

③ |○| 기업은 경제적 이윤에 부과되는 이윤세를 고정비용으로 인식한다. 따라서 이윤세가 부과되어도 가변비용인 한계비용에는 변화가 없고, 그에 따라 기업의 생산량과 가격도 최초 수준에서 불변이다. 조세부과 후 가격이 불변이므로 이윤세는 소비자에게 전혀 전가되지 않고 모두 생산자에게 귀착되며, 조세부과 후 생산량이 불변이므로 초과부담도 발생하지 않는다. 이윤세 부과가 기업에 미치는 영향은 시장 형태에 관계없이 동일하다.

④ |×| 독점적 경쟁기업은 제품차별화를 통해 약간의 시장지배력을 보유하므로 독점기업처럼 우하향하는 수요곡선에 직면한다. 따라서 수요가 완적탄력적인 완전경쟁기업에 비해 조세부담을 소비자에게 전가하기가 용이하다.

37. 정답 ②

재화 간 선택(Ⅰ)만 고려할 경우 소득세는 모든 재화에 대해 동일한 세율로 부과되는 물품세(일반소비세)와 그 효과가 동일해진다. 따라서 과세 이후에도 상대가격체계의 교란이 없고, 대체효과가 발생하지 않으므로 중립성을 만족한다. 그러나 소득세를 부과한 이후에 특정 재화에 대해 물품세(개별소비세)를 부과하면 상대가격체계의 교란에 따른 대체효과로 인해 중립성이 저해된다.

💡 일반균형분석적 접근 : 조세의 종류와 효율성 조건

	Ⅰ. 재화 간 선택	Ⅱ. 여가-소득 간 선택	Ⅲ. 현재-미래소비 간 선택
소 득 세	○	×	×
지 출 세	○	×	○
일반소비세	○	×	○
개별소비세	×	×	○
인 두 세	○	○	○

38. 정답 ①

불확실성이란 장래에 어떤 상황이 발생할지를 사전적으로 알 수 없는 상태로, 시장에 불확실성이 존재하는 경우에는 시장실패가 발생하게 된다. 만약 완전한 조건부상품시장이 존재한다면 불확실성이 존재하더라도 이를 완화하여 자원배분의 효율성이 달성될 수 있으나, 정보의 비대칭성으로 인해 현실에서 완전한 조건부상품시장이란 존재하지 않는다.

한편, 정보의 비대칭성하에서는 역선택과 도덕적 해이로 인한 시장실패가 발생하게 되는데, 이러한 불확실성을 완화하여 시장실패를 치유하기 위해서는 공제제도나 보험제도의 실시, 정보의 확산 등의 방안을 이용하여 역선택과 도덕적 해이를 축소하거나 없애야 한다.

39. 정답 ⑤

교육바우처 제도는 학부모에게 세금의 일부인 공적 자금을 쿠폰의 형태로 제공하여 자녀들을 원하는 학교에서 공부할 수 있도록 하는 제도이다.

①, ③ ㅣOㅣ 교육바우처는 교육서비스를 현물로 지급하는 것과 동일하므로(현물보조) 사립학교용 교육 바우처 제도가 시행되면 저소득층 가구의 사립초등학교 지원율이 높아질 것이며, 그에 따라 사립초등학교의 신설이 늘어날 것이다.

②, ④ ㅣOㅣ 교육바우처 제도하에서는 학생과 학부모에게 학교 선택권이 부여되므로 개인들의 선호에 따른 교육이 가능해지고, 그에 따라 사립과 공립초등학교 간 경쟁이 심화되어 공교육의 수준 향상을 도모할 수 있게 된다.

⑤ ㅣ×ㅣ 교육바우처 제도가 공공재원을 바탕으로 하고 있는 공교육을 정상화시키기보다 오히려 악화시 킬 가능성도 있다. 즉, 학생과 학부모에게 학교 선택권이 주어지기는 했지만, 대부분의 학생들 이 공립초등학교가 아닌 사립초등학교를 선택할 것이므로 교육바우처 제도가 도시 중심의 공 립초등학교의 문제점을 해결하지 못하고 오히려 경쟁력을 상실한 '퇴출 학교'를 양산하는 결과 를 낳게 된다. 결국, 공공재원은 사립초등학교를 지원하는 자원으로 활용될 것이며, 경쟁력을 잃어버린 공립초등학교는 폐교의 기로에 서게 될 것이다.

40. 정답 ②

① ㅣ×ㅣ <u>조건부가치평가법</u>(조건부가치측정법)은 사람들에게 환경정책의 수행을 통해 기대할 수 있는 가 상의 환경개선 효과를 제시하고, 이에 대해 얼마만큼 지불할 용의가 있는지를 묻는 방법으로, 시 장가격을 이용할 수 없는 상황에서 <u>설문조사</u>를 통해 환경정책의 편익을 파악하는 방법이다.

② ㅣOㅣ <u>회피행위접근법</u>은 환경오염으로 발생하는 <u>위험</u>을 <u>회피</u>하기 위해 어느 정도의 지출을 감수할 용의가 있는지를 파악하여 환경정책의 편익을 산출하는 방법으로, 이 방법에 의해 환경정책의 편익을 계산하면 실제의 편익을 과소평가할 가능성이 있다. 또한, 아무리 많은 돈을 지출한다 해도 오염물질에 의한 피해를 회피할 수 없는 경우 이 접근법을 적용할 수 없다는 문제점도 있다.

③ ㅣ×ㅣ 주어진 크기의 주택이 있다고 가정할 때, 그 주택의 가격은 학군, 도심지로부터의 거리, 주변 환경의 쾌적성 등 여러 특성에 의해 결정된다. <u>헤도닉가격접근법</u>은 <u>주택</u>이 갖는 여러 특성과 주택가격을 연결시키는 헤도닉가격함수를 통해 환경의 질 개선이 주택가격 상승에 미치는 정 도를 측정하여 환경정책의 편익을 산출하는 방법이다.

④ ㅣ×ㅣ <u>지불의사접근법</u>은 환경의 질 악화로 인해 손해를 본다고 느끼는 사람들이 환경개선을 위해 <u>지 불할 용의가 있는 금액</u>을 측정하여 환경정책의 편익을 파악하는 방법이다. 어떤 사람이 지불 할 용의가 있는 금액은 환경의 질 악화로 인해 효용이 어느 정도로 감소하느냐에 의해 결정될 것이므로, 바로 이 지불의사를 알아내어 그것이 환경정책에서 나오는 편익이라고 보는 것이 지 불의사접근법이다.

⑤ ㅣ×ㅣ 여행비용접근법은 시장적인 가치평가가 곤란한 재화의 가치를 추정하기 위해 수요자의 소비행 위(재화 이용에 따른 비용, 시간 등)를 가치측정방식에 원용하는 방법으로 야외활동과 휴양에 관련된 재화 즉, 공공재의 성격을 내포하여 시장가격이 형성되지 않은 환경적 재화의 가치평가 에 주로 사용된다.

2015년 정답 및 해설

1	2	3	4	5	6	7	8	9	10
④	⑤	③	④	③	③	④	④	①	②
11	12	13	14	15	16	17	18	19	20
⑤	②	⑤	②	⑤	②	②	②	③	①
21	22	23	24	25	26	27	28	29	30
④	③	①	③	⑤	③	①	②	④	①
31	32	33	34	35	36	37	38	39	40
④	③	③	②	⑤	⑤	①	②	①	④

01. 정답 ④

지문에 제시된 내용에 따라 각 세제를 살펴보면 다음과 같다.

구분	세제1 ($T=10+0.1Y$)	세제2 ($T=0.15Y$)	세제3 ($T=-10+0.15Y$)
조세체계	역진세	비례세	누진세
조세수입의 소득탄력성(β)	$\beta<1$	$\beta=1$	$\beta>1$
한계세율 ($t=\dfrac{\Delta T}{\Delta Y}$)	$t=0.1$	$t=0.15$	$t=0.15$

① |○| 세제1(역진세)의 조세수입의 소득탄력성이 세제2(비례세)의 조세수입의 소득탄력성보다 작다.

② |○| 세제2와 세제3의 한계세율(t)은 0.15로 동일하다.

③ |○| 세제3은 선형누진세로 소득이 증가할수록 평균세율이 상승하는 누진구조를 가지고 있다.

④ |×| 세제3의 면세점과 조세수입의 소득탄력성(세수탄력성)은 다음과 같이 계산된다.

- 면세점($T=0$) : $0=-10+0.15Y \rightarrow 0.15Y=10 \;\therefore\; Y=66.67$

- 조세수입의 소득탄력성 : $\beta=\dfrac{\dfrac{\Delta T}{T}}{\dfrac{\Delta Y}{Y}}=\dfrac{\dfrac{\Delta T}{\Delta Y}}{\dfrac{T}{Y}}=\dfrac{한계세율}{평균세율}=\dfrac{0.15}{\dfrac{-10+0.15Y}{Y}}=\dfrac{0.15Y}{-10+0.15Y}$

따라서 위 식에 면세점 이상의 소득 $Y=100$과 $Y=200$을 각각 대입해 보면 세제3하에서 면세점 이상의 소득자는 소득이 증가할수록 조세수입의 소득탄력성이 작아짐을 알 수 있다.

- $Y=100 : \beta=\dfrac{0.15Y}{-10+0.15Y}=\dfrac{15}{-10+15}=3$

- $Y=200 : \beta=\dfrac{0.15Y}{-10+0.15Y}=\dfrac{30}{-10+30}=1.5$

⑤ |○| 세제1과 세제3의 조세수입이 일치하는 지점을 구하기 위해 두 세수함수를 연립하면 $Y=400$으로 계산된다.

- $10+0.1Y=-10+0.15Y \rightarrow 0.05Y=20 \quad \therefore \quad Y=400$

$Y=400$을 조세수입의 소득탄력성 식에 각각 대입하면 세제1과 세제3의 조세수입이 일치하는 지점에서 세제1이 세제3에 비해 조세수입의 소득탄력성이 더 작음을 알 수 있다.

- 세제1의 조세수입의 소득탄력성 : $\beta = \dfrac{0.1\,Y}{10+0.1\,Y} = \dfrac{40}{10+40} = 0.8$

- 세제3의 조세수입의 소득탄력성 : $\beta = \dfrac{0.15\,Y}{-10+0.15\,Y} = \dfrac{60}{-10+60} = 1.2$

💡 세제1(역진세)의 조세수입의 소득탄력성은 소득수준에 관계없이 항상 1보다 작고, 세제3(누진세)의 조세수입의 소득탄력성은 소득수준에 관계없이 항상 1보다 크므로 굳이 계산을 하지 않아도 같은 결론에 도달할 수 있다.

02. 정답 ⑤

ⅰ) 공공재의 적정공급량은 $\Sigma MB = MC$인 점에서 결정되고, 공공재에 대한 시장수요함수(ΣMB)는 공공재에 대한 개별수요함수($MB=D$)의 수직합이다.
- 공공재의 적정공급조건(린달 조건)
  : $\Sigma MB = MC$(공공재 소비에 따른 한계편익의 합=공공재 공급의 한계비용)

ⅱ) 가로등의 개당 설치비용이 100만원으로 일정($MC=100$만원)하고, 7번째 가로등이 설치될 때 갑, 을, 병, 정의 한계편익의 합이 100만원($\Sigma MB=40$만원$+30$만원$+20$만원$+10$만원)이므로 $\Sigma MB = MC$를 만족하는 가로등의 적정공급량은 7개다.

03. 정답 ③

중위투표자 정리란 모든 투표자의 선호가 단봉형일 때 다수결투표제도하에서는 항상 중위투표자가 가장 선호하는 대안이 채택된다는 이론이다.

① |○| 모든 투표자의 선호가 단봉형일 때 중위투표자 정리가 성립한다.

②, ④ |○| 다운즈의 득표극대화 모형에 따르면, 투표자의 분포가 단봉형이며 좌우대칭의 형태로 주어져 있을 때 양당제하의 한 정당이 중위에 해당하는 정강을 채택하면 득표가 극대화되어 집권당의 위치를 차지하게 되므로, 정치가는 중위투표자의 지지를 얻어야 하는 것으로 해석할 수 있다. 결국, 양당제하에서는 성향이 상반된 두 정당의 정강이 서로 유사해지는데, 이를 '호텔링의 원칙' 혹은 '최소차별화의 원칙'이라고 한다.

③ |✕| 중위투표자 정리에 따르면, 일차원적 선택 대안에 대해서는 항상 중위투표자가 가장 선호하는 대안이 채택되므로 투표의 역설이 발생하지 않는다.

⑤ |○| 중위투표자가 가장 선호하는 대안이 사회적으로 최적이라는 보장은 없으므로 중위투표자 정리에 의한 정치적 균형이 항상 파레토효율성을 달성하는 것은 아니다.

04. 정답 ④

① ㅣ○ㅣ 법인세는 법적으로 실체가 인정되는 법인을 대상으로 부과되는 직접세로, 법인세가 부과되면 재화가격의 인상을 통해 일부 또는 전부가 소비자에게 전가될 수 있기 때문에 세부담의 귀착이 명확하지 않다.

② ㅣ○ㅣ 법인세와 소득세가 별개로 존재하는 상황에서는 법인이윤에 대해 일차적으로 과세(법인세)가 이루어지고, 이윤이 배당되면 다시 소득세가 과세된다. 즉, 법인세 부과는 동일한 소득에 대한 이중과세의 문제를 지니고 있다.

③ ㅣ○ㅣ 법인세가 경제적 이윤에 대한 과세가 되기 위해서는 당기순이익이 경제적 이윤과 같아야 한다. 이 경우, 법인세는 전부 주주에게 귀착되며 조세전가가 발생하지 않고, 초과부담도 발생하지 않는다.

④ ㅣ✕ㅣ 법인세제하에서는 자기자본의 귀속이자에 대해서는 비용처리가 허용되지 않는 반면, 차입에 따른 이자에 대해서는 비용처리가 허용되므로 법인세가 부과되면 기업은 재원조달방식으로 유상증자(자기자본)보다 차입을 더 선호하게 된다.

⑤ ㅣ○ㅣ 실효법인세율이란 세법상 법인세율(명목법인세율)을 적용하여 산출된 세액에 각종 공제, 감면 등을 적용한 후 실제 납부하는 세액을 과세표준으로 나눈 것을 말한다. 따라서 명목법인세율과 실효법인세율과의 차이는 정부의 법인기업에 대한 지원 정도를 의미하며, 실효법인세율은 항상 명목법인세율보다 낮게 나타난다.

05. 정답 ③

① ㅣ○ㅣ 로렌츠 곡선이 원점을 지나는 대각선에서 멀어질수록 소득분배는 불평등해지고, 소득분배가 불평등할수록 지니계수는 커진다.

②, ④ ㅣ○ㅣ A점을 기준으로 로렌츠 곡선을 나누어 살펴보도록 하자.
- A점 하방 : 인구누적비율이 증가함에 따라 소득누적비율이 비례적으로 증가(로렌츠 곡선이 직선의 형태)하므로 A점 하방에 속한 모든 사람들의 소득수준이 동일함을 알 수 있다.
- A점 상방 : 인구누적비율이 증가함에 따라 소득누적비율이 비례적으로 증가(로렌츠 곡선이 직선의 형태)하므로 A점 상방에 속한 사람들의 소득수준 역시 모두 동일함을 알 수 있다.
  ⇒ 이 사회에는 각 소득계층 내에서 사람들의 소득수준이 모두 같은 두 개의 소득계층이 존재한다.

③ ㅣ✕ㅣ 로렌츠 곡선을 구성하는 두 개 직선의 기울기 차이가 커진다는 것은 저소득층의 인구누적비율이 증가할 때 소득누적비율은 작게 증가하고(직선의 기울기가 완만함), 고소득층의 인구누적비율이 증가할 때 소득누적비율은 크게 증가함(직선의 기울기가 가파름)을 의미한다. 따라서 로렌츠 곡선을 구성하는 두 개 직선의 기울기 차이가 커질수록 계층 간 소득격차는 커지게 된다.

⑤ ㅣ○ㅣ 저소득층의 소득점유비중과 인구비중이 동시에 증가할 때 인구비중 증가분이 소득점유비중 증가분보다 크다면 로렌츠 곡선이 원점을 지나는 대각선에서 멀어지게 되어 지니계수는 커진다. 즉, 저소득층의 소득점유비중과 인구비중이 동시에 증가할 경우 지니계수는 커질 수 있다.

06. 정답 ③

①, ④ |×| 부가가치세는 각 생산단계에서 창출되는 부가가치를 과세대상으로 하므로, 부가가치세가 부과되더라도 기업 간 수직통합의 문제는 발생하지 않는다.

② |×| 여가에 대한 직접과세가 불가능하므로, 부가가치세는 중립세가 아니다.

③ |○| 부가가치세가 생필품에 단일 세율로 부과되면 저소득층이 느끼는 세부담이 상대적으로 커지므로 소득분배에 역진적이다.

⑤ |×| 면세란 특정 재화 및 서비스의 공급에 대해 부가가치세 납세의무 자체를 면제하는 것을 말한다. 그런데 면세를 적용하더라도 그 직전 단계까지 누적된 매입세액을 환급해 주는 것은 아니므로(불완전면세) 부가가치세 면세 품목에 대해 영세율이 적용되는 것이 아니다.

07. 정답 ④

ㄱ. |×| 절대빈곤이란 생활의 기본이 되는 필수품조차 획득할 수가 없어서 최저 생활수준도 유지하지 못하는 상태로 소득이 최저생계비에 미달하는 경우를 말하며, 절대빈곤의 기준소득은 중위소득이 아니라 최저생계비이다.

> 💡 중위소득은 모든 가구를 소득 순으로 순위를 매겼을 때, 가운데를 차지한 가구의 소득을 말한다. $OECD$(경제협력개발기구)의 기준에 의하면, 중위소득의 50% 미만을 빈곤층, 50%~150%를 중산층, 150% 초과를 상류층으로 본다. 중위소득은 상대적인 빈곤선을 결정할 때의 기준이 되며, 이 경우 중위소득의 50%에 미달하는 경우를 빈곤한 상태로 파악한다.

ㄴ. |○| 빈곤 갭이란 빈곤선 이하에 있는 사람들의 소득수준을 모두 빈곤선 수준까지 끌어올리기 위해서 GDP의 몇 퍼센트의 소득이 필요한지를 보여주는 지표를 말한다.

- 빈곤 갭(poverty gap) $= \dfrac{\text{빈곤선 이하의 소득 갭}}{GDP}$

ㄷ. |○| 실업급여가 많을수록 실업기간 중에 적극적으로 구직활동을 하지 않는 도덕적 해이가 발생할 가능성이 커지므로 실직기간이 길어질 수 있다.

ㄹ. |×| 적립방식하에서 각 세대는 자신들이 적립한 연금보험료를 은퇴 이후에 지급받으므로 지불능력의 문제가 발생하지 않는다. 그러나 부과방식하에서는 현재 일하고 있는 근로계층이 납부한 기여금을 은퇴계층에게 급부금으로 지급하므로 경제성장률, 평균수명, 출생률 등의 요인에 의해 지불능력의 문제가 발생할 수 있다. 따라서 적립방식이 부과방식에 비해 지불능력 면에서는 더 안정적이다.

ㅁ. |○| 근로장려세제하에서는 근로소득이 있는 경우에만 보조금을 지급받을 수 있다. 즉, 근로장려세제는 공적 부조의 문제점 중 하나인 근로의욕 저하를 해결하기 위해 도입한 세제로서 저소득층의 근로를 유인하는 효과를 지니고 있다.

08. 정답 ④

i) 결혼중립성 : 결혼중립성이란 결혼 여부에 따라 세부담이 달라지지 않도록 세부담이 결정되어야 한다는 것을 말한다.

- 김-박 예비부부 개인단위 과세 시 조세부담 : 4,200만원
- 김-박 예비부부 가구단위 과세 시 조세부담 : 4,800만원

- 이−최 예비부부 개인단위 과세 시 조세부담 : 3,600만원
- 이−최 예비부부 가구단위 과세 시 조세부담 : 4,800만원
  ⇒ 결혼 이후의 조세부담은 김−박 예비부부의 경우에는 600만원 증가하고, 이−최 예비부부의 경우에는 1,200만원 증가한다. 따라서 두 경우 모두 결혼중립성에 위배된다.

ⅱ) 수평적 공평성 : 수평적 공평성이 충족되려면 소득이 동일한 가구는 세부담이 동일하여야 한다.
- 김−박 예비부부 가구단위 소득 : 2억원
- 김−박 예비부부 가구단위 과세 시 조세부담 : 4,800만원
- 이−최 예비부부 가구단위 소득 : 2억원
- 이−최 예비부부 가구단위 과세 시 조세부담 : 4,800만원
  ⇒ 결혼 이후에 두 가구의 소득이 2억원으로 동일하고, 가구단위 과세 시 두 가구의 조세부담이 4,800만원으로 동일하므로 수평적 공평성이 충족된다.

ⅲ) 한계세율

위 표에서 이○○의 개인소득이 1억원일 때 개인단위 소득세액이 1,800만원임을 알 수 있다. 이때 한계세율은 소득액 6,000만원까지는 10%, 6,000만원 초과금액에 대해서는 $X\%$를 적용하므로 다음의 식이 성립한다.
- $(6{,}000만원 \times 10\%) + (4{,}000만원 \times X) = 1{,}800만원$
  $\therefore X = 30\%$
  ⇒ 따라서 한계세율 $X = 30\%$임을 알 수 있다.

09. 정답 ①

① ㅣ×ㅣ 지출세제하에서는 저축이 과세대상에서 제외되므로 현재소비와 미래소비 간 상대가격(예산선의 기울기)이 변하지 않지만, 소득세제하에서는 저축에 대해 이자소득세가 부과되어 현재소비와 미래소비 간 상대가격이 변한다. 즉, 소득세 시행 시 예산선의 기울기는 이자소득세율(t)에 따라 $[1 + r(1-t)]$로 변하게 된다.

② ㅣ○ㅣ 소득세는 시점 간 자원배분 과정 즉, 현재소비와 미래소비 간 선택의 교란을 발생시켜 비효율성을 초래한다.

③ ㅣ○ㅣ 일반균형분석의 관점에서 보면 지출세와 소득세 모두 여가와 소득 간 선택의 교란을 발생시키므로 효율성 측면에서 지출세가 소득세보다 우월하다고 할 수 없다. 그러나 여가를 제외하고 현재소비와 미래소비만을 고려하는 부분균형분석의 관점에서 보면 소득세는 현재소비와 미래소비 간 선택의 교란을 발생시키는 데 반해, 지출세는 현재소비와 미래소비 간 선택의 교란을 발생시키지 않으므로 효율성 측면에서 지출세가 소득세보다 우월하다고 할 수 있다.

④ ㅣ○ㅣ 소득은 사회 내 재화를 증가시키는 데 반해, 소비는 사회 내 재화를 감소시키므로 소비를 기준으로 과세하는 것이 바람직하다는 점에서 지출세가 선호된다.

⑤ ㅣ○ㅣ 지출세제하에서는 저축이 과세대상에서 제외되므로 지출세는 저축이 많은 부유층에게 유리하다. 반면, 소득세제하에서는 저축에 대해 이자소득세가 부과되어 저축성향이 큰 사람일수록 더 무거운 세부담을 지게 되므로 소득세는 수평적 공평성을 저해하게 된다.

10. 정답 ②

① ㅣ○ㅣ 규모에 대한 수익체증이 발생하는 경우 자연독점으로 인해 민간기업에 의해서는 효율적인 재화 공급이 불가능하고, 이는 정부가 공공요금을 관리하는 중요한 이유가 된다.

② ㅣ×ㅣ 평균비용곡선이 우하향하는 자연독점의 경우 기업이 한계비용가격설정방식을 적용하면 손실이 발생하나, 평균비용가격설정방식을 적용하면 정상이윤을 얻을 수 있다. 즉, 평균비용가격설정방식이 한계비용가격설정방식에 비해 사업 손실을 줄일 수 있는 방안이다.

③ ㅣ○ㅣ 한계비용가격설정방식을 적용할 경우에 발생하는 손실을 보전하는 방법으로는 평균비용가격설정방식, 이부요금제, 가격차별 등이 있다.

④ ㅣ○ㅣ 이부요금제란 소비자가 재화나 서비스를 소비할 권리에 대해 1차로 요금(기본요금)을 부과하고, 소비량에 따라 다시 사용요금을 부과하는 방식을 말한다.

⑤ ㅣ○ㅣ 최대부하가격설정방식이란 성수기와 비수기의 가격을 다르게 설정함으로써 생산설비의 효율적 이용을 도모하는 가격설정방식을 말한다. 최대부하가격설정방식은 비수기의 가격은 단기한계비용과 동일하게 설정하고, 성수기의 가격은 장기한계비용보다 높게 설정하여 수요의 변동을 평준화시킴으로써 생산설비를 최적으로 이용하는 데에 그 목적이 있다.

11. 정답 ⑤

목적세는 특정한 지출목적에 사용하기 위해 부과하는 조세로, 목적구속금지원칙의 예외이다. 따라서 해당 조세수입이 어느 정부지출로 귀결되는지를 알 수 있고, 특정분야 사업에 대한 일정 수준의 예산이 확보될 가능성이 크기 때문에 사업의 안정성이 보장된다.

⑤ ㅣ×ㅣ 모든 목적세가 공공서비스의 비용을 수혜자에게 직접 부담시키는 조세인 것은 아니다. 즉, 목적세의 경우에는 수익자부담원칙의 적용이 제한된다.

12. 정답 ②

① ㅣ○ㅣ 클라크 조세는 개인들이 공공재에 대한 진정한 선호를 표출하는 것이 자신에게 가장 유리하도록 고안된 수요표출 메커니즘의 일종이다.

② ㅣ×ㅣ 공공재의 경우 비배제성으로 인해 생산비용을 부담하지 않은 개인들도 공급된 공공재의 이용이 가능하므로(무임승차의 문제) 과소공급의 문제가 발생하는데, 클라크 조세는 개인들이 자신의 공공재에 대한 선호를 과장하거나 과소하게 시현할 경우 손해를 보게 함으로써 개인들의 진정한 선호시현을 유도하여 공공재가 과소공급되는 것을 방지한다.

③ ㅣ○ㅣ 클라크 조세에 의하면, 공공재의 최적생산량 결정에는 개인의 선호가 반영되나, 개인이 납부해야 할 세금 결정에는 개인의 선호가 반영되지 않는다.

④ ㅣ○ㅣ 클라크 조세란 공공재에 대한 개인의 수요표출이 다른 모든 사람들의 소비자잉여를 감소시킬 경우, 감소분에 해당하는 금액만큼을 그 개인에게 조세로 부과하는 것을 말한다. 즉, 클라크 조세는 사회적 의사결정에 영향을 미치는 개인에게 사회적 비용을 인식하게 만드는 데에 그 목적이 있다.

⑤ ㅣ○ㅣ 클라크 조세 제도하에서는 자신의 진정한 선호를 표출하는 것이 우월전략이 된다.

13. 정답 ⑤

① | X | 세액공제는 산출세액에서 특정한 정책적 목적을 위하여 일정한 요건과 방법에 따라 세액의 일부를 공제하는 것으로 한계세율과는 무관하다.

② | X | 과세표준 1.5억원 초과구간에서 한계세율은 38%로 일정하지만 소득이 증가함에 따라 평균세율은 지속적으로 상승한다.

③ | X | 조세수입의 소득탄력성(세수탄력성)은 다음과 같다.

- 조세수입의 소득탄력성$(\beta) = \dfrac{\dfrac{\Delta T}{T}}{\dfrac{\Delta Y}{Y}} = \dfrac{\dfrac{\Delta T}{\Delta Y}}{\dfrac{T}{Y}} = \dfrac{\text{한계세율}}{\text{평균세율}}$

⇒ 따라서 동일한 과세표준 구간이라 하더라도 평균세율이 상승하면 조세수입의 소득탄력성은 작아진다.

④ | X | 최저 과세표준 구간의 세율만 하락하더라도 모든 납세자의 1,200만원 이하의 소득에 대한 납세액이 감소하므로 모든 구간의 납세자 부담이 감소한다.

⑤ | O | 우리나라의 소득세율 체계는 한계세율은 각 소득구간(5단계)에서 일정하지만 평균세율은 소득이 증가함에 따라 점차 상승하는 구조(비선형누진세 체계)로 되어 있다. 즉, 소득이 증가하면 평균세율이 지속적으로 상승하므로 한계세율은 평균세율보다 항상 높다.

14. 정답 ②

①, ④ | X | 포괄적 소득세제하에서는 발생원천과 관계없이 일정 기간 동안 개인의 경제적 능력을 증가시킨 것은 모두 소득에 포함시키는 발생주의에 근거하여 조세가 부과된다. 따라서 소득의 원천, 형태, 실현·미실현 여부에 관계없이 개인의 경제적 능력을 증가시킨 것은 모두 과세대상에 포함되고, 배당금, 자본이득, 내구성 자산으로부터의 귀속소득 등도 이에 포함된다.

② | O | 포괄적 소득이란 두 시점 사이에서 발생한 경제적 순증가분의 화폐가치로, 소비지출과 순가치 증가분의 합이 포괄적 소득세제의 과세대상이 된다.

③, ⑤ | X | 포괄적 소득세제는 능력원칙에 충실한 과세방식으로, 소득의 종류와 관계없이 동일한 경제적 능력을 가진 사람에게 동일한 과세가 이루어지므로 수평적으로 공평하다.

15. 정답 ⑤

①, ④ | X | 한계실효세율은 다음과 같이 나타낼 수 있다.

- 한계실효세율 : $t = \dfrac{p-s}{p}$ (단, p는 세전수익률, s는 세후수익률)

⇒ 한계실효세율이 음$(-)$의 값을 가지면 세전수익률보다 세후수익률이 더 크므로 법인세 부과가 오히려 투자행위를 촉진시킨다.

② | X | 법인세가 부과된 후 자본의 사용자비용이 감소하면 법인세 부과가 투자행위를 촉진시킨다고 해석할 수 있다.

③ | X | 투자세액공제나 가속상각제도가 채택되면 자본의 사용자비용이 감소하고, 투자행위가 촉진된다.

⑤ | O | 법인세가 부과된 후 자본의 사용자비용에 변화가 없다면 법인세 부과는 투자행위에 중립적이라고 해석할 수 있다(**중립적 법인세**).

16. 정답 ②

① |O| 조세의 초과부담은 세율(t)의 제곱에 비례하고, 수요의 가격탄력성(ϵ)과 거래액의 크기(PQ)에 비례한다.

- 조세의 초과부담 : $DWL = \dfrac{1}{2}t^2\epsilon(PQ)$

② |×| 공급곡선이 완전탄력적(수평선)이므로 단위당 종가세액 $T=$(세전가격$\times t$)로 나타낼 수 있고, 정부의 조세수입은 단위당 조세액(T)×조세부과 후 거래량(Q_T)이므로 다음의 식이 성립한다.
- 정부의 조세수입 : $TQ_T = tPQ_T$ (단, P는 세전가격)

이 경우, 수요가 가격비탄력적이라면 세율이 상승하더라도 거래량 감소폭이 크지 않으므로 조세수입과 세율(t)이 비례 관계를 가지나, 수요가 가격탄력적이라면 세율 상승으로 인한 가격의 상승폭보다 거래량이 더 큰 폭으로 감소하므로 조세수입은 오히려 감소하게 된다.

③ |O| 수요가 가격탄력적인 재화에 조세가 부과되면 조세부과로 인한 가격의 상승폭보다 거래량이 더 큰 폭으로 감소하므로 세후 판매수입은 과세 이전보다 줄어든다.

④, ⑤ |O| 공급곡선이 완전탄력적(수평선)이므로 조세부과 시 세부담은 전부 소비자에게 귀착된다. 즉, 조세부과로 소비자가격이 과세 이전에 비해 (세전가격$\times t$)만큼 상승하므로 소비자잉여는 감소하게 된다.

17. 정답 ②

① |×| 시간당 임금률 W_0를 받고 있던 근로자에게 세율 t로 비례소득세가 부과되면 시간당 tW_0의 세금을 납부해야 하므로 순임금률은 $(1-t)W_0$로 하락한다.

② |O|, ③, ④ |×| 여가가 열등재인 경우 비례적인 근로소득세가 부과되면 대체효과와 소득효과 모두에 의해 노동공급이 감소한다.

> - 대체효과 : 근로소득세 부과 $\Rightarrow$ 세후 순임금률$\downarrow$ $\Rightarrow$ $P_{여가}\downarrow$　　$\Rightarrow$ 여가 소비$\uparrow$, $L_s\downarrow$
> - 소득효과 : 근로소득세 부과 $\Rightarrow$ 세후 순임금률$\downarrow$ $\Rightarrow$ 실질소득$\downarrow$ $\Rightarrow$ 열등재 : 여가 소비$\uparrow$, $L_s\downarrow$

⑤ |×| 근로소득세 부과로 순임금률이 하락하면 노동공급이 반드시 감소하므로 노동공급곡선은 우상향하는 형태를 가진다.

18. 정답 ②

ⅰ) 수요함수가 $P=20-\dfrac{1}{2}Q$이고, 공급함수는 $P=10$이므로 둘을 연립하면 조세부과 전의 거래량 $Q=20$이다.

- 조세부과 전 거래량 : $20-\dfrac{1}{2}Q=10$ $\therefore$ $Q=20$

ⅱ) 단위당 T원의 물품세가 부과되면 공급곡선이 단위당 T원만큼 상방이동하므로 조세부과 후의 공급함수는 $P=10+T$이고, 이를 다시 수요함수 $P=20-\dfrac{1}{2}Q$와 연립하면 조세부과 후의 거래량 $Q_T=20-2T$이다.

- 조세부과 후 거래량 : $20-\dfrac{1}{2}Q=10+T$ $\therefore$ $Q_T=20-2T$

iii) 단위당 T원의 물품세가 부과되면 거래량이 $2T$만큼 감소하므로 물품세 부과에 따른 초과부담은 T^2으로 계산된다.

- 초과부담(ΔA의 면적) : 단위당 조세액(T)×거래량 감소분(ΔQ) $= \dfrac{1}{2} \times T \times 2T = T^2$

iv) 비효율성 계수는 조세부과에 따른 효율성 상실의 정도를 측정하는 지표로, 초과부담을 조세수입으로 나눈 값으로 정의된다. 조세수입이 32원이고, 비효율성 계수가 $\dfrac{1}{8}$이므로 단위당 물품세액 T는 2원으로 계산된다.

- 비효율성계수 $= \dfrac{\text{초과부담}}{\text{조세수입}} \rightarrow \dfrac{1}{8} = \dfrac{T^2}{32} \rightarrow T^2 = 4 \ \therefore \ T = 2$

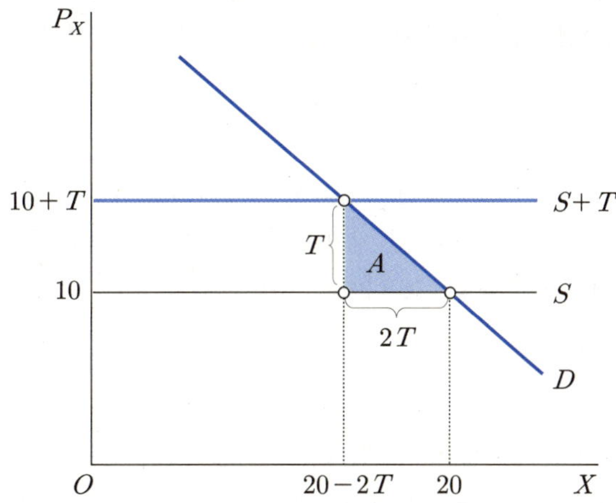

19. 정답 ③

① ㅣ○ㅣ 인플레이션으로 물가수준이 상승하면 국채의 실질가치가 하락하므로 국가의 채무부담이 감소한다.

② ㅣ○ㅣ 이자율과 채권가격 사이에는 역($-$)의 관계가 존재하므로 이자율이 상승하면 국가의 채무부담이 감소한다.

③ ㅣ×ㅣ 리카도 대등정리에 의하면, 국채가 발행되면 사람들은 미래의 조세증가를 예견하고 저축을 증가시킨다. 즉, 국채가 발행되면 현재세대는 미래세대에 더 많은 유산을 물려주기 위해 저축을 늘리므로 국채발행은 전부 현재세대의 부담이 되고, 미래세대로 전가되지 않는다.

④ ㅣ○ㅣ 현재세대에서 국채가 발행되면 미래의 원리금 상환시점(미래세대)에서 이는 조세부담으로 작용한다. 이때 기술진보와 생산성의 증대로 미래세대가 현재세대보다 풍족해진다는 사실이 담보된다면, 세대 간 소득재분배라는 측면에서 볼 때 국채에 의한 재원조달이 정당화될 수 있다.

⑤ ㅣ○ㅣ 일반적으로 국채가 발행되면 이자율이 상승하여 민간투자가 감소하는 구축효과가 발생한다.

20. 정답 ①

① ㅣ○ㅣ 램지규칙에 의하면, 일정한 조세수입을 확보하면서도 초과부담이 극소화되도록 하려면 각 재화에 대한 세율을 해당 재화의 수요의 가격탄력성에 반비례하도록 설정해야 한다. 따라서 수요의 가격탄력성이 0인 재화가 있다면 이 재화에 대해서만 조세를 부과해도 된다.

② ㅣ✕ㅣ 램지규칙에서는 각 재화가 서로 독립재임을 가정한다. 즉, 각 재화 간의 교차탄력성이 0임을 가정한다.

③, ⑤ ㅣ✕ㅣ 램지규칙에 따라 조세를 부과하게 되면 수요가 비탄력적인 필수품에 대해서는 높은 세율을, 수요가 탄력적인 사치품에 대해서는 낮은 세율을 적용하므로 조세부담이 역진적이 된다. 즉, 램지규칙은 조세의 효율성 측면만을 고려하고 있으며, 공평성 측면은 전혀 고려하고 있지 않으므로 사회적으로 바람직하다고 말할 수는 없다.

④ ㅣ✕ㅣ 램지규칙에 의하면, 각 재화에 대해 차등 세율로 물품세를 부과할 때 효율성이 극대화된다.

21. 정답 ④

분권화된 재정제도로 인해 지역별로 차등적인 세율의 과세가 이루어지면 이동성이 높은 생산요소는 높은 세율이 적용되는 지역을 이탈할 것이므로 지역 간 조세경쟁이 발생할 가능성이 있고, 이는 자원배분의 비효율성과 조세징수상의 비효율성으로 이어질 가능성이 크다.

22. 정답 ③

ⅰ) A와 B의 효용함수가 $U_A = 20Y_A^2 + Y_A + 3$, $U_B = 30Y_B^2 + Y_B + 2$이므로 A와 B의 한계효용은 각각 $MU_A = 40Y_A + 1$, $MU_B = 60Y_B + 1$로 계산되고, 총소득이 100이므로 $Y_A + Y_B = 100$이다.

ⅱ) 이 경우, 공리주의에 의한 최적배분(사회후생 극대화)을 달성하기 위해서는 $MU_A = MU_B$가 성립하도록 총소득이 배분되어야 하는데, 이를 식으로 나타내면 다음과 같다.

- $MU_A = MU_B \rightarrow 40Y_A + 1 = 60Y_B + 1$ $\therefore Y_A = \frac{3}{2}Y_B$ …… ①

- $Y_A + Y_B = 100$ …… ②

ⅲ) 식 ①과 ②를 연립하면 $Y_A = 60$, $Y_B = 40$으로 계산된다.

💡 위와 같은 풀이를 통해 확정 정답이 ③번으로 발표되었으나, 공리주의 사회후생함수 $W = U_A + U_B$에서 두 사람의 한계효용이 일정하거나 체증하는 경우에는 $MU_A = MU_B$가 성립할 때 사회후생이 극대화되는 것이 아니라, 한계효용의 크기가 큰 사람에게 모든 소득을 배분할 때 사회후생이 극대화된다.

즉, A와 B의 한계효용 $MU_A = 40Y_A + 1$, $MU_B = 60Y_B + 1$이 모두 체증하고, B의 한계효용이 A의 한계효용보다 크므로 총소득 100을 B에게 배분할 때 공리주의에 의한 최적배분(사회후생 극대화)을 달성할 수 있다.

23. 정답 ①

시장실패로 자원배분의 비효율성이 초래되면 정부의 시장개입이 요구된다. 즉, 시장실패가 정부개입의 근거가 된다(필요조건). 그러나 시장실패를 교정하기 위한 정부개입이 오히려 민간부문의 의사결정을 왜곡시켜 자원배분의 비효율성을 악화시키는 정부실패로 이어질 가능성도 배제할 수는 없으므로, 시장실패가 정부개입의 충분조건까지 제공하는 것은 아니다.

24. 정답 ③

①, ② | ○ | 비경합성이란 한사람의 소비가 다른 사람의 소비가능성을 감소시키지 않는 특성을 말하는데, 공공재는 비경합성으로 인해 사회적 편익의 크기가 사적 편익의 크기보다 크므로 높은 외부경제 효과가 발생하는 재화에 속한다. 또한, 비경합성이 강한 공공재일수록 공동소비의 가능성이 커지므로 공공재가 주는 사회적 편익의 크기는 더 커진다.

③ | × | 비배제성이란 공공재의 공급이 이루어지고 나면 생산비를 부담하지 않은 개인이라 할지라도 소비에서 배제할 수 없는 특성을 말하는데, 비배제성이 강한 공공재라고 해서 공공재의 공급비용이 더 크다는 보장은 없다. 즉, 공공재의 공급비용은 공공재 생산에 따른 비용에 의해 결정되므로 공공재의 공급비용과 비배제성의 강도와는 무관하다.

④ | ○ | 정부가 생산하는 재화만이 공공재는 아니다. 위탁 또는 민간의 자발적 결정에 의해 민간이 공공재를 생산하는 경우도 있다.

⑤ | ○ | 비배제성으로 인해 개인들이 공급된 공공재는 최대한 이용하되, 가능하면 생산비를 부담하지 않으려는 무임승차의 문제가 발생하면 과소생산에 따른 자원배분의 비효율성이 발생한다.

25. 정답 ⑤

자가 주택 거주 시의 임대료와 같이 시장을 통하지 않고 취득된 귀속소득은 행정상의 어려움으로 인해 대부분의 나라들이 과세대상에서 제외하고 있다.

26. 정답 ③

ⅰ) 공동 대피동굴은 공공재이므로, 먼저 두 사람의 한계편익의 합(ΣMB)과 한계비용(MC)을 구해 보면 다음과 같다.

- A의 한계효용 : $U_A = 50 + 100D - D^2 \rightarrow MU_A = 100 - 2D$

- B의 한계효용 : $U_B = 30 + 40D - \dfrac{1}{4}D^2 \rightarrow MU_B = 40 - \dfrac{1}{2}D$

  $\Rightarrow \Sigma MB = 140 - \dfrac{5}{2}D$ (한계효용과 한계편익은 사실상 동일하다.)

- 한계비용 : $C = 100 + 0.5D^2 \rightarrow MC = D$

ⅱ) 린달 조건에 의해 공공재의 최적공급량은 $\Sigma MB = MC$인 점에서 결정되므로, 두 사람의 한계편익의 합과 한계비용을 연립하면 동굴의 최적 깊이는 40미터로 계산된다.

- 동굴의 최적 깊이 : $\Sigma MB = MC \rightarrow 140 - \dfrac{5}{2}D = D \rightarrow \dfrac{7}{2}D = 140 \ \therefore \ D = 40$

27. 정답 ①

① IXI 물품세 부과 시에 초과부담이 발생하는 것은 상대가격체계의 변화로 인한 대체효과 때문이다. 그런데 완전보완재의 경우에는 대체효과가 존재하지 않으므로 물품세가 부과되더라도 초과부담이 발생하지 않는다.

② IOI 수요곡선이 완전비탄력적(수직선)이면 물품세를 부과하더라도 거래량이 불변이므로 초과부담이 발생하지 않는다.

③ IOI 조세부과 시에 초과부담은 $DWL = \dfrac{1}{2}t^2\epsilon(PQ)$로 세율의 제곱에 비례하고, 수요의 가격탄력성과 거래액의 크기에 비례한다.

④ IOI 초과부담은 대체효과 때문에 발생하므로 초과부담을 측정할 때에는 소득효과가 제거된 보상수요곡선을 사용하여야 한다.

⑤ IOI 두 재화가 대체관계에 있을 때 한 재화에 이미 물품세가 부과되고 있는 상황에서 다른 재화에 대해 물품세를 부과하면 오히려 경제 전체의 초과부담이 감소할 수도 있다. 예컨대, 맥주시장에서 조세부과로 초과부담이 발생하고 있는 상황에서 소주에 대해 조세가 부과되면 소주가격의 상승으로 인해 대체재인 맥주수요가 증가하므로 경제 전체의 초과부담은 감소할 수도 있다.

28. 정답 ②

i) 저부담−저복지=x, 중부담−중복지=y, 고부담−고복지=z라 하자. 주어진 사례를 토대로 투표자의 선호체계를 표로 나타내면 다음과 같다.

사례 I	사례 II	사례 III
$A : x > y > z$	$A : x > y > z$	$A : z > y > x$
$B : z > y > x$	$B : z > x > y$	$B : y > z > x$
$C : y > z > x$	$C : y > z > x$	$C : x > z > y$

ii) 각 투표자의 선호체계를 토대로 한 꽁도세 방식의 투표결과는 다음과 같다.

사례 I	사례 II	사례 III
$x < y$	$x > y$	$x < y$
$y > z$	$y > z$	$y < z$
$x < z$	$x < z$	$x < z$

iii) • 사례 I 의 사회선호 : $y > z > x$로 이행성이 충족된다.

• 사례 II의 사회선호 : $x > y > z > x > y \cdots$로 이행성에 위배된다.

• 사례 III의 사회선호 : $z > y > x$로 이행성이 충족된다.

⇒ 따라서 사례 I 과 사례 III은 투표의 역설이 발생하지 않고, 사례 II는 투표의 역설이 발생한다.

29. 정답 ④

ⅰ) 외부불경제 발생 시에 부과되는 피구세의 크기 혹은 지급되는 감산보조금의 크기는 사회적 최적산출량 수준에서의 사회적 한계피해액(MD) 또는 사회적 최적산출량 수준에서의 SMC와 PMC의 차이이다.

ⅱ) 주어진 지문은 생산의 외부불경제로 소비측면에서는 외부성이 존재하지 않으므로, 사회적 한계편익과 사회적 한계비용은 다음과 같이 구할 수 있다.

- 사회적 한계편익 : $SMB = PMB = 200 - Q \cdots\cdots$ ①

- 사적 한계비용과 사회적 한계피해액 : $PMC = 100 + Q, \; MD = \dfrac{1}{2}Q$

- 사회적 한계비용 : $SMC = PMC + MD = 100 + \dfrac{3}{2}Q \cdots\cdots$ ②

ⅲ) 사회적 최적산출량 수준에서는 $SMB = SMC$가 성립하므로 식 ①과 ②를 연립하면 사회적 최적산출량 $Q = 40$으로 계산된다.

- 사회적 최적산출량 : $200 - Q = 100 + \dfrac{3}{2}Q \rightarrow \dfrac{5}{2}Q = 100 \quad \therefore Q = 40$

ⅳ) $Q = 40$을 사회적 한계피해함수 $MD = \dfrac{1}{2}Q$에 대입하면 단위당 감산보조금의 크기는 20임을 알 수 있다.

30. 정답 ①

① ㅣㅇㅣ 생산의 외부불경제에 대한 대책으로 저감된 공해단위당 일정 금액의 보조금(감산보조금)을 지급하거나, 배출단위당 같은 금액의 환경세(피구세)를 부과하는 것은 단기적으로 공해저감효과가 동일하다.

  💡 장기적으로 감산보조금은 기업 수의 증가를 가져오고, 보조금 재원 마련에 따른 비효율성을 야기할 가능성이 있다.

② ㅣ✕ㅣ 공해유발자들의 오염저감에 따른 한계비용에 차이가 없다면, 오염배출권의 가격수준에 따라 모든 공해유발자들이 오염배출권을 매입 혹은 매각할 것이므로 오염배출권거래시장이 형성될 여지가 없다. 즉, 오염배출권거래시장이 형성되기 위해서는 공해유발자들의 오염저감에 따른 한계비용이 서로 달라야 한다.

③ ㅣ✕ㅣ 코즈정리에 의하면, 협상비용이 무시할 정도로 작고 정부가 소유권을 명확하게 규정하는 경우에는 외부성을 내부화할 수 있지만, 협상비용이 과다한 경우에는 협상 자체가 이루어지기 어려우므로 협상에 의한 외부성의 내부화가 불가능하다.

④ ㅣ✕ㅣ 시장을 통하지 않고 정부가 법으로 동일한 규모의 배출한도를 설정하는 직접규제는 행정적으로는 간단하지만, 오염저감비용에 관계없이 모든 기업에 대해 동일한 규모의 배출한도를 적용하므로 자원배분의 효율성 측면에서 볼 때 비효율적이다.

⑤ ㅣ✕ㅣ 피구세는 외부성을 시정하는 교정과세이나, 중립세는 아니다.

31. 정답 ④

① |○| b가 30만원, t가 0.1일 때, E가 300만원이면 보조금은 0이 된다.
- $S = b - tE \rightarrow S = 30 - (0.1 \times 300) = 0$

② |○| 부의 소득세제하에서는 소득재분배 측면에서는 기초수당(b)이 큰 것이 바람직하고, 효율성 측면에서는 한계세율(t)이 낮은 것이 바람직하므로 이 제도를 설계할 때의 기본적인 선택변수는 b와 t이다. 그러나 b와 t는 양립하기 어려우므로 부의 소득세제를 운용할 때에는 효율성과 공평성을 적절히 고려하여 기초수당과 한계세율을 설정하는 것이 중요하다.

③ |○| b가 30만원, t가 0.2일 때 E가 150만원이면 보조금은 0이 되므로 보조금을 받기 위해서는 E가 150만원 미만이어야 한다.
- $S = b - tE \rightarrow S = 30 - (0.2 \times 150) = 0$

④ |×| $S = b - tE$에서 다른 조건이 일정할 때 기초수당(b)이 클수록 보조금이 늘어나므로 소득재분배 효과는 커진다.

⑤ |○| $S = b - tE$에서 다른 조건이 일정할 때 한계세율(t)이 낮을수록 보조금이 늘어난다.

32. 정답 ③

① |○| 탈세 혹은 조세포탈은 납부하여야 할 조세납부를 기피하는 불법적인 행위이나, 절세 혹은 조세회피는 경제주체가 자신의 조세부담을 세법이 인정하는 범위 내에서 합법적으로 경감시키는 행위이다.

② |○| 세무조사를 받을 확률이 높아지거나, 벌금률이 높아지면 탈세에 따른 한계비용이 증가하므로 탈세가 감소한다.

③ |×| 세율이 높아지면 탈세에 따른 한계편익이 증가하므로 탈세가 증가한다.

④, ⑤ |○| 세제상 불공평한 대우를 받는다고 느끼는 사람일수록 탈세에 대한 유혹에 빠지기 쉽고, 그에 따라 탈세행위를 할 가능성이 커진다. 그리고 탈세 규모가 커질수록 실경제에서 관측이 어려운 지하경제의 규모가 커진다.

33. 정답 ③

ⅰ) 소비함수, 기업투자, 정부지출은 다음과 같다.
- 소비함수 : $C = C_0 + c(Y - T)$
- 기업투자 : $I = I_0$
- 정부지출 : $G = G_0$

ⅱ) 주어진 조건을 케인즈 단순모형에 대입하면 균형국민소득은 다음과 같다.

$$Y = C + I + G$$
$$\rightarrow Y = C_0 + c(Y - T) + I_0 + G_0$$
$$\rightarrow Y = \frac{1}{1-c}(C_0 - cT_0 + I_0 + G_0)$$

iii) 한계소비성향(c)을 0.8이라고 가정하면 정부지출승수, 투자승수, 조세(감세)승수는 각각 다음과 같다.

- 정부지출승수 : $\dfrac{\Delta Y}{\Delta G} = \dfrac{1}{1-c} = \dfrac{1}{1-0.8} = 5$

- 투자승수 : $\dfrac{\Delta Y}{\Delta I} = \dfrac{1}{1-c} = \dfrac{1}{1-0.8} = 5$

- 조세승수 : $\dfrac{\Delta Y}{\Delta T} = \dfrac{-c}{1-c} = \dfrac{-0.8}{1-0.8} = -4$

- 감세승수 : $\dfrac{\Delta Y}{\nabla T} = \dfrac{c}{1-c} = \dfrac{0.8}{1-0.8} = 4$

① ㅣㅇㅣ 정부지출승수가 5이므로 정부지출이 100만큼 증가하면 국민소득은 500만큼 증가한다.

② ㅣㅇㅣ 감세승수가 4이므로 조세를 100만큼 경감하면 국민소득은 400만큼 증가한다. 즉, 정부지출을 100만큼 증가시킬 때에 비해 국민소득은 더 적게 증가한다.

③ ㅣ✕ㅣ 정부지출을 100만큼 증가시키면 국민소득은 500만큼 증가하고, 조세를 정부지출 증가액과 동일한 100만큼 증가시키면 국민소득은 400만큼 감소한다. 즉, 정부지출승수가 조세승수(절댓값)보다 더 크므로 정부지출 증가액을 조세수입 증가액과 일치시키더라도 국민소득은 증가한다.

④ ㅣㅇㅣ 한계소비성향이 0.8이면 정부지출승수는 5이지만, 한계소비성향이 0.5로 낮아지면 정부지출승수는 2로 낮아진다. 따라서 노후 준비 등으로 민간부문의 한계소비성향이 감소하면 정부지출이 유발하는 국민소득 증가분은 줄어든다.

⑤ ㅣㅇㅣ 투자승수와 정부지출승수는 항상 $\dfrac{1}{1-c}$ 로 동일하므로, 기업투자나 정부지출이 각각 100만큼 증가할 경우 국민소득에 미치는 효과는 동일하다.

34. 정답 ②

내부수익률이란 순편익의 현재가치가 0이 되도록 하는 할인율(m)을 의미한다.

- $NPV = -C_0 + \dfrac{B_1}{(1+m)} + \dfrac{B_2}{(1+m)^2} + \cdots + \dfrac{B_n}{(1+m)^n} = 0$

$\quad \to -10 + \dfrac{10}{(1+m)} + \dfrac{20}{(1+m)^2} = 0$

$\quad \to -10(1+m)^2 + 10(1+m) + 20 = 0$

$\quad \to (1+m)^2 - (1+m) - 2 = 0$

$\quad \to m^2 + 2m + 1 - 1 - m - 2 = 0$

$\quad \to m^2 + m - 2 = 0$

$\quad \to (m+2)(m-1) = 0$

$\quad \therefore\ m = -2\ \text{or}\ 1$

내부수익률이 음($-$)이 될 수는 없으므로 내부수익률 $m = 1(100\%)$임을 알 수 있다.

  이 경우, 내부수익률을 계산하는 대신에 주어진 수치를 직접 대입해 보는 것도 하나의 방법이다.

35. 정답 ⑤

① | ○ | 독점기업이 생산하는 재화의 시장가격은 $MR = MC$가 성립하는 생산량 수준에서 결정되는데, 이 독점가격에는 독점이윤이 포함되어 있다. 따라서 공공사업에 사용될 투입요소가 민간의 독점시장으로부터 제공된다면, 비용계산 시에 독점가격에서 독점이윤을 제외시켜야 한다.

② | ○ | 조세가 부과된 재화를 공공사업의 투입물로 사용하는 경우 민간에게 부과된 조세는 정부로 이전되기 때문에 비용계산 시에 제외시켜야 한다.

③ | ○ | 사회적 할인율이 높아질수록 초기에 편익이 집중되는 사업이나, 사업기간이 짧은 공공투자안이 유리해진다.

- 순편익의 현재가치 : $NPV = -C_0 + \dfrac{B_1}{(1+r)} + \dfrac{B_2}{(1+r)^2} + \cdots + \dfrac{B_n}{(1+r)^n}$

⇒ 위 식에서 보듯, 투자가 이루어진 뒤 n년 후에 발생하는 편익(B_n)을 현재가치로 환산하려면 $(1+r)^n$으로 나누어야 하는데, 할인율(r)이 높아질수록 n이 커지면 $(1+r)^n$은 기하급수적으로 커지게 된다.

④ | ○ | 공공투자에 사용되는 자금의 기회비용은 그 자금을 어떤 방식으로 조달하였느냐에 따라 달라진다. 자금이 민간소비의 감소로부터 조달되었다면 자금의 기회비용은 세후수익률이 되고, 자금이 민간투자자금으로부터 조달되었다면 자금의 기회비용은 세전수익률이 된다. 만약, 자금의 일부는 민간소비의 감소, 나머지는 민간투자자금으로부터 조달되었다면 자금의 기회비용은 세전수익률과 세후수익률을 가중평균하여 구해진다.

⑤ | × | 시장이자율이 사회적 할인율보다 높을 때 시장이자율을 할인율로 사용하면 n년 후에 발생하는 편익(B_n)의 현재가치가 작아지므로 공공사업의 경제성이 낮아진다.

36. 정답 ⑤

① | ○ | 청소년의 경우, 저소득층과 고소득층 모두 수요의 가격탄력성이 1보다 크므로 담배소비세 인상으로 담배가격이 상승하면 담배소비량이 크게 감소하여 담배에 대한 지출액은 감소할 것이다.

② | ○ | 성인의 경우, 저소득층과 고소득층 모두 수요의 가격탄력성이 1보다 작으므로 담배소비세 인상으로 담배가격이 상승하면 담배소비량이 적게 감소하여 담배에 대한 지출액은 증가할 것이다.

③ | ○ | 두 소득계층 모두 수요의 가격탄력성의 전체 평균이 1보다 작으므로 담세소비세 인상으로 담배가격이 상승하더라도 담배에 대한 지출액이 적게 감소하여 정부의 조세수입은 증가할 것이다.

④ | ○ | 청소년의 수요의 가격탄력성이 성인에 비해 크므로 담배소비세가 인상되면 청소년의 담배소비가 성인에 비해 상대적으로 많이 감소할 것이다.

⑤ | × | 저소득층은 수요의 가격탄력성의 전체 평균이 0.89이고, 고소득층은 수요의 가격탄력성의 전체 평균이 0.85로 저소득층이 담배소비세 인상에 대해 더 탄력적이다. 따라서 담배소비세가 인상되면 저소득층 전체의 담배소비가 고소득층 전체에 비해 상대적으로 더 많이 감소할 것이다.

37. 정답 ①

법인세는 자본에 대한 과세이나, 모든 자본에 대해 과세되는 것은 아니고 오직 법인부문에서 사용되는 자본에만 과세된다는 특징을 갖고 있다. 따라서 법인부문을 X재, 비법인부문을 Y재라 할 때, 자본집약적으로 생산되는 법인부문에 대해 법인세(t_{KX})가 부과되는 경우에 발생하는 산출효과와 요소대체효과를 표로 나타내면 다음과 같다.

> 💬 **법인세 : 법인부문(X재)의 자본에 대한 부분요소세(t_{KX})**
>
> t_{KX}
> - 산출효과 $: r\downarrow \;\rightarrow\; \left(\dfrac{w}{r}\right)\uparrow \;\Rightarrow\; \left(\dfrac{K}{L}\right)\uparrow$
> - 요소대체효과 $: r\downarrow \;\rightarrow\; \left(\dfrac{w}{r}\right)\uparrow \;\Rightarrow\; \left(\dfrac{K}{L}\right)\uparrow$

① ｜○｜ 산출효과는 조세가 부과된 부문에 집약적으로 사용되는 생산요소의 상대가격을 하락시킨다. 따라서 자본집약적으로 생산되는 법인부문에 조세가 부과되면 자본의 상대가격이 하락한다.

③ ｜×｜ 요소대체효과는 항상 조세가 부과된 생산요소의 상대가격을 하락시킨다. 따라서 자본에 대한 조세인 법인세가 부과되면 자본의 상대가격이 하락한다.

② ｜×｜ 산출효과와 요소대체효과 모두에 의해 자본의 상대가격이 하락하므로 법인, 비법인부문 모두 자본－노동비율(K/L)은 상승한다.

④ ｜×｜ 법인세 부과로 인해 법인부문이 생산하는 재화의 가격이 상승하므로 과세 후 법인부문이 생산하는 재화에 대한 수요는 감소한다.

⑤ ｜×｜ 산출효과와 요소대체효과 모두에 의해 자본의 상대가격이 하락하므로 법인세는 자본가의 실질소득을 하락시킨다. 즉, 법인세는 자본가에게 대부분 귀착된다.

38. 정답 ②

① ｜○｜ 롤즈의 사회후생함수는 $W = \min[U_A, U_B]$로 사회 구성원들 가운데 효용수준이 가장 낮은 사람의 효용이 그 사회의 후생수준이라고 판단하는 최소극대화원칙에 근거하고 있으며, 사회무차별곡선은 L자형으로 레온티에프 생산함수의 등량곡선과 동일한 형태를 가진다.

② ｜×｜ 평등주의 사회후생함수는 효용수준이 높은 사람에게는 낮은 가중치를, 효용수준이 낮은 사람에게는 높은 가중치를 적용하며, 사회무차별곡선은 원점에 대해 볼록한 형태이다.

③ ｜○｜ 애로우의 불가능성 정리는 개인들의 의사를 집약하여 사회적 선호로 나타낼 수 있는 합리적이고 민주적인 의사결정방법이 존재하지 않음을 시사한다.

④ ｜○｜ 공리주의 사회후생함수는 $W = U_A + U_B$로 사회의 후생수준은 사회 구성원들의 총효용의 합으로 정의되며, 사회무차별곡선의 기울기는 -1이다.

⑤ ｜○｜ 에지워스의 최적분배이론은 ⅰ) 모든 사람의 효용함수 동일, ⅱ) 소득의 한계효용 체감, ⅲ) 총소득 일정을 가정하고 있으며, 완전히 균등한 소득분배가 이루어질 때 사회후생이 극대화되므로 소득재분배는 사회후생을 증가시킬 수 있다.

39. 정답 ①

① ㅣ✕ㅣ 동액의 소득보조(현금보조)와 가격보조가 이루어질 때 정부의 정책목표가 보조대상자의 효용 증대에 있다면, 가격보조 정책보다는 소득지원 정책을 펼치는 것이 더 효과적이다.

② ㅣ○ㅣ 가격보조의 경우 정부의 보조금 지급으로 인해 보조대상 재화의 가격이 하락하므로 소득효과와 대체효과가 동시에 발생한다.

③, ④ ㅣ○ㅣ 소득보조의 경우 예산선이 바깥쪽으로 평행이동하므로 대체효과는 발생하지 않고, 소득효과만 발생하여 자원배분의 비효율성을 유발하지 않으나, 가격보조의 경우에는 예산선이 바깥쪽으로 회전이동하므로 대체효과와 소득효과가 모두 발생한다. 따라서 가격보조가 이루어지면 대체효과로 인해 상대가격체계가 변화하고, 자원배분의 비효율성이 야기된다.

⑤ ㅣ○ㅣ 동액의 소득보조와 가격보조가 이루어질 때 정부의 정책목표가 보조대상자의 식품소비 증대에 있다면 소득지원 정책보다는 가격보조 정책을 펼치는 것이 더 효과적이다.

40. 정답 ④

정부가 오염물질배출 재화의 소비를 감소시키기 위해 T만큼의 종량세(피구세)를 부과하는 경우, 단위당 사회적 한계피해액은 $MC_S - MC_P$이므로 사회적 한계피해액의 감소분은 다음과 같이 나타낼 수 있다.

- 단위당 사회적 한계피해액 $= SMC - PMC = MC_S - MC_P$
- 사회적 한계피해액의 감소분 $=$ 단위당 사회적 한계피해액$(MC_S - MC_P) \times$ 생산량 감소분 $= E_1 CE_0 A$

2014년 정답 및 해설

1	2	3	4	5	6	7	8	9	10
①	⑤	③	③	④	④	①	①	⑤	③

11	12	13	14	15	16	17	18	19	20
①	③	⑤	④	③	②	②	②	⑤	③

21	22	23	24	25	26	27	28	29	30
⑤	④	①	②	④	②	④	②	④	③

31	32	33	34	35	36	37	38	39	40
③	①	①	⑤	⑤	④	②	①	④	⑤

01. 정답 ①

① ㅣㅇㅣ ④, ⑤ ㅣ✕ㅣ 금융상품으로부터 발생하는 금융소득(이자소득, 배당소득 등)은 비근로소득이므로 정부가 비과세인 금융상품의 일부를 과세대상으로 전환하면 해당 금융상품을 보유하고 있는 개인들의 실질소득은 감소하나, 임금률에는 변화가 없다. 임금률이 불변이므로 대체효과는 발생하지 않고, 실질소득이 감소하면 소득효과에 의해 여가(정상재)소비가 감소하고, 노동공급은 증가한다.

②, ③ ㅣ✕ㅣ 임금률이 불변이므로 대체효과는 발생하지 않는다.

02. 정답 ⑤

ㄱ. ㄷ. ㅣㅇㅣ 일정 금액을 넘는 의료비만 의료보험에서 지불하는 공제제도나 의료비의 일정 비율만을 의료보험에서 지불하는 공동보험제도는 대표적인 도덕적 해이의 해결방안이다.

ㄴ. ㅣㅇㅣ 영리병원이란 영리를 목적으로 하는 의료법인으로, 투자자로부터 자본을 투자 받아 병원을 운영하고, 이를 통해 발생한 수익을 투자자에게 다시 돌려주는 주식회사 형태의 병원을 일컫는다. 영리병원이 도입되면 누구나 제한 없이 의료기관을 설립할 수 있게 되고, 수익을 얻기 위해 더 많은 환자를 유치하려 노력하거나 병원을 고급화하는 등 치열한 경쟁을 할 것으로 예상된다. 반면, 의료비 상승과 같은 부작용이 발생할 가능성이 높은데, 영리병원제도의 도입으로 인해 의료비의 대부분을 의료서비스 소비자가 직접 부담하게 되면 의료서비스 과잉소비로 인한 도덕적 해이는 어느 정도 줄어들 것이다.

ㄹ. ㅣㅇㅣ 도덕적 해이는 정보의 비대칭성으로 인해 발생하므로 정보의 확산은 도덕적 해이를 상당부분 줄일 것이다.

03. 정답 ③

① | O | 가격보조를 하면 예산선이 회전이동하면서 소비자의 소비가능영역이 넓어지므로 보조대상 재화의 소비가 증가하고, 보조대상 재화의 소비가 증가하면 해당 재화의 가격이 상승할 가능성이 있다.

② | O | 소비자에게 가격보조를 하든 생산자에게 가격보조를 하든, 가격보조대상에 관계없이 소비증대효과는 동일하다.

③ | X | 가격보조로 인하여 보조대상 재화의 상대가격이 하락하면 대체효과가 발생하므로 초과부담(후생비용)이 초래된다.

④ | O | 가격보조는 보조대상 재화의 소비 촉진을 목적으로 실시한다.

⑤ | O | 가격보조에는 특정 소비재의 일정 금액을 보조하는 종량가격보조와 소비가격의 일정 비율을 보조하는 종가가격보조가 있다.

04. 정답 ③

교육바우처 제도는 학부모에게 세금의 일부인 공적 자금을 쿠폰의 형태로 제공하여 자녀들을 원하는 학교에서 공부할 수 있도록 하는 제도이다.

①, ② | O | 교육바우처는 교육서비스를 현물로 지급하는 것과 동일하므로(현물보조) 교육바우처 제도가 시행되면 저소득층 가구의 교육기회가 확대되고, 공·사립에 관계없이 수업료의 전부 혹은 일부의 재원을 국가가 제공하므로 저소득층 가구의 사립학교 진학률이 높아질 가능성이 있다.

④, ⑤ | O | 교육바우처 제도하에서는 학생과 학부모에게 학교 선택권이 부여되므로 개인들의 선호에 따른 교육이 가능해지고, 그에 따라 학교 간 경쟁이 심화되어 공교육의 수준이 높아질 것이다.

③ | X | 그러나 교육바우처 제도의 도입이 사립학교 진학률과 사교육비 지출수준이 높은 고소득층 가구의 공교육비 지출을 늘린다고 보기는 어렵다.

05. 정답 ④

투자안 A, B가 2%의 할인율하에서 순현재가치가 동일하고, 내부수익률은 각각 5%와 3%이므로 각 투자안의 순현재가치곡선은 아래 그림과 같다.

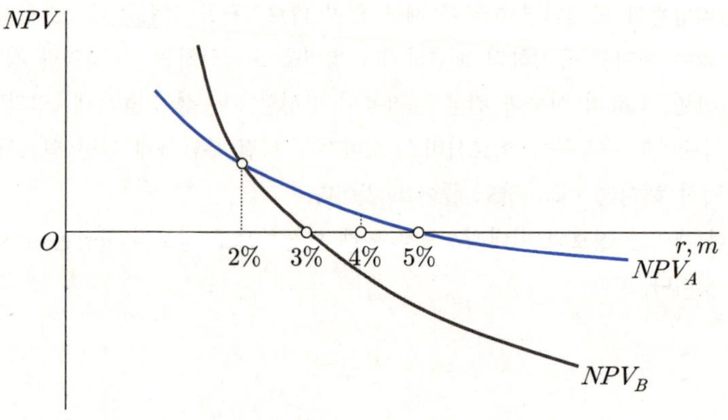

① | O | 할인율이 2%이고, 투자안 A의 내부수익률은 5%, 투자안 B의 내부수익률은 3%이므로 투자안 A, B 모두 내부수익률이 할인율보다 높아서 사업 추진이 가능하다.

② | O | 내부수익률법에 따르면, 내부수익률이 큰 투자안 A가 선택된다.

③ | O | 주어진 할인율 2%하에서 투자안 A, B의 순현재가치가 동일하므로 현재가치법으로는 투자의 우선순위를 결정할 수 없다.

④ | X | 할인율을 4%로 조정하면 투자안 A의 순현재가치는 양(+)의 값을 가지나, 투자안 B의 순현재가치는 음(−)의 값을 가지므로 현재가치법에 따를 때 순현재가치가 큰 투자안 A가 선택된다.

⑤ | O | 투자계획의 크기가 서로 다른 복수의 사업을 대상으로 투자의 우선순위를 결정할 때, 이를 내부수익률만으로 결정하는 경우 두 투자안의 편익의 흐름 양상이 다르다면 잘못된 결론에 도달할 가능성이 있다.

06. 정답 ④

ㄱ. | X | 우리나라의 건강보험제도는 의무가입이므로 역선택의 문제는 발생하지 않지만, 의료서비스를 과잉소비하는 도덕적 해이는 여전히 발생한다.

ㄴ. | X | 진료비를 건강보험에서 전액 부담하게 되면 의료서비스를 과잉소비하는 도덕적 해이가 더욱 심해질 것이므로 효율성 측면에서 바람직하지 않다.

ㄷ. | O | 건강보험 당연지정제란 법적으로 모든 의료기관이 건강보험 지정 의료기관이 되도록 강제하는 제도를 말한다. 건강보험 당연지정제하에서 모든 의료기관은 건강보험에 가입한 환자의 치료를 거부할 수 없으며, 의료수가를 정부, 의약계 대표, 공익 대표 등이 포함된 건강보험정책심의위원회에서 결정하므로 병원이 진료비를 마음대로 결정할 수가 없다. 건강보험 당연지정제가 폐지되고, 영리병원이 자유화된다면 건강보험 당연지정제를 탈퇴한 병원은 진료비 전액을 환자에게 청구할 수 있게 되어 의료비가 상승할 가능성이 커지고, 고가의 의료장비를 이용할 수 있는 고소득층을 우대할 가능성도 있으므로 의료시장의 양극화가 발생할 가능성이 커진다.

ㄹ. | O | 교육, 의료서비스 등은 일종의 가치재로 긍정적 외부성이 높은 재화이다.

07. 정답 ①

공평과세에 관한 견해는 편익원칙과 능력원칙으로 나누어진다. 각 개인이 공공서비스로부터 얻는 편익에 비례하여 조세를 부담하는 것이 공평하다고 보는 견해는 편익원칙이며, 납세자의 담세능력에 따라 조세를 부담하는 것이 공평하다고 보는 견해는 능력원칙이다.

① | X | 외부불경제를 유발하는 담배에 대한 과세는 시장실패를 치유하기 위한 피구세(교정과세)에 대한 내용으로 공평과세와는 관계가 없다.

②, ③ | O | 능력원칙과 관련된 내용이다.

④, ⑤ | O | 편익원칙과 관련된 내용이다.

08. 정답 ①

고용보험제도(실업보험)는 일종의 자동안정화장치로서 경기변동 시 자동으로 경기진폭을 줄여주는 자동안정화기능을 가지고 있다. 예컨대, 경기불황으로 실업자 수가 증가하면 정부의 실업급여 지급액이 증가하고, 이로 인해 민간의 가처분소득이 증가하여 소비가 증가하고, 유효수요가 증가함으로써 자동으로 경기가 회복된다.

> 💬 **자동안정화기능**
> 1. 개념 : 정부가 개입하지 않더라도 자동으로 경기진폭을 줄여주는 기능
> 2. 장치 : 비례세, 누진세(지출세 포함), 정액세, 각종 사회보장제도(ex. 실업보험)
> 3. 사례 : 경기과열(누진세)   : $Y\uparrow \Rightarrow T\uparrow \Rightarrow Y_d\downarrow \Rightarrow C\downarrow \Rightarrow AD\downarrow$ (경기완화)
>   경기침체(실업급여) : $Y\downarrow \Rightarrow$ 실업자 수$\uparrow \Rightarrow$ 실업급여$\uparrow \Rightarrow Y_d\uparrow \Rightarrow C\uparrow \Rightarrow AD\uparrow$ (경기회복)

09. 정답 ⑤

근로소득세의 초과부담(후생비용)은 $DWL = \dfrac{1}{2}t^2\eta(wL)$로, 근로소득세율($t$)이 높을수록, 노동공급의 임금탄력성($\eta$)과 임금총액($wL$)이 클수록 커진다. 그리고 노동수요곡선이 탄력적일수록 근로소득세 부과 후 고용량이 크게 감소하므로 후생비용은 커진다.

> 💡 완전경쟁시장에서 종량세가 부과되면 수요곡선 또는 공급곡선이 탄력적이거나, 두 곡선이 모두 탄력적일 때 거래량 감소폭이 커지고, 초과부담이 커지는 것과 동일하다.

10. 정답 ③

ⅰ) 무차별곡선

A와 B의 효용함수는 완전보완재와 동일한 레온티에프 효용함수로, 무차별곡선은 45°선에서 꺾어지는 L자 형태이다. 두 사람의 무차별곡선을 그려 보면 다음과 같다.

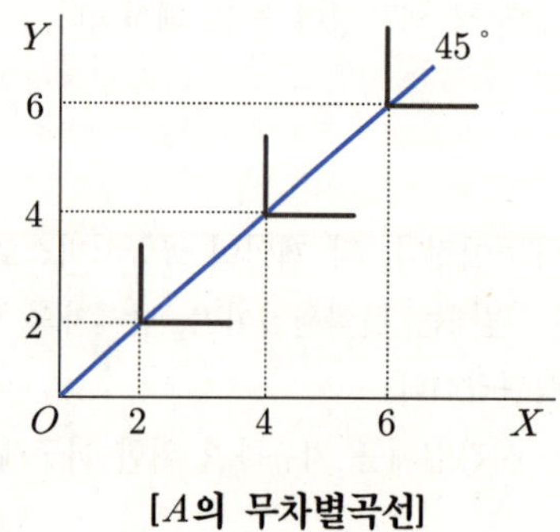

[A의 무차별곡선]

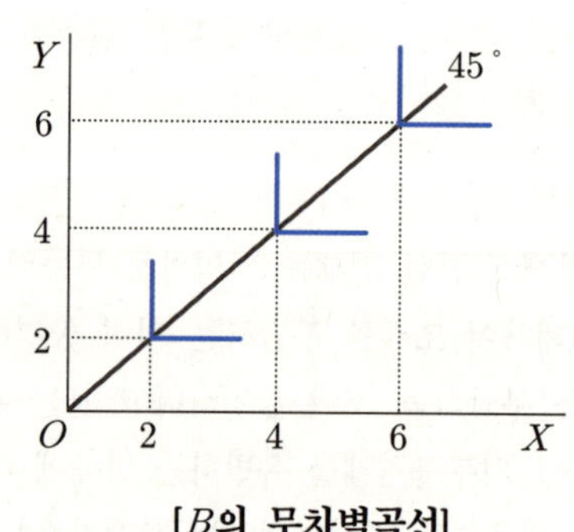

[B의 무차별곡선]

ⅱ) 계약곡선

x재와 y재의 전체 공급량이 각각 10이므로 에지워스상자는 정사각형으로 나타난다. B의 무차별곡선을 180° 회전하면 에지워스상자가 만들어지고, 계약곡선은 아래 그림에서 보듯 두 사람의 원점을 연결한 우상향하는 대각선으로 도출된다.

iii) 효용가능곡선

A의 원점 0_A에서 B는 x재와 y재를 10단위씩 모두 소비하므로 B의 효용은 10, A의 효용은 0이다. 이제, A가 소비하는 x재와 y재의 양을 1단위씩 증가시키고, B가 소비하는 x재와 y재의 양을 1단위씩 감소시키면 B의 효용은 1만큼씩 감소하고, A의 효용은 1만큼씩 증가하여 효용가능곡선은 절편이 10이고 기울기가 -1인 우하향의 직선($U_b = 10 - U_a$)으로 도출된다.

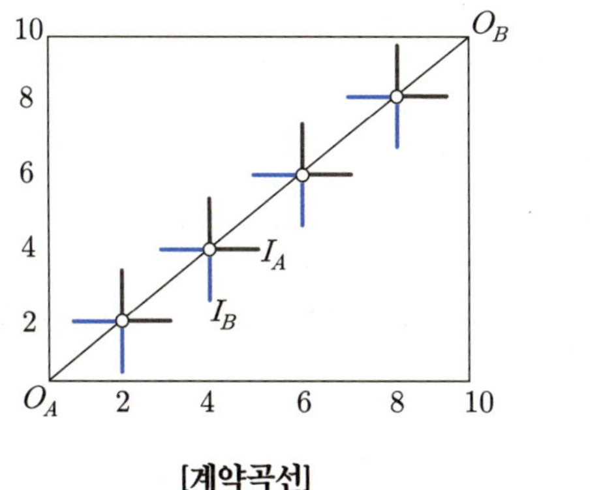

[계약곡선]

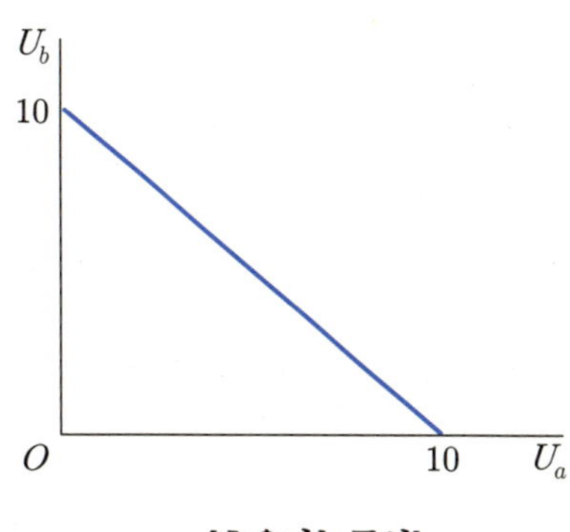

[효용가능곡선]

11. 정답 ①

린달모형에서는 각 개인이 공공재에 대한 수요를 자발적으로 시현한다는 가정하에 당사자 간의 자발적인 합의를 통해 공공재의 적정생산수준과 비용부담비율이 결정된다. 따라서 공공재의 적정생산수준과 각 개인의 비용부담비율이 두 개인이 자발적으로 시현한 공공재에 대한 수요곡선이 교차하는 점에서 결정된다. 즉, 각 개인의 공공재 비용부담비율은 각 개인의 소득에 비례하는 것이 아니라 각 개인의 (한계)편익에 비례한다.

12. 정답 ③

ⅰ) 각 집단의 공교육 지출 규모에 대한 선호순서를 정리하면 다음과 같다.

$$A : x > y > z$$
$$B : y > z > x$$
$$C : z > x > y$$

ⅱ) 이제, 꽁도세 방식에 따라 둘씩 짝을 지어 투표하면 아래와 같은 투표의 역설이 발생하므로 사회적 선호의 이행성은 충족되지 못한다. 따라서 의사진행자의 의사진행조작이 가능해지고, 사회적 선호가 일관성 있게 결정되지 못한다.

$$x, y \rightarrow x$$
$$y, z \rightarrow y \quad \Rightarrow \quad x > y > z > x > y \cdots$$
$$z, x \rightarrow z$$

13. 정답 ⑤

ⅰ) 역탄력성원칙에 의하면, 효율성 상실을 극소화하기 위해서는 각 재화에 대한 수요의 가격탄력성에 반비례하도록 세율을 설정해야 한다.

$$\frac{t_A}{t_B} = \frac{\epsilon_B}{\epsilon_A} \ \cdots\cdots \ \text{역탄력성원칙}$$

ⅱ) 두 재화 A와 B의 보상수요의 가격탄력성은 각각 3과 0.3이고, A재에 대한 세율은 10%이므로 문제에 주어진 수치를 위 식에 대입하면 B재에 대한 세율은 100%로 계산된다.

$$\frac{t_A}{t_B} = \frac{\epsilon_B}{\epsilon_A} \ \rightarrow \ \frac{0.1}{t_B} = \frac{0.3}{3} \ \therefore \ t_B = 1$$

ⅲ) B재의 가격이 500원이므로, 가격의 100%에 해당하는 500원의 세금을 부과해야 한다.

14. 정답 ④

① ㅣ✕ㅣ 근로장려세제의 도입으로 실질소득이 증가하면 여가(정상재)소비가 증가하므로 어느 구간이든 소득효과에 의해서는 노동공급이 감소한다. 다만, 점증구간에서는 근로소득이 증가하면 근로소득의 일정 비율에 해당하는 보조금이 지급되어 여가의 상대가격(임금)이 상승하므로 근로장려세제 도입 이전에 노동시장에 참여하지 않았던 사람도 대체효과가 소득효과보다 크다면 노동시장에 참여하게 될 수 있다.

② ㅣ✕ㅣ 근로소득이 600만원인 사람은 점증구간에 해당하므로 대체효과가 소득효과보다 크면 노동공급을 증가시킬 것이다.

③ ㅣ✕ㅣ 근로소득이 1,300만원인 사람은 평탄구간에 해당하므로 소득효과만 발생하여 노동공급을 감소시킬 것이다.

④ ㅣ○ㅣ 근로소득이 2,500만원인 사람은 점감구간에 해당하므로 대체효과와 소득효과 모두 노동공급을 감소시킬 것이다.

⑤ ㅣ✕ㅣ 근로소득이 5,000만원인 사람은 근로장려세제의 도입과 무관하므로 노동공급에 아무런 변화가 없을 것이다.

> 💬 **근로장려세제($EITC$)와 노동공급**
> ① 점증구간(0 ~ 1,100만원)
> - 대체효과 : $EITC$ ⇒ $w\uparrow$ ⇒ $P_{여가}\uparrow$ ⇒ 여가↓, $L_s\uparrow$
> - 소득효과 : $EITC$ ⇒ 실질소득↑　　　⇒ 여가↑, $L_s\downarrow$
> ② 평탄구간(1,100 ~ 1,500만원)
> - 대체효과 : 발생하지 않음
> - 소득효과 : $EITC$ ⇒ 실질소득↑　　　⇒ 여가↑, $L_s\downarrow$
> ③ 점감구간(1,500 ~ 3,700만원)
> - 대체효과 : $EITC$ ⇒ $w\downarrow$ ⇒ $P_{여가}\downarrow$ ⇒ 여가↑, $L_s\downarrow$
> - 소득효과 : $EITC$ ⇒ 실질소득↑　　　⇒ 여가↑, $L_s\downarrow$

15. 정답 ③

조세부담과 탄력성은 반비례하지만, 조세부담과 기울기는 비례한다. 수요곡선의 기울기(절댓값)가 1이고, 공급곡선의 기울기도 1이므로 단위당 200원의 종량세가 부과되면 소비자와 생산자가 각각 단위당 종량세액의 절반인 100원씩 부담하게 된다.

$$\frac{\text{수요의 가격탄력성}}{\text{공급의 가격탄력성}} = \frac{\text{생산자부담}}{\text{소비자부담}} = \frac{\text{공급곡선의 기울기}}{\text{수요곡선의 기울기}}$$

- 💡 탄력성과 조세부담은 반비례
- 💡 기울기와 조세부담은 비례(탄력성과 기울기는 역의 관계임)

16. 정답 ②

티부모형에 의하면, 어느 나라가 다수의 지방정부로 구성되어 있고, 각 지방정부는 지역주민의 선호에 따라 지방세와 지방공공재의 공급수준을 결정하며, 개인의 지역 간 완전이동성이 보장된다면 각 지역에서 지방공공재가 최적수준으로 결정될 뿐만 아니라 국민들은 효율적으로 거주지를 결정하게 된다. 즉, 개인들은 발에 의한 투표를 통해 지방공공재에 대한 자신의 선호를 표출하며 이때 지방공공재의 공급재원은 비례적인 재산세에 의해 조달된다. 또한, 도시계획규제에 대한 가정으로 말미암아 티부모형의 균형상태에서는 지방공공재에 대한 선호가 비슷한 사람들끼리 모여 사는 현상이 발생하며, 지방공공재의 최적공급을 달성하기 위해 지방공공재 공급에 있어서 외부효과는 존재하지 않는다고 가정한다.

17. 정답 ②

① |X| 국가가 제공하는 의료서비스나 주택서비스 등의 가치재는 경합적이고, 배제가 가능한 사용재이다.
② |O| 공공재라도 배제가 가능하다면 사용료 징수를 통해 공공재 공급에 따른 생산비용을 조달할 수 있으므로 민간에 의한 공급이 가능하다.
③ |X| 클럽재는 사용자 수가 증가하면 정체가 발생하는 혼잡재의 일종으로, 파레토 효율조건은 적정 회원 수와 적정시설 규모를 모두 반영하여야 한다.
④ |X| 부캐넌의 클럽 이론에서는 클럽을 구성하는 모든 소비자의 선호가 동질적이므로 재화에 대한 이용형태가 모두 동일하다는 것을 전제로 한다.
⑤ |X| 클라크세는 공공재 수요자의 진정한 선호를 이끌어내기 위한 유인제도(수요표출메커니즘)이나, 균형재정이 보장되지는 않는다.

18. 정답 ②

ⅰ) 시장수요함수는 개별수요함수의 수직합이므로 각 개인의 수요함수를 P에 대해 정리한 후 더하면 공공재의 시장수요함수는 $P = 35 - \dfrac{5}{6}Q$로 계산된다.

- 갑의 수요함수 : $P = 15 - \dfrac{1}{3}Q$, 을과 병의 수요함수 : $P = 10 - \dfrac{1}{4}Q$

- 시장수요함수 : $P = 15 - \dfrac{1}{3}Q + 10 - \dfrac{1}{4}Q + 10 - \dfrac{1}{4}Q$ ∴ $P = 35 - \dfrac{5}{6}Q$

ⅱ) 공공재의 적정공급량은 $P = MC$인 점에서 결정되므로, 공공재의 시장수요함수 $P = 35 - \dfrac{5}{6}Q$와 한계비용 25를 연립하면 공공재의 적정공급량은 12단위로 계산된다.

- 공공재의 적정공급량 : $35 - \dfrac{5}{6}Q = 25$ ∴ $Q = 12$

ⅲ) 이제, $Q = 12$를 각 개인의 수요함수에 대입하면 각 개인이 부담해야 할 몫은 갑은 11, 을과 병은 각각 7임을 알 수 있다.

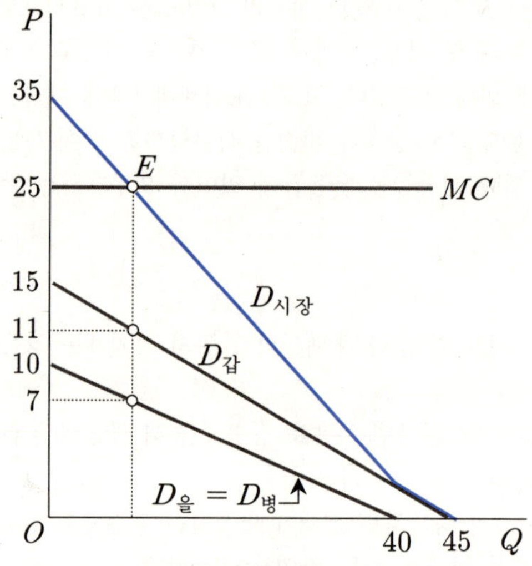

19. 정답 ⑤

① |〇| 환경과 같은 비시장재화의 가치 측정은 기준이 되는 시장가격의 부재로 인해 이중계산이나 과대계상의 위험성을 가지고 있다.

② |〇| 어떤 사람의 사망하지 않았을 때 남은 일생동안 벌어들일 수 있는 소득의 현재가치로 생명의 가치를 평가하는 방법인 인적자본접근법을 이용하여 통계적 생명의 가치를 측정할 수 있다.

③ |〇| 설문조사를 통해 환경의 질 개선에 사람들이 지불할 용의가 있는 금액을 알아내어 환경의 가치를 측정하는 방법을 조건부가치평가법이라고 한다.

④ |〇| 서로 다른 시간이 소요되는 상이한 교통수단에 지불되는 비용의 차이를 비교하여 시간의 가치를 계산하는 방법인 대체 교통수단을 이용한 평가를 통해 시간의 가치를 평가할 수 있다.

⑤ |✕| 지불의사접근법 중의 하나인 현시선호법에 의하면, 통계적 생명의 가치는 특정 사업장에서 발생할 수 있는 위험에 따른 임금격차 금액을 사망사고 발생 확률로 나누어서 구한다. 예컨대, 스턴트맨이 일반 직장인에 비해 사망확률이 10% 더 높고, 연봉은 5,000만원 더 높은 경우 사망확률이 10% 더 높은 스턴트맨의 직업을 받아들이기 위해서는 5,000만원의 보상이 주어져야 하므로 통계적 생명의 가치는 5억원($=\dfrac{5{,}000만원}{0.1}$)으로 측정된다.

20. 정답 ③

다운즈의 득표극대화모형에서 정치가는 정부의 경제활동에 따른 순편익을 극대화하는 것이 아니라 선거에서의 득표극대화를 추구한다. 그 내용을 살펴보면, 사람들은 공공재의 생산을 위한 조세는 잘 알고 있으나 그 편익은 제대로 인지하지 못하므로 공공재에 대한 선호가 낮고, 정치가들은 득표극대화를 위해 낮은 수준의 조세와 공공재 공급을 유권자들에게 제시한다. 그 결과, 공공재는 적정수준보다 과소공급된다.

21. 정답 ⑤

① |〇| 생산의 외부불경제의 경우 오염 배출행위로 인한 사회적 피해액(EMC)를 반영하여 효율적 산출량 수준에서 사회적 피해액만큼의 조세를 부과하면 외부성의 해결이 가능하다.

② |〇| 오염배출권제도하에서는 일정량의 오염물질 배출을 허가하고, 이 허가서(오염배출권)의 거래를 가능하게 함으로써 외부성의 해결이 가능하다.

③ |〇| 외부불경제 발생 시 피구세를 부과하면 효율적 산출량을 얻을 수 있으며, 외부경제 발생 시 피구보조금을 지급(보상)하면 효율적 산출량을 얻을 수 있다.

④ |〇| 직접규제하에서 오염배출자는 오염저감비용에 관계없이 행정당국으로부터 제시된 배출량 규정에 따라 배출량을 억제하거나 줄여야 하므로 시장을 활용할 때보다 사회 전체적으로 더 많은 경제적 비용이 소요된다.

⑤ |✕| 재화(공해)의 생산량과 가격은 사적 한계비용곡선과 수요곡선이 교차하는 점에서 결정되므로 정부가 조세부과를 통해 공해배출량을 효율적 산출량 수준으로 줄이기 위해서는 공해유발기업의 한계비용과 사회적 피해액 및 시장수요에 대한 정확한 정보를 가지고 있어야 한다.

22. 정답 ④

① ｜○｜ 이자율과 국채의 가격(시장가치)은 반비례한다. 따라서 이자율이 상승하면 국채가격이 하락하여 정부의 채무부담이 감소한다.

② ｜○｜ 국채발행이 증가하면 채권시장에서 채권의 공급이 증가하므로 국채가격이 하락하고, 이자율이 상승한다. 이자율이 상승하면 해외로부터 자본이 유입되어 원화 환율이 하락하므로 순수출이 감소하고, 경상수지가 악화된다.

③ ｜○｜ 러너로 대표되는 신정통파의 견해에 따르면, 정부가 그 나라 국민으로부터 돈을 빌리는 내부채무는 민간에서 사용될 자금을 정부부문으로 이전시키는 것이므로 공채발행에 따른 소비 및 투자 감소는 현재세대에게 귀착되고, 미래세대로 전가되지 않는다.

④ ｜×｜ 리카도의 등가정리에 의하면, 국채발행에 따른 조세감면으로 가처분소득이 증가하더라도 합리적인 경제주체들은 미래의 조세증가를 예측하고 이에 대비하여 저축을 증가시키므로 민간소비가 불변이다. 따라서 총수요도 변하지 않는다.

⑤ ｜○｜ 리카도의 등가정리가 성립하면 국채발행(적자재정)으로 인해 정부저축은 감소하지만, 그만큼 국채상환에 대비한 민간저축이 증가하여 총저축은 불변이다. 따라서 이자율이 변하지 않고, 구축효과가 발생하지 않는다.

23. 정답 ①

수요곡선이 완전비탄적인 경우(수직선) 단위당 일정액의 종량세가 부과되면 소비자가격이 단위당 종량세액만큼 상승하므로 모든 조세부담은 소비자에게 귀착되며, 거래량이 불변이므로 조세부과에 따른 초과부담은 발생하지 않는다.

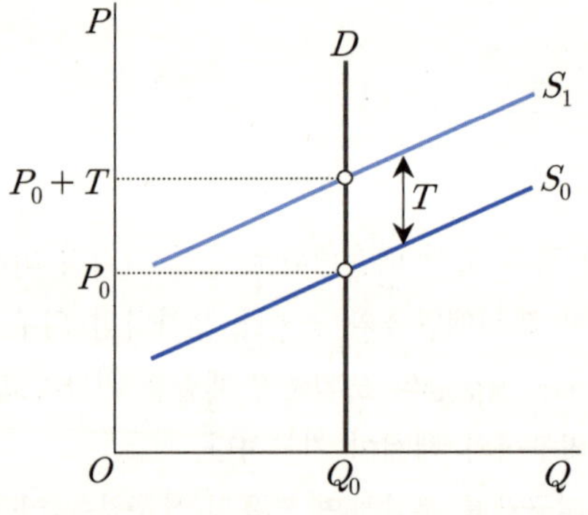

24. 정답 ②

ⅰ) 조세부과 이전 독점의 이윤극대화 조건 : $MR = MC$

- 시장수요함수 : $P = 30 - Q$ → 한계수입 $MR = 30 - 2Q$

- 총비용함수 : $TC = \dfrac{1}{2}Q^2 + 3$ → 한계비용 $MC = Q$

- 이윤극대화 산출량과 가격 : $MR = MC$ → $30 - 2Q = Q$ ∴ $Q = 10$, $P = 20$

ⅱ) 단위당 6의 물품세가 부과된 이후 독점의 이윤극대화 조건 : $MR = MC + T$

- 이윤극대화 산출량과 가격 : $MR = MC + T$ → $30 - 2Q = Q + 6$ ∴ $Q = 8$, $P = 22$

iii) 조세부과로 소비자가격이 20에서 22로 상승하면 소비자잉여는 $(A+B)$의 면적만큼 감소하는데, 이를 계산해 보면 소비자잉여의 감소분은 18임을 알 수 있다.

- 소비자잉여의 감소분 : $(A+B)=\dfrac{1}{2}\times(8+10)\times2=18$

또는

$$\square A+\Delta B=(2\times8)+(\dfrac{1}{2}\times2\times2)=18$$

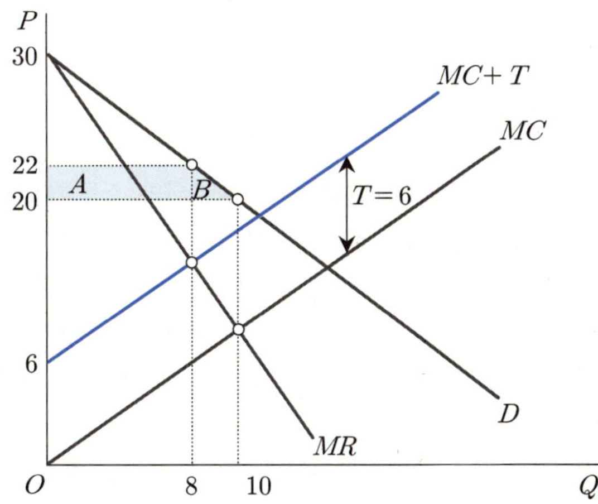

25. 정답 ④

법인부문에 투입된 자본에 대한 부분요소세(t_{KX})인 법인세의 귀착은 산출효과와 요소대체효과에 의해 결정된다. 산출효과는 법인부문에 집약적으로 투입되는 생산요소의 상대가격을 하락시키는 방향으로 작용하므로 법인부문이 노동집약적이라면 임금이 하락하게 된다. 한편, 요소대체효과는 항상 조세가 부과된 생산요소의 상대가격을 하락시키는 방향으로 작용하므로 자본에 대한 조세인 법인세가 부과되면 자본임대료가 하락하게 된다.

결국, 법인세 부담은 산출효과와 요소대체효과의 크기에 따라 달라지며, 산출효과가 더 클 경우 세부담은 노동자에게 귀착되고, 요소대체효과가 더 클 경우 세부담은 자본가에게 귀착된다.

> 💬 **법인세 : 법인부문(X재)의 자본에 대한 부분요소세(t_{KX})**
>
> t_{KX}
> - 산출효과(노동집약적) : $w\downarrow\ \rightarrow\ \left(\dfrac{w}{r}\right)\downarrow$
> - 요소대체효과 : $r\downarrow\ \rightarrow\ \left(\dfrac{w}{r}\right)\uparrow$
>
> $\Rightarrow$ 요소상대가격 $\left(\dfrac{w}{r}\right)$은 산출효과와 대체효과의 상대적인 크기에 따라 달라짐

26. 정답 ②

근로소득세가 부과되면 세후 실질임금이 하락하므로 여가의 상대가격이 하락하여 대체효과에 의해 여가소비는 증가하고 노동공급은 감소한다. 한편, 근로소득세 부과로 실질소득이 감소할 때 여가가 정상재라면 소득효과에 의해 여가소비는 감소하고 노동공급은 증가하나, 여가가 열등재라면 소득효과에 의해 여가소비는 증가하고 노동공급은 감소한다.

> - 대체효과 : 근로소득세 $\Rightarrow$ 세후 $w\downarrow$ $\Rightarrow$ $P_{여가}\downarrow$ $\Rightarrow$ 여가$\uparrow$, $L_s\downarrow$
> - 소득효과 : 근로소득세 $\Rightarrow$ 세후 $w\downarrow$ $\Rightarrow$ 실질소득$\downarrow$ $\quad$ 정상재 : 여가$\downarrow$, $L_s\uparrow$
>   열등재 : 여가$\uparrow$, $L_s\downarrow$

① | O | 여가가 정상재일 때 근로소득세가 부과되면 대체효과는 노동공급을 감소시키나, 소득효과는 노동공급을 증가시킨다.

② | X | 여가가 열등재일 때 근로소득세가 부과되면 대체효과와 소득효과 모두 노동공급을 감소시킨다.

③ | O | 근로소득세가 노동공급에 미치는 영향을 분석하는 방법은 크게 세 가지로 나눌 수 있다. 첫째, 특정 그룹에 속한 사람들을 대상으로 한 설문조사를 통해 조세부과 시의 반응을 조사하는 방법, 둘째, 노동공급곡선에 대한 계량경제학적 측정결과를 이용하여 조세부과가 노동공급에 미치는 영향을 유추하는 방법, 마지막으로 실험을 통해 조세부과가 노동공급에 어떤 영향을 줄 것인지를 파악하는 방법이 있다.

④ | O | 여가가 정상재일 때 대체효과에 의해서는 노동공급이 감소하고, 소득효과에 의해서는 노동공급이 증가하는데 대체효과가 소득효과에 의해 거의 상쇄되면 근로소득세가 부과되어도 노동공급량이 거의 불변이므로 노동공급곡선은 수직선에 가까운 형태를 보인다.

⑤ | O | 실증연구결과에 따르면, 노동적령기에 있는 남성근로자(주 근로소득자)들은 조세부과로 인한 근로의욕 감퇴효과가 그리 크지 않은 반면에(세율에 대한 노동공급탄력성이 비탄력적), 주부(보조 근로소득자)들은 조세부과로 인한 근로의욕 감퇴효과가 비교적 큰 것(세율에 대한 노동공급탄력성이 탄력적)으로 보고되어 있다.

27. 정답 ④

① | O | 지출세는 소비를 과세의 지표로 사용하므로, 자동차와 같은 내구성 소비재를 구입하는 경우 연도별 지출규모의 산정이 어렵다.

② | O | 지출세는 저축을 과세대상에서 제외하므로 저축이 많은 부유층에 유리한 세제라는 부정적인 인식이 있다.

③ | O | 지출세는 저축을 과세베이스에 포함하지 않고, 총소비지출액을 과세베이스로 하므로 현재소비보다 미래소비(저축)를 우대하는 경향이 있다.

④ | X | 지출세는 일정 기간 동안의 개인의 총소비지출액을 과세베이스로 하여 부과하는 조세로 직접세이자, 인세이다. 또한, 지출세는 일반적으로 그 부담이 누진적이므로 소득재분배 측면에서 역진성 문제를 야기하지 않는다.

⑤ | O | 칼도는 소득이 사회 내 재화를 증가시키는 데 반해, 소비는 사회 내 재화를 감소시키므로 개인의 소비를 기준으로 과세하는 것이 공평성 측면에서 바람직하다고 주장하였다.

28. 정답 ②

램지규칙에 따르면, 물품세 부과 후 총초과부담을 극소화하기 위해서는 각 상품에서 거두어들이는 조세수입의 한계초과부담이 서로 같아지도록 세율을 설정하여야 하며, 최적물품세는 모든 상품의 **소비량 감소율**이 같도록 차등세율로 부과하여야 한다.

29. 정답 ④

①, ② |×| 누군가의 희생 없이는 어떤 사람의 후생증대가 불가능하고, 최적의 자원배분을 실현하여 더 이상의 파레토 개선이 불가능한 상태는 파레토효율성에 관한 설명이다.

③ |×|, ④ |○| 칼도-힉스의 보상기준이란 경제 상태의 변화를 통해 이득을 얻는 사람의 이득의 크기가 손해를 보는 사람의 손해의 크기보다 커서 이득을 얻는 사람이 손해를 보는 사람에게 잠재적으로 보상을 해주고도 남을 때, 이를 개선으로 판단하는 것(잠재적 파레토 개선)을 말한다. 이때 이득을 얻는 사람과 손해를 보는 사람이 다수이므로 칼도-힉스의 보상기준은 실제적 보상이 아닌 잠재적 보상을 전제로 한다.

⑤ |×| 칼도-힉스의 보상기준은 이득을 얻거나 손해를 보는 사람의 수가 아닌 이득액과 손해액을 기준으로 개선 여부를 판단하므로, 손해를 보는 사람이 다수이더라도 총이득액이 총손해액보다 크면 개선으로 판단한다.

30. 정답 ③

비용체감산업으로는 전기, 수도 등과 같이 초기에 대규모 설비투자가 요구되는 산업을 들 수 있는데, 생산량이 증가할수록 단위당 생산비가 하락하므로 (장기)평균비용곡선이 우하향한다. 평균비용곡선이 우하향하므로 한계비용곡선은 평균비용곡선의 하방에 위치하고, 규모의 경제가 발생하여 시간이 경과함에 따라 시장이 자연독점화되는 경향을 보인다.

③ |×| 한계비용가격설정방식하에서는 완전경쟁의 경우와 마찬가지로 $P = MC$가 성립하므로 자원배분의 효율성은 만족하나, 대규모의 손실(적자)이 발생하게 된다.

31. 정답 ③

사무엘슨 모형은 순수공공재에 대한 일반균형분석으로, 사회구성원의 선호에 의해 경제 전체의 총 자원이 사용재 생산과 공공재 생산에 각각 얼마만큼 사용될지 결정된다는 모형이다.

- 사용재와 공공재 간 파레토효율적인 배분조건 : $\sum MRS_{GX} = MRT_{GX}$

사무엘슨은 1954년과 1955년에 발표된 두 논문에서 위에 제시된 조건을 이용하여 공공재의 적정공급수준을 알아낼 수 있음을 처음으로 입증해 보였다. 이때 사회구성원의 선호와 소득분배는 사전적으로 주어져 있다고 가정함으로써 소득분배 문제는 고려하지 않는 순수공공재의 최적 자원배분모형을 제시하였다.

③ |×| 사무엘슨 모형은 비순수공공재와는 무관하다. 비순수공공재에 대한 분석은 부캐넌의 클럽모형에서 이루어진다.

32. 정답 ①

공급곡선이 우하향하면서 수요곡선보다 기울기가 상대적으로 완만한 경우에 종량세가 부과되면 (소비자)가격이 단위당 종량세액보다 더 크게 상승하므로 단위당 종량세액의 100% 이상이 소비자에게 전가된다.

① ㅣOㅣ, ④ ㅣXㅣ 조세부과로 인해 소비자가격이 상승하므로 소비자잉여는 감소한다.

②, ⑤ ㅣXㅣ 조세부과로 인해 거래량이 감소하므로 조세부과에 따른 초과부담이 발생한다.

③ ㅣXㅣ 소비자부담액은 조세부과액보다 크다.

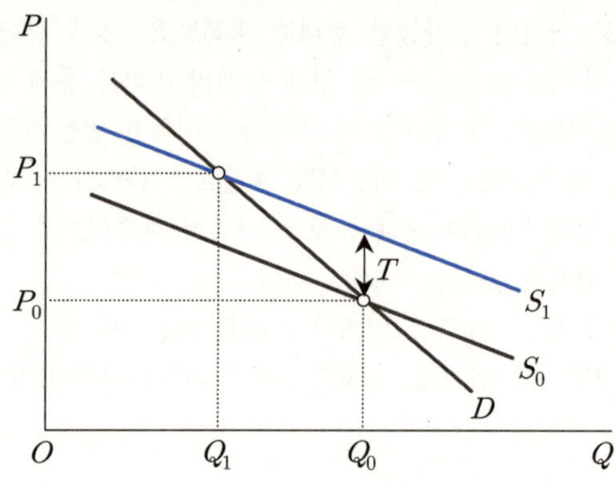

33. 정답 ①

요소(노동)의 투입이 고정되어 있다면 노동공급곡선이 수직선이므로 근로소득세가 부과되더라도 여가－소득 간 선택의 교란이 발생하지 않는다. 여가－소득 간 선택(Ⅱ)의 교란이 발생하지 않으면 여가는 고려대상에서 제외되므로 비례적으로 부과되는 근로소득세는 모든 재화에 대해 동일한 세율로 부과되는 물품세(일반소비세)와 그 효과가 동일해진다.

②, ③, ④, ⑤ ㅣXㅣ 한 재화에만 부과되는 물품세(개별소비세)는 재화 간 선택(Ⅰ)의 교란이 발생하여 효율성을 만족하지 못한다.

💡 일반균형분석적 접근 : 조세의 종류와 효율성 조건

	Ⅰ. 재화 간 선택	Ⅱ. 여가－소득 간 선택	Ⅲ. 현재－미래소비 간 선택
소 득 세	O	X	X
지 출 세	O	X	O
일반소비세	O	X	O
개별소비세	X	X	O
인 두 세	O	O	O

34. 정답 ⑤

① | ○ | 노동집약적인 X재 산업에 물품세가 부과되면 X재의 상대가격이 상승하므로 X재의 소비 및 생산이 감소한다. 이때 X재가 노동집약재이므로 상대적으로 노동이 많이 해고되어 X재 산업의 임금률은 하락한다.

② | ○ | 노동집약적인 X재 산업에 물품세가 부과되어 세후실질임금이 하락하면 대체효과에 의해서는 노동공급이 감소하고, 소득효과에 의해서는 노동공급이 증가한다. 따라서 대체효과가 소득효과보다 크다면 노동공급량은 감소하게 된다.

③ | ○ | 물품세가 부과되면 X재의 상대가격이 상승하므로 사용측면에서 볼 때 X재를 더 많이 소비하는 사람일수록 조세부담이 증가한다.

④ | ○ | 노동집약적인 X재 산업에 물품세가 부과되어 노동수요가 감소할 때 임금의 하락폭은 노동공급의 임금탄력성에 따라 달라진다. 생산요소(노동)공급이 고정적인 경우(a)에는 임금의 하락폭이 크지만 생산요소(노동)공급이 가변적인 경우(b)에는 임금의 하락폭이 상대적으로 작다. 결국, 생산요소공급이 고정적인 경우보다 가변적인 경우에 물품세가 자본과 노동의 상대가격 $\left(\dfrac{w}{r}\right)$에 미치는 효과는 줄어든다.

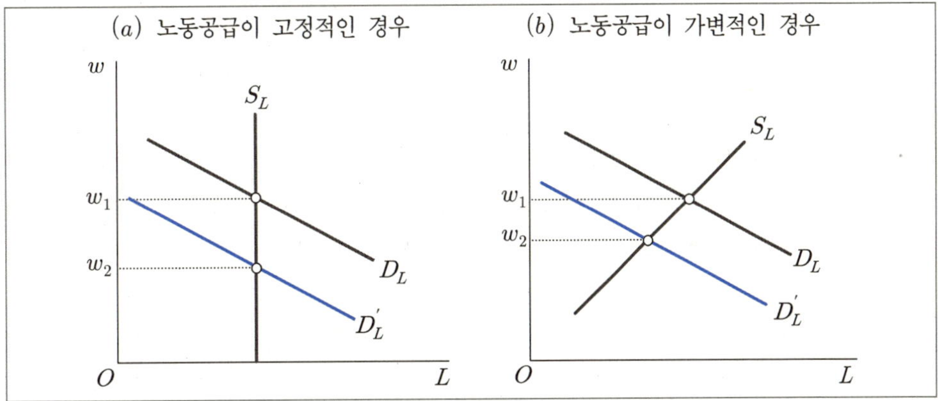

⑤ | × | 노동집약적인 X재 산업에 대한 물품세 부과로 자본과 노동의 상대가격 $\left(\dfrac{w}{r}\right)$이 하락하면 기업들은 이전보다 더 노동집약적인 생산방식을 선택할 것이므로 장기적으로 모든 재화 생산의 요소집약도 $\left(\dfrac{K}{L}\right)$가 하락한다. 그런데 생산요소공급이 가변적이면 고정적인 경우에 비해 자본과 노동의 상대가격 $\left(\dfrac{w}{r}\right)$의 하락폭이 작으므로 요소집약도 $\left(\dfrac{K}{L}\right)$는 더 적게 하락하고, 노동자본비율 $\left(\dfrac{L}{K}\right)$은 더 적게 상승한다.

💬 **개별물품세(t_X or t_Y)**

1. 내용

$$t_X \rightarrow \frac{P_X(1+t)}{P_Y} \uparrow$$

- X재(노동집약재) : X재 소비↓, 생산↓ → 노동 해고 → w↓ $\Big\rangle \left(\dfrac{w}{r}\right)\downarrow$ $\overset{\text{장기}}{\left(\dfrac{K}{L}\right)\downarrow}$
- Y재(자본집약재) : Y재 소비↑, 생산↑ → 자본 고용 → r↑

2. 요소상대가격의 변화

  ① 수요의 가격탄력성이 클수록
  ② 요소집약도의 차이가 클수록 $\Big\rangle$ $\left(\dfrac{w}{r}\right)$의 변화가 커짐
  ③ 대체탄력성이 작을수록

  💡 가정을 완화하여 요소공급이 가변적일 경우 요소상대가격의 변화는 작아짐

3. 귀착

  ① 원천측면
    : 조세가 부과된 산업에 집약적으로 사용되는 생산요소 공급자에게 부담이 귀착됨
  ② 사용측면
    : 소비자들의 선호가 이질적인 경우 과세된 재화를 많이 소비하는 사람에게 부담이 귀착됨

---

35. 정답 ⑤

일정한 시설용량을 갖고 있는 기존시설에 대해 한계비용에 해당하는 가격 P_0를 설정하여 초과 수요가 존재할 경우, 이 시설의 효율적 활용을 위해서는 한계비용(P_0)에 경제적 지대($\overline{EF}$의 길이)를 추가한 가격(P^*)으로 공공요금을 책정하는 것이 바람직하다.

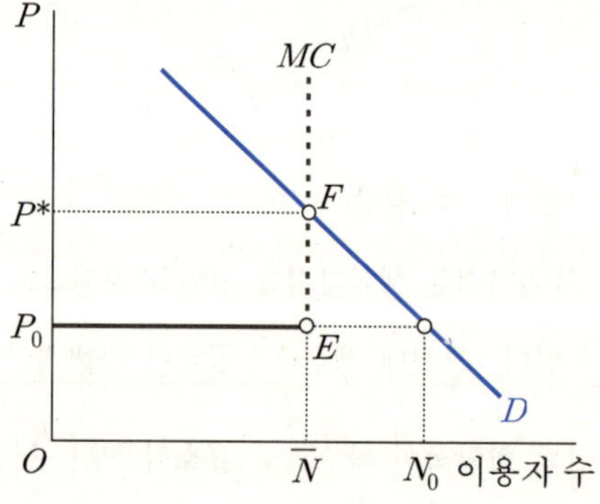

36. 정답 ④

① |×| 공해세 부과로 사적 한계비용이 단위당 조세액만큼 상승하여 상품가격을 상승시킨다.

②, ③ |×| 공해세 부과는 사회적 한계비용이 아니라 사적 한계비용을 높여 상품가격을 상승시킨다.

④ |○| 수요곡선이 우하향하는 일반적인 경우(D_1)가 아니고, 예외적으로 수평선인 경우(D_2) 공해세가 부과되면 사적 한계비용곡선(공급곡선)이 단위당 조세액만큼 상방이동하여 생산량은 최적 수준으로 감소하지만, 상품가격은 불변이다. 따라서 공해세 부과로 사적 한계비용곡선이 상방이동할 때 수요곡선이 수평선(완전탄력적)이면 수요곡선이 우하향하는 경우보다 생산량이 더 큰 폭으로 감소하게 된다.

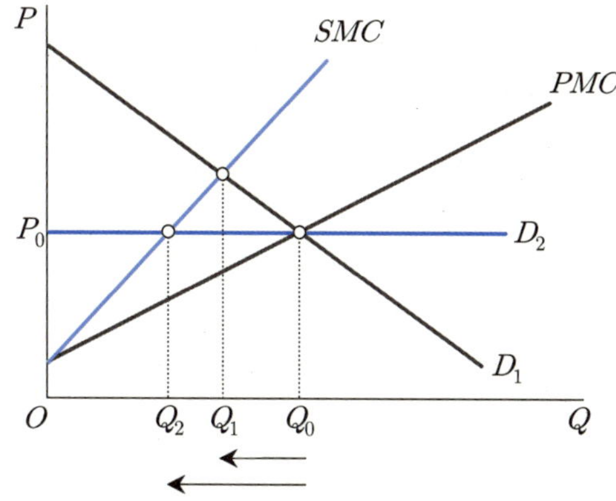

⑤ |×| 공해세(피구세) 부과의 목적은 사회적 한계비용과 사회적 한계편익이 일치하는 효율적 수준 즉, 사회적 최적 수준까지 생산량(공해발생량)을 줄이는 것이므로 공해세가 부과되더라도 공해가 완전히 제거되는 것은 아니다.

37. 정답 ②

① |○| 저축에 대한 조세의 영향은 시점 간 자원배분모형인 피셔의 2기간 모형을 이용하여 분석될 수 있다.

② |×| 근로소득세 부과로 인한 가처분소득의 감소는 실질소득의 감소를 의미하고, 실질소득이 감소하면 대체효과가 아니라 소득효과가 발생한다.

③ |○| 이자소득세가 부과되면 세후이자율이 하락하므로 저축을 감소시키는 대체효과와 저축을 증가시키는 소득효과가 동시에 발생한다.

> - 대체효과 : 이자소득세 $\Rightarrow$ 세후 $r\downarrow$ $\Rightarrow$ $P_{C_1}\downarrow$ $\Rightarrow$ $C_1\uparrow$, $S\downarrow$
> - 소득효과 : 이자소득세 $\Rightarrow$ 세후 $r\downarrow$ $\Rightarrow$ 실질소득$\downarrow$ $\Rightarrow$ $C_1\downarrow$, $S\uparrow$

④ |○| 근로소득세를 부과해도 이자율의 변화는 없으므로 저축과 관련해서는 소득효과만 발생한다. 근로소득세가 부과되면 가처분소득이 감소하므로 현재소비가 감소하고, 민간저축(S_P)이 증가한다. 이때 정부가 조세수입의 전부를 정부저축으로 할당하면 정부저축(S_G)이 증가하므로 경제 전체의 총저축($S_N = S_P + S_G$)은 증가하게 된다.

⑤ |○| 이자소득세 부과로 세후이자율이 하락하면 현재소비의 상대가격(P_{C_1})이 하락하므로 미래소비보다 현재소비가 유리해진다.

38. 정답 ①

① |×| 공공부조는 저소득층에 대한 무조건부 소득이전이므로 소비세를 재원으로 한 공공부조도 소득 재분배 수단이 될 수 있다.

② |○| 비례세인 소비세보다 누진세인 소득세의 한계세율이 더 높으므로 소비세보다 소득세를 징수하는 것이 소득분배의 공평성을 높일 수 있다.

③ |○| 공공부조는 극빈계층을 대상으로 정부에서 직접적으로 보조금을 지급하거나 각종 혜택을 주는 제도로, 저소득계층이 자신의 힘이 아닌 국가의 도움에 의존하려는 성향을 갖게 하는 문제점이 있다.

④ |○| 부의 소득세 제도는 면세점 이하의 소득자에 대해 음(−)의 세율을 적용하여 계산한 금액을 정부에서 지원하는 제도로, 면제점 이하 저소득층의 가처분소득을 증가시키는 효과가 있다.

⑤ |○| 극빈계층의 특수한 상황을 고려하여 지원이 이루어지는 공공부조는 재분배효과가 매우 큰 대표적인 소득재분배 정책이다.

39. 정답 ④

투표거래란 다수결투표제도하에서 다수의 대안이 존재할 때, 투표자들이 자신이 가장 선호하는 대안이 선택되도록 다른 투표자와 협의하여 각각 상대방이 선호하는 대안에 찬성투표를 하는 행위를 말한다. 투표거래가 존재하는 경우, 투표결과에 어느 정도 개인들의 선호의 강도가 반영되어 사회적 의사결정이 보다 효율적으로 이루어진다는 장점이 있으나 전략적 행동으로 인해 많은 비용이 소요되며, 투표거래가 오히려 비효율적인 의사결정에 이르게 할 수도 있다. 따라서 투표거래가 이루어지면 사회후생은 증가할 수도 있고, 감소할 수도 있으나 공공재 공급량은 반드시 증가하게 된다.

ㄱ. |○| 투표거래가 이루어지면 소수자들도 투표거래를 통해 사회적 의사결정에 자신의 의사를 반영시킬 수 있게 되므로 투표거래는 소수자를 보호하는 측면이 있다.

ㄴ. |×|, ㄹ. |○| 투표거래가 이루어져 다양한 공공재가 공급되면 자원배분의 효율성이 개선될 수 있다.

ㄷ. |×| 투표거래가 이루어지면 공공재 공급량은 반드시 증가하므로 재정지출규모는 팽창할 것이다.

ㅁ. |×| 다수결투표제하에서 투표거래는 투표자들의 선호의 강도를 투표결과에 반영할 수 있게 해준다.

40. 정답 ⑤

내부수익률이란 순편익의 현재가치가 0이 되도록 하는 할인율(m)을 의미한다.

- $NPV = -C_0 + \dfrac{B_1}{(1+m)} + \dfrac{B_2}{(1+m)^2} + \cdots + \dfrac{B_n}{(1+m)^n} = 0$

$$\rightarrow -25 + \frac{15}{(1+m)} + \frac{18}{(1+m)^2} = 0$$

$$\rightarrow -25(1+m)^2 + 15(1+m) + 18 = 0$$

$$\rightarrow 25(1+2m+m^2) - 15(1+m) - 18 = 0$$

$$\rightarrow 25m^2 + 35m - 8 = 0$$

$$\rightarrow (5m-1)(5m+8) = 0$$

$$\therefore m = \frac{1}{5} \text{ or } -\frac{8}{5}$$

내부수익률이 음(−)이 될 수는 없으므로 내부수익률 $m = \dfrac{1}{5}$ 임을 알 수 있다.

💡 이 경우, 내부수익률을 계산하는 대신에 주어진 수치를 직접 대입해 보는 것도 하나의 방법이다.

2013년 정답 및 해설

1	2	3	4	5	6	7	8	9	10
①	③	③	④	④	④	①	④	③	①
11	12	13	14	15	16	17	18	19	20
②	④	①	①	⑤	②	②	⑤	②	①
21	22	23	24	25	26	27	28	29	30
②	③	①	⑤	③	②	①	⑤	②	②
31	32	33	34	35	36	37	38	39	40
②	⑤	⑤	④	⑤	③	③	⑤	④	③

01. 정답 ①

① |×| 역진세는 평균세율이 한계세율보다 커서 소득이 증가할 때 평균세율이 하락하는 조세를 말한다. 평균세율이 하락할 때 한계세율은 평균세율보다 작아야 하므로 소득이 증가할 때 한계세율은 하락하거나, 일정하여야 한다.

②, ④ |○| 아래 그림은 정액세를 나타낸 것으로, 납세액이 소득과 관계없이 일정하므로 소득이 증가할수록 평균세율($\frac{T}{Y}$)이 하락하여 역진적인 세부담을 초래한다.

③ |○| 정액세는 납세액이 소득과 관계없이 일정하므로 세수함수의 기울기인 한계세율이 0이다.

⑤ |○| 조세의 초과부담은 (한계)세율의 제곱에 비례하므로 평균세율보다 한계세율과 더 밀접하게 관련되어 있다.

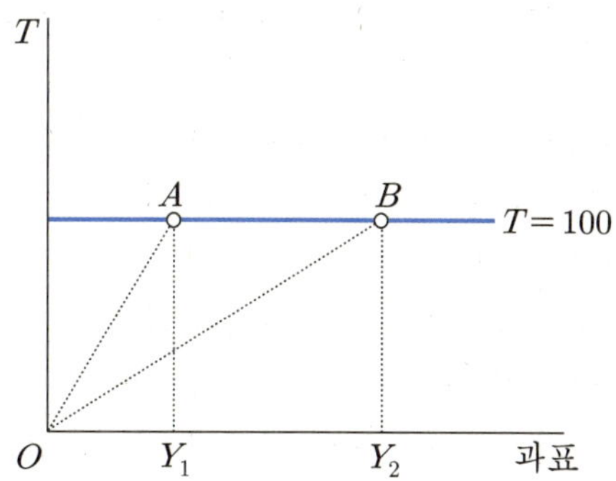

02. 정답 ③

③ |O| 조세지출이란 개인이나 기업의 특정 경제활동을 장려하기 위해 비과세, 감면 등과 같은 세제상의 유인을 제공함에 따라 포기된 조세수입으로, 저축에 대한 비과세, 경제개발을 촉진하기 위한 세액공제, 법인세 특별감가상각 등이 이에 해당한다.

①, ②, ④, ⑤ |X| 남북협력기업에 대한 보조금 지급, 기초생활수급자에 대한 에너지 교환권 지급, 담배소비에 대한 특별 과세, 조세수입으로 확보된 자금의 지출은 직접지출에 해당한다.

03. 정답 ③

① |O| 조세의 중립성이란 조세부과가 민간부문의 의사결정에 교란을 일으키지 않음을 의미한다. 즉, 조세부과가 시장에서 이루어지고 있는 효율적인 자원배분에 대하여 왜곡을 초래하지 않고, 중립적임을 말한다.

② |O| 조세가 부과되면 경제주체들은 자신의 조세부담을 감소시키기 위하여 경제행위를 변화시키는데, 이를 절세 혹은 조세회피라 한다.

③ |X| 중립세에 가장 근접한 조세로 알려진 인두세는 단기적으로는 민간의 의사결정에 아무런 영향을 미치지 않지만, 장기적으로 자녀의 수 결정 등에 영향을 미치기 때문에 완벽한 의미의 중립세라고 볼 수는 없다.

④ |O| 중립세의 경우 대체효과는 존재하지 않고, 소득효과만 존재한다.

⑤ |O| 민간부문의 왜곡된 경제현실을 교정하는 조세(교정과세)로는 피구세가 대표적이다. 즉, 모든 조세가 반드시 경제행위를 왜곡시키는 것은 아니다.

04. 정답 ④

① |O| 린달모형에서는 각 개인이 공공재에 대한 수요를 자발적으로 시현한다는 가정하에 당사자 간의 자발적인 합의를 통해 공공재의 적정생산수준과 비용부담비율이 결정된다. 이때 비용부담비율이 시장에서의 가격과 동일한 역할을 수행하며, 시장에서의 가격 결정과 같이 파레토효율이 달성된다.

② |O| 투표거래란 다수결투표제도하에서 다수의 안건이 존재할 때 투표자들이 자신이 가장 선호하는 안건이 채택되도록 하기 위해 다른 투표자와 협의하여 각각 상대방이 선호하는 안건에 찬성투표를 하는 전략적 행동을 말한다.

③ |O| 블랙의 중위투표자정리에 의하면, 모든 투표자가 단일정점 선호일 때 국방예산 규모의 결정이라는 일차원적 의제에 대한 다수결투표의 결과는 항상 중위투표자의 선호를 반영한다.

④ |X| 다수결투표제도하에서 각 유권자는 찬반여부를 표시할 수 있을 뿐 선호 강도를 표현할 수는 없다. 따라서 다수결투표를 통해 어떤 안건이 채택되더라도 사회후생이 감소할 가능성이 있다.

⑤ |O| 린달이 제시한 공공재 규모 및 조세부담 비중모형은 당사자 간의 자발적 합의에 의해 균형에 도달하므로 공공지출에서도 만장일치 합의가 가능함을 보여준다.

05. 정답 ④

① |○| 한 가지의 대안(예산 규모)에 대하여 다수결투표로 의사결정을 하는 경우 모든 투표자들이 단일정점의 선호(단봉선호)를 갖게 되면 투표의 역설은 발생하지 않는다.

② |○| 사회무차별곡선이 우하향하면서 원점에 볼록한 것은 공평성을 사회후생에 반영하고 있는 것과 관련이 있다. 사회무차별곡선이 원점에 대하여 볼록한 정도가 커질수록 평등주의적 경향이 커지며, 볼록성의 정도가 클수록 공평성에 대한 선호를 사회후생에 강하게 반영한다.

③ |○| 한 상품에 종량세가 부과된 상태에서 다른 상품에도 종량세를 부과하는 경우 자원배분의 효율성이 항상 악화되는 것은 아니다. → 차선의 이론

④ |×| 모든 사람들이 단일정점의 선호를 갖게 되면 항상 중위투표자가 원하는 대안이 사회선호로 결정된다. 이 경우, 비독재성에 위배되므로 애로우의 불가능성 정리는 성립하지 않는다.

⑤ |○| 비독재성이란 사회선호는 사회구성원 전체의 선호에 의해 결정되어야 하며, 어느 한 사회구성원(독재자)의 선호가 사회선호를 결정해서는 안 된다는 것을 말한다. 따라서 비독재성이 성립하기 위해서는 한 사회구성원의 효용이 사회후생에 지대한 영향을 미쳐 독재자가 되지 못하도록 다른 사회구성원의 효용을 임의의 단조증가함수에 의해 증가시켜 모든 사회구성원의 효용이 사회후생에 미치는 영향을 비슷하게 만드는 단조변환이 항상 허용되어야 한다. 그런데 비독재성의 조건을 완화한다는 것은 독재자의 존재를 일정 부분 인정한다는 뜻이므로, 이는 비독재성의 성립조건인 단조변환에 제약을 두는 것을 의미한다.

06. 정답 ④

한계비용이 40으로 일정하므로, 25%의 세율로 종가세가 부과되면 단위당 종가세액(T)은 10으로 일정함을 알 수 있다. 조세부과 후 거래량(Q_T)이 50이므로 조세수입의 크기는 500으로 계산된다.

• 조세수입의 크기 : 단위당 조세액(T)×조세부과 후 거래량(Q_T) = $10 \times 50 = 500$

07. 정답 ①

외부불경제가 존재하는 경우 시장에 맡겨두면 사회적 최적 생산량보다 과다생산된다. 이때 사적 한계비용에 한계피해를 더한 사회적 한계비용과 사회적 한계편익이 일치하는 수준(사회적 최적 생산량)이 되도록 피구세를 부과하면 효율성이 극대화된다. 그러나 외부불경제를 유발하는 재화라 할지라도 사회적 최적 생산량이 일반적으로 0이 되는 것은 아니다.

08. 정답 ④

지방세란 지방자치단체가 그 기능을 수행하는 데 소요되는 경비를 조달하기 위하여 당해 구역 내의 주민, 재산, 기타 일정한 행위를 하는 자로부터 개별적 대가 없이 무상으로 강제 징수하는 조세를 말한다. 우리나라의 지방자치제도는 광역지방자치단체인 도, 특별시·광역시와 기초지방자치단체인 시·군, 자치구로 이루어진 중층제의 형태를 띠고 있으며, 현행 법률에서 규정하고 있는 지방세는 11개 세목이다.

구분		보통세	목적세
특별시·광역시	특별시·광역시세	주민세, 담배소비세, 지방소득세, 자동차세, 취득세, 지방소비세, 레저세	지역자원시설세, 지방교육세
	자치구세	등록면허세, 재산세	–
도	도세	취득세, 등록면허세, 레저세, 지방소비세	지역자원시설세, 지방교육세
	시·군세	주민세, 담배소비세, 지방소득세, 재산세, 자동차세	–

① ㅣOㅣ 부가가치세는 국가에서 징수하는 국세이다.

② ㅣOㅣ 지역자원시설세와 지방교육세는 목적세이다.

③ ㅣOㅣ, ④ ㅣXㅣ 취득세, 레저세, 지방소비세는 광역지방자치단체(도, 특별시·광역시)가 징수하는 광역자치단체세이다.

⑤ ㅣOㅣ 국세 대 지방세의 세수는 몇 십 년째 8:2의 비율을 유지하고 있으며, 광역지방자치단체와 기초지방자치단체의 세수비중도 7:3 정도의 극심한 세수불균형을 나타내고 있다.

09. 정답 ③

① ㅣOㅣ 초과부담은 조세가 부과될 때 가격체계의 교란으로 인한 대체효과 때문에 발생한다. 그런데 완전보완재는 대체효과가 존재하지 않고, 소득효과만 존재하므로 종가세를 부과하더라도 초과부담이 발생하지 않는다.

② ㅣOㅣ 대체효과로 인한 초과부담은 탄력성에 비례하므로 보상수요곡선의 탄력성이 클수록 대체효과는 커지고, 초과부담 역시 커진다.

③ ㅣXㅣ 조세수입은 단위당 조세액(T)×조세부과 후 거래량(Q_T)으로, 수요곡선과 공급곡선이 비탄력적일수록 조세부과 후 거래량의 감소폭이 작으므로 정부의 조세수입은 커진다.

④ ㅣOㅣ 공급곡선이 완전비탄력적(수직선)이고, 수요곡선이 우하향할 경우에는 조세를 부과하더라도 거래량이 불변이므로 초과부담이 발생하지 않는다.

⑤ ㅣOㅣ 초과부담은 $DWL = \dfrac{1}{2}t^2\epsilon(PQ)$로 세율이 높을수록, 상품의 거래액이 클수록 그 값이 커진다.

10. 정답 ①

① |×| 평균세율은 $\dfrac{T}{Y}=-\dfrac{200}{Y}+0.2$이므로 소득이 증가할 때 평균세율은 상승한다.

> 💡 혹은, 주어진 조세함수 $T=-200+0.2Y$가 선형누진세를 의미하므로 소득이 증가할 때 평균세율이 상승하는 것으로 판단해도 무방하다.

② |○| 한계세율은 $\dfrac{\Delta T}{\Delta Y}=0.2$로 일정하다.

③ |○| $Y=800$이면 $T=-40$으로 정부에서 40만큼의 보조금을 받으므로 납부할 세금은 없다.
- $T=-200+0.2Y \to T=-200+(0.2\times800) \therefore T=-40$

④ |○| $Y=500$이면 $T=-100$으로 정부에서 100만큼의 보조금을 받으므로 세후 소득은 600으로 증가한다.
- $T=-200+0.2Y \to T=-200+(0.2\times500) \therefore T=-100$

⑤ |○| $Y=2,000$이면 $T=200$으로 납부할 세금은 200이다.
- $T=-200+0.2Y \to T=-200+(0.2\times2,000) \therefore T=200$

11. 정답 ②

① |○| 근로소득세가 부과되면 노동수요곡선이 하방으로 이동하고, 근로자가 받는 순임금률(세후임금)은 낮아진다.

② |×| 우하향하는 노동수요곡선과 우상향하는 노동공급곡선의 일반적인 경우 근로소득세가 부과되면 일부는 근로자가 부담하고, 일부는 고용주가 부담하게 된다. 이때 상대적 부담의 크기는 노동수요와 노동공급의 탄력성에 따라 달라진다.

③, ④ |○| 소규모 개방경제하에서는 자본 공급곡선이 수평선이 되므로 자본에 대한 과세는 전액 자본 사용자(자본 수요자)에게 귀착된다. 즉, 자본에 대한 과세는 조세를 포함한 자본의 수익률을 과세폭만큼 상승시키지만, 전액이 자본 사용자에게 귀착되므로 자본 공급자가 얻는 세후 수익률에는 변화가 없다.

⑤ |○| 조세의 자본화란 정부가 토지와 같이 공급이 고정된 재화(자산)에 대해 조세를 부과하면 조세부과를 발표하는 시점에서 그 재화의 가격이 나중에 납부하게 될 조세의 현재가치$\left(\dfrac{T}{r}\right)$만큼 하락하는 현상을 말한다. 따라서 자산의 공급이 신축적이라면 완전한 자본화는 발생하지 않는다.

12. 정답 ④

①, ② |○|, ④ |×| 제시된 지문은 개별물품세(t_X or t_Y)의 귀착에 관한 내용으로 개별물품세가 부과되면 i) 두 산업 간 요소집약도의 차이가 클수록, ii) 과세대상 재화에 대한 수요의 가격탄력성이 클수록, iii) 생산요소 간 대체탄력성이 작을수록 생산요소의 상대가격$\left(\dfrac{w}{r}\right)$ 변화가 커진다.

③, ⑤ |○| 개별물품세가 부과되면 원천 측면에서 보면 과세된 산업에 집약적으로 사용되고 있는 생산요소의 공급자에게 세부담이 귀착되고, 사용 측면에서 보면 과세된 재화를 더 많이 소비하고 있는 사람일수록 더 많은 세부담을 지게 된다.

13. 정답 ①

① |×| 국민연금제도의 도입이 저축에 미치는 효과는 아래 표와 같다. 적립방식의 경우 재산대체효과에 의해 민간저축은 감소하지만, 민간저축의 감소분만큼 정부저축이 증가하므로 국민저축은 항상 불변이다.

구분		적립방식	부과방식
재산대체효과	민간저축(S_P)	$S_P \downarrow$	$S_P \downarrow$
	정부저축(S_G)	$S_G \uparrow$	–
	국민저축(S_N)	S_N 불변	$S_N \downarrow$
상속, 은퇴, 인식효과		$S_P \uparrow$	$S_P \uparrow$

②, ③ |○| 국민연금제도가 도입되면 은퇴효과와 상속효과 모두에 의해 자발적인 저축이 증가한다.

④, ⑤ |○| 국민연금제도의 도입이 노동공급에 미치는 효과는 다음과 같다.

- 소득효과 : 국민연금 실시 → 실질소득 증가 → 조기은퇴 ⇒ 여가↑, $L_s \downarrow$
  (노동공급 감소)
- 대체효과 : 국민연금 실시 ┌ 조세부담 증가($w \downarrow$) → $P_{여가} \downarrow$ ⇒ 여가↑, $L_s \downarrow$
  └ 연금 증가($w \uparrow$) → $P_{여가} \uparrow$ ⇒ 여가↓, $L_s \uparrow$
  (불분명)

ⅰ) 국민연금제도가 실시되면 노년층의 실질소득이 증가하므로 소득효과에 의해 노년층의 여가소비는 증가하고, 노동공급은 감소(조기은퇴)한다.

ⅱ) 국민연금제도의 실시로 발생하는 대체효과가 노동시장에 미치는 효과는 불분명하다.

14. 정답 ①

두 재화 X와 Y가 완전대체재일 경우 Y재에 조세가 부과되면 Y재의 가격상승으로 소비자는 Y재를 전부 X재로 대체할 것이므로 소비자부담은 발생하지 않는다. 따라서 조세는 전부 Y재의 공급자가 부담하게 된다.

15. 정답 ⑤

① |○| 소득수준의 상승에 따라 평균세율이 상승하면 누진성이 커진다.

② |○| 조세의 소득탄력성(세수탄력성)이 클수록 누진적이다.

$$\beta = \frac{\dfrac{\Delta T}{T}}{\dfrac{\Delta Y}{Y}} = \frac{\dfrac{\Delta T}{\Delta Y}}{\dfrac{T}{Y}} = \frac{한계세율}{평균세율} \quad \begin{array}{l} >1 \Rightarrow 누진세 \\ =1 \Rightarrow 비례세 \\ <1 \Rightarrow 역진세 \end{array}$$

③ |○| 초과부담은 세율의 제곱에 비례하므로 선형누진세의 한계세율이 높을수록 초과부담이 커지고, 정액증여(α)가 클수록 재분배효과가 커진다.

④ |○|, ⑤ |×| 스턴에 따르면, 평등성에 대한 선호가 강할수록 최적소득세율은 높아져야 하고, 소득과 여가 간 대체탄력성이 클수록 최적소득세율은 낮아져야 한다.

> 💬 **스턴의 연구**
> ① 공평성에 대한 사회선호가 클수록 최적소득세율이 높음
> ② 조세수입 목표가 클수록 최적소득세율이 높음
> ③ 사회구성원의 능력 차이(기술분포)가 클수록 최적소득세율이 높음
> ④ 노동공급이 탄력적일수록(여가와 소득 간 대체탄력성이 클수록) 최적소득세율이 낮음

16. 정답 ②

ⅰ) 탈세모형에 관한 문제로 납세자의 효용함수가 $U(Y) = Y$ 즉, 위험중립자를 가정하므로 탈세모형에서 납세자는 기대소득의 극대화를 추구한다.

ⅱ) V만큼의 소득을 축소신고하였을 때 적발되지 않으면 소득이 $W+tV$, 적발되면 소득이 $W-aV$이고, 적발될 확률이 p로 주어져 있으므로 소득을 축소신고할 때의 기대소득은 다음과 같다.

- 기대소득 $= [p \times (W-aV)] + [(1-p) \times (W+tV)]$
  $$= p(W-0.3V) + (1-p)(W+0.2V)$$
  $$= W + (0.2-0.5p)V$$

ⅲ) 납세자는 기대소득 극대화를 추구하므로 소득을 축소신고할 때의 기대소득 $W+(0.2-0.5p)V$에서 $(0.2-0.5p)V$의 값이 적어도 0보다는 커야 한다.

- 기대소득 극대화 : $(0.2-0.5p)V > 0$
  $$\rightarrow 0.5p < 0.2$$
  $$\therefore p < 0.4$$

ⅳ) 납세자가 소득을 축소신고할 유인은 $p < 0.4$를 만족하는 구간에서 발생하므로 적발될 확률 p가 0.4 이상이 되면 납세자는 소득을 축소신고하지 않을 것이다.

17. 정답 ②

ㄱ. |○| 완전통합방식은 법인세를 폐지하고, 소득세로 단일화하는 방식으로 법인세가 폐지되면 지불이자에 대한 소득공제가 없어지므로 부채를 통한 재원조달 시의 이점이 사라지게 된다. 따라서 법인세와 소득세의 완전통합이 이루어지면 재원조달에 있어서 부채로의 편향을 제거할 수 있다.

ㄴ. |×| 완전통합으로 효율성이 개선됨을 전제하면 원칙적으로는 납세자 전체의 후생이 증가할 것이나, 집단별로 그 영향의 정도는 상이할 수 있다. 법인세와 소득세가 통합되면 모든 소득(법인부문을 통해 얻은 소득 포함)에 대해 개인소득세율로 과세가 이루어지므로 높은 개인소득세율에 직면한 주주에 비해 낮은 개인소득세율에 직면한 주주의 이득이 상대적으로 클 것이다. 동시에 통합은 자본소득의 비중이 상대적으로 높은 개인들에게 더 큰 혜택을 줄 것이다. 즉, 완전통합으로 효율성이 개선되더라도 법인세 납세자 전체의 후생이 불변인 것은 아니다.

ㄷ. |○| 법인세와 소득세의 완전통합으로 법인세가 폐지되면 법인에는 과세하고, 비법인에는 과세를 하지 않음으로 인해 발생하는 법인과 비법인 부문 간 자원배분의 왜곡이 제거될 수 있다.

ㄹ. |○| 법인세와 소득세의 완전통합으로 법인세가 폐지되면 자본수익률에 대한 세율이 낮아지므로 저축을 유도할 수 있고, 조세로 인한 저축의사결정 왜곡이 감소하게 될 것이다.

18. 정답 ⑤

인플레이션이 발생하면 감가상각의 실질가치 하락으로 장부상 이윤이 과대평가되어 법인세 부담이 증가하는데, 이를 완화하는 방법으로는 자본재 가격의 상승폭을 감안하여 감가상각의 허용 폭을 늘려주거나, 세법상 자본재의 내구연수(내용연수)를 줄여주는 방법이 있다.

> 💬 **인플레이션**
> ① 감가상각의 실질가치 하락 → 장부상 이윤↑ → 법인세 부담↑
> ② 선입선출법 → 장부상 이윤↑ → 법인세 부담↑
> ③ 채무부담의 실질가치 하락 → 채무자(기업) 유리
>
> 💬 **감가상각의 실질가치를 과소평가하는 문제를 완화하는 방법**
> ① 자본재 가격의 상승폭 측정 → 감가상각의 허용 폭을 늘려줌
> ② 자본재 가격의 상승률 감안 → 세법상 자본재의 내구연수를 줄여줌

19. 정답 ②

i) 노동공급곡선이 후방굴절하는 구간에서 임금소득세가 부과되면 노동수요곡선이 하방으로 이동하고, 노동시장의 균형은 최초의 균형점 E점에서 새로운 균형점 F점으로 이동한다.

ii) 새로운 균형이 F점에서 이루어지므로 노동공급자가 지급받는 순임금률(공급임금률)은 w_2로 하락하고, 고용량은 L_2로 증가한다. 이때 기업이 지급하는 세전임금률(수요임금률) 역시 w_3로 하락한다.

iii) 결국, 노동공급곡선이 후방굴절하는 구간에서 임금소득세가 부과되면 기업은 더 낮은 임금률로 더 많은 노동을 고용하게 된다.

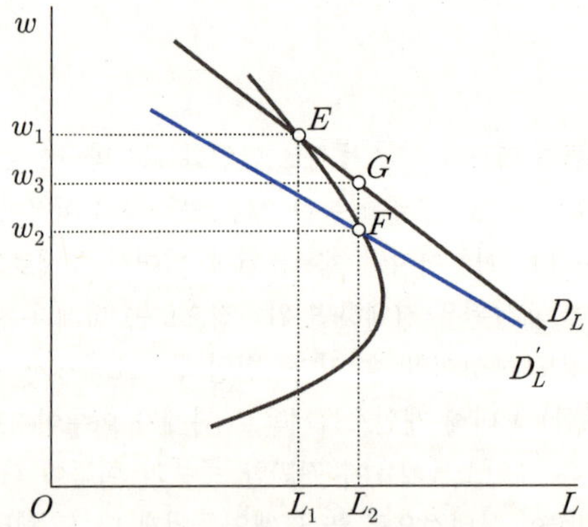

①, ③ │○│ 노동공급자가 받는 순임금률인 공급임금률은 조세($\overline{GF}$의 길이)보다 더 크게 하락($w_1 \to w_2$)한다. 즉, 조세는 노동공급자에게 100% 이상 귀착된다.

② │×│ 기업이 지급하는 세전임금률인 수요임금률은 조세($\overline{GF}$의 길이)보다 적게 하락($w_1 \to w_3$)한다.

④, ⑤ │○│ 노동수요자인 기업은 과세로 인해 더 낮은 임금률(w_2)로 더 많은 노동(L_2)을 고용하게 된다.

20. 정답 ①

이자소득세가 부과되면 대체효과에 의해서는 저축이 감소하고, 소득효과에 의해서는 저축이 증가한다.

- 대체효과 : 이자소득세 부과 → 세후 $r\downarrow$ → $P_{C_1}\downarrow$ → $C_1\uparrow$, $S\downarrow$
- 소득효과 : 이자소득세 부과 → 세후 $r\downarrow$ → 실질소득$\downarrow$ → $C_1\downarrow$, $S\uparrow$

---

① | × | 이자소득세 부과로 인한 세후실질이자율의 하락은 현재소비와 미래소비 간 대체효과를 발생시켜 초과부담을 초래한다.

21. 정답 ②

① | ○ | 법인기업의 세전 당기순이익과 경제적 이윤은 다음과 같이 나타낼 수 있다.

$\quad$ i) 당기순이익 $= TR - TC$(회계적 비용)

$\qquad\qquad = PQ - wL - rB - \sigma K$

$\quad$ ii) 경제적 이윤 $= TR - TC$(경제적 비용 = 회계적 비용 + 암묵적 비용)

$\qquad\qquad = PQ - wL - r(B+E) - dK$

$\qquad\qquad = PQ - wL - (r+d)K$

한편, 기업의 부가가치(총수입)는 생산요소에게 지급한 요소비용에 자기자본에 대한 수익을 더한 값이므로 다음과 같이 나타낼 수 있다.

$$PQ = wL + rB + dK + \rho E$$

위 식을 i) 당기순이익과 ii) 경제적 이윤에 각각 대입하면 다음과 같다.

$\quad$ iii) 당기순이익 $= PQ - wL - rB - \sigma K$

$\qquad\qquad = (wL + rB + dK + \rho E) - wL - rB - \sigma K$

$\qquad\qquad = \rho E + (d - \sigma)K$

$\qquad\qquad = \rho E\ (\because d = \sigma)$ …… 자기자본에 귀속되는 요소소득($= t_{KX}$)

$\quad$ iv) 경제적 이윤 $= PQ - wL - r(B+E) - dK$

$\qquad\qquad = (wL + rB + dK + \rho E) - wL - rK - dK$

$\qquad\qquad = rB - rK + \rho E$

$\qquad\qquad = rB - rB - rE + \rho E$

$\qquad\qquad = (\rho - r)E$

$\qquad\qquad = \rho E - rE$

$\qquad\qquad$ (ρE : 당기순이익, rE : 자기자본에 대한 정상적 수익)

경제적 이윤 $= \rho E - rE$이므로 결국, ρE(당기순이익) $=$ 경제적 이윤 $+ rE$가 된다. 따라서 법인세의 과세대상은 법인의 자기자본에 대한 정상적인 보수(rE)와 경제적 이윤을 합한 것이다.

② | × | 회계상 감가상각이 경제적 감가상각과 같고, 100% 차입경영인 경우에는 경제적 이윤과 세전 당기순이익이 일치하므로 법인세는 순수한 경제적 이윤에 대한 과세 즉, 이윤세와 같다.

③ | ○ | 법인세가 순수한 경제적 이윤에 대한 과세라면 법인세는 중립세의 성격을 띠므로 법인세 부과가 기업의 의사결정에 교란을 일으키지 않고, 기업의 노동수요나 투자에 영향을 미치지 않는다.

④ ㅣ○ㅣ ①번의 해설 중 iii) 당기순이익 식에 의하면, 100% 자기자본을 사용한 경우 법인세는 법인에 사용된 자본에 대한 세금(t_{KX})이 된다.

⑤ ㅣ○ㅣ 100% 자기자본을 사용한 경우에 법인세는 법인에 사용된 자본에 대한 세금인 부분요소세 (t_{KX})가 되므로 법인세가 부과되면 법인기업보다는 비법인기업에 대한 투자가 증가할 것이다. 따라서 법인세는 비법인기업에 투자되는 자본에 영향을 준다.

22. 정답 ③

①, ② ㅣ✕ㅣ 투자세액공제란 자본재 구입연도에 자본재 구입비용의 일정 비율을 법인세액(산출세액)에서 공제하는 것을 말한다. 따라서 투자세액공제가 시행되더라도 신재생에너지 설비(자본재)의 한계생산물은 변하지 않으며, 기업이 신재생에너지 설비 구입에 대하여 지불하는 이자를 직접적으로 감소시키는 것도 아니다.

③ ㅣ○ㅣ 투자세액공제는 자본재 구입비용의 일정 비율을 최종 산출세액에서 직접 공제하는 방식을 취하므로 납세액이 감소하여 세금이 절약되는 효과가 있다. 즉, 투자세액공제가 시행되면 신재생에너지 설비의 실질 구매가격이 하락하여 자본의 사용자비용이 낮아지므로 기업의 신재생에너지 설비투자가 촉진된다.

④, ⑤ ㅣ✕ㅣ 투자세액공제는 자본의 사용자비용을 낮춤으로써 기업의 신재생에너지 설비투자를 촉진시킨다.

> 💬 **투자세액공제**
> ① 개념
> : 자본재 구입연도에 자본재 구입비용의 일정 비율을 법인세액에서 공제하는 것
> ② 방법 : 최종 산출세액에서 직접 공제 → 세금 절약
> ③ 특징
> ㉠ 단기간 자주 투자 시 공제 혜택이 커짐
> ㉡ 자본의 사용자비용이 하락함

23. 정답 ①

① ㅣ○ㅣ 리카도의 등가정리에 의하면, 정부지출 재원조달 방식의 변경은 경제의 실질변수에 아무런 영향을 미치지 않는다. 그러나 정부지출의 절대적 크기가 증가하면 그 이전보다 총수요는 증가하게 된다.

> 💡 이 보기의 경우, 총수요의 구성요소($AD = C + I + G + NX$)를 바탕으로 지문을 해석하는 것이 출제 취지에 부합할 듯하다.

② ㅣ✕ㅣ 정부지출 수준은 그대로 유지한 채 감세를 통해 정부수입을 축소시키면 사람들은 미래의 조세 증가를 예측하고 저축을 늘리므로 소비가 불변이고, 그에 따라 실질국민소득이 불변이므로 경기부양 효과는 발생하지 않는다.

③ ㅣ✕ㅣ 구축효과란 정부지출 증가로 이자율이 상승하고, 그로 인해 투자가 감소하는 효과를 말한다. 리카도 등가정리에 의하면, 정부지출이 증가하더라도 총저축이 불변이므로 이자율이 불변이다. 따라서 구축효과는 발생하지 않는다.

④, ⑤ ㅣ✕ㅣ 리카도 등가정리에 의하면, 정부지출 재원조달 방식의 변경은 실질국민소득에 아무런 영향을 미치지 않는다.

24. 정답 ⑤

규모의 경제가 존재할 때 평균비용가격설정을 적용하면 한계비용가격설정을 적용할 경우에 발생하는 손실을 보전할 수 있으나, 과소생산으로 인한 경제적 비효율성이 발생하게 된다.

25. 정답 ③

① | ○ | 어떤 한 기업이 해당 시장에 유일한 생산자로 참여하여 이윤극대화를 추구하는 경우는 독점으로, 독점의 경우 과소생산으로 인한 시장실패가 발생한다.

② | ○ | 어떤 한 기업이 생산요소시장의 유일한 수요자로 행동하여 해당 요소를 구매하는 경우는 생산요소시장의 수요독점으로, 생산요소시장의 수요독점의 경우에도 생산물시장의 독점과 마찬가지로 시장실패가 발생한다.

③ | × | 외부경제가 발생하는 경우 시장에 맡겨두면 사회적 최적 생산량보다 과소생산되고, 이로 인해 시장실패가 발생한다.

④ | ○ | 경제 주체들 간의 비대칭적 정보가 존재하는 경우 역선택이나 도덕적 해이와 같은 시장실패가 발생하고, 경제 현상에 대한 불확실성이 존재하는 경우에도 시장실패가 발생한다.

⑤ | ○ | 정보의 비대칭성으로 인해 완전한 조건부 상품시장이 갖춰지지 못한 경우 시장실패가 발생한다.

26. 정답 ②

공공재의 경우 일단 공급이 이루어지고 나면 생산비를 부담하지 않은 개인이라 할지라도 소비에서 배제할 수 없는 특성인 비배제성으로 인해 공급된 공공재를 최대한 이용하되, 가능하면 생산비를 부담하지 않으려는 무임승차의 문제가 발생하게 된다.

② | × | 일반적으로 소비자 집단의 크기가 커질수록 무임승차의 가능성은 커진다.

27. 정답 ①

ⅰ) 사무엘슨 조건에 의해 공공재의 적정공급량은 $\sum MRS_{GX} = MRT_{GX}$인 점에서 결정되므로, 먼저 각 개인의 공공재와 사용재 간의 한계대체율과 그 합을 구해 보면 다음과 같다.

$$\bullet \ MRS_{GX}^{A} = \frac{MU_G}{MU_X} = \frac{\frac{1}{2}\frac{1}{\sqrt{G}}}{1} = \frac{1}{2\sqrt{G}}$$

$$\bullet \ MRS_{GX}^{B} = \frac{MU_G}{MU_X} = \frac{\frac{1}{\sqrt{G}}}{1} = \frac{1}{\sqrt{G}}$$

$$\bullet \ MRS_{GX}^{C} = \frac{MU_G}{MU_X} = \frac{\frac{3}{2}\frac{1}{\sqrt{G}}}{1} = \frac{3}{2\sqrt{G}}$$

$$\Rightarrow \sum MRS_{GX} = \frac{1}{2\sqrt{G}} + \frac{2}{2\sqrt{G}} + \frac{3}{2\sqrt{G}} = \frac{6}{2\sqrt{G}} = \frac{3}{\sqrt{G}}$$

ⅱ) 한계변환율은 1로 계산되므로, 공공재의 적정공급량은 9단위임을 알 수 있다.

- $MRT_{GX} = \dfrac{MC_G}{MC_X} = \dfrac{P_G}{P_X} = \dfrac{1}{1} = 1$

- $\sum MRS_{GX} = MRT_{GX} \to \dfrac{3}{\sqrt{G}} = 1 \ \therefore\ G = 9$

ⅲ) 각 개인이 부담하여야 하는 분담률은 공공재 소비로부터 얻는 편익에 비례하므로 공공재의 적정공급량 $G = 9$를 각 개인의 한계대체율에 대입하면 각 개인이 부담하여야 하는 분담률은 다음과 같이 계산된다.

- $MRS_{GX}^{A} = \dfrac{1}{2\sqrt{G}} = \dfrac{1}{2\sqrt{9}} = \dfrac{1}{6}$

- $MRS_{GX}^{B} = \dfrac{1}{\sqrt{G}} = \dfrac{1}{\sqrt{9}} = \dfrac{1}{3}$

- $MRS_{GX}^{C} = \dfrac{3}{2\sqrt{G}} = \dfrac{3}{2\sqrt{9}} = \dfrac{1}{2}$

28. 정답 ⑤

① ㅣ○ㅣ 정액세는 대체효과가 발생하지 않아 민간부문의 의사결정에 아무런 영향을 미치지 않는 중립적인 조세로서 파레토 최적조건을 위반하지 않으면서 세수를 거둘 수 있는 조세이다.

④ ㅣ○ㅣ 최적소비과세의 대표적 사례인 최적물품세에 의하면, 최적세율은 각 상품에 대한 수요의 가격탄력성에 반비례하도록 책정되어야 한다. 따라서 수요가 비탄력적인 필수재에 대해서는 높은 세율을, 수요가 탄력적인 사치재에 대해서는 낮은 세율을 적용하므로 조세부담이 역진적이 된다. 결국, 최적소비과세는 효율성은 충족하지만 형평성을 저해할 수 있다.

⑤ ㅣ✕ㅣ 소득계층 간 소비패턴에 큰 차이가 있을 때 재분배 효과를 기대하기 위해서는 저소득층이 주로 사용하는 상품에는 낮은 세율을, 고소득층이 주로 사용하는 상품에는 높은 세율을 부과해야 한다.

29. 정답 ②

ⅰ) 다수결 원칙에 의해 결정되는 공공재 공급량은 중위투표자의 선호와 일치하므로 중위투표자를 먼저 구해 보자. 공공재 공급비용을 각 유권자가 $\dfrac{1}{3}$씩 부담하므로 각 유권자가 부담하는 한계비용은 20이고, 각 유권자의 수요함수와 한계비용 20을 연립하면 중위투표자는 유권자 b임을 알 수 있다.

- 유권자 a가 원하는 공공재의 양 : $P_a = MC \to 30 - Q_a = 20 \ \therefore\ Q_a = 10$
- 유권자 b가 원하는 공공재의 양 : $P_b = MC \to 40 - Q_b = 20 \ \therefore\ Q_b = 20$
- 유권자 c가 원하는 공공재의 양 : $P_c = MC \to 41 - Q_c = 20 \ \therefore\ Q_c = 21$
  ⇒ 다수결 원칙에 의해 결정되는 공공재 공급량은 중위투표자인 유권자 b가 원하는 양인 20단위이다.

ⅱ) 사회적 최적 수준의 공공재 공급량은 개별수요함수를 수직으로 합한 시장수요함수와 한계비용이 같아지는 점에서 결정되므로 각 유권자의 수요함수를 P로 정리한 후 더한 시장수요함수와 한계비용 60을 연립하면 사회적 최적 수준의 공공재 공급량은 17단위로 계산된다.
- 공공재에 대한 시장수요함수 : $P = 111 - 3Q$
- 한계비용 : $MC = 60$
- 사회적 최적 수준의 공공재 공급량 : $P = MC \rightarrow 111 - 3Q = 60 \quad \therefore \ Q = 17$
  $\Rightarrow$ 다수결 원칙에 의해 결정되는 공공재 공급량이 사회적 최적 수준의 공공재 공급량보다 더 많음을 알 수 있다.

30. 정답 ②

ⅰ) 자원배분 왜곡을 치유하기 위한 단위당 최적 조세액은 사회적 최적산출량 수준에서의 한계피해액(MD) 또는 사회적 최적산출량 수준에서의 SMC와 PMC의 차이이다.

ⅱ) 주어진 지문은 생산의 외부불경제로 소비측면에서는 외부성이 존재하지 않으므로, 사회적 한계편익과 사회적 한계비용은 다음과 같이 구할 수 있다.
- 사회적 한계편익 : $SMB = PMB = 20 - Q$ …… ①
- 사적 한계비용과 한계피해액 : $PMC = 5 + Q, \ MD = Q$
- 사회적 한계비용 : $SMC = PMC + MD = 5 + 2Q$ …… ②

ⅲ) 사회적 최적산출량 수준에서는 $SMB = SMC$가 성립하므로 식 ①과 ②를 연립하면 사회적 최적산출량 $Q = 5$로 계산된다.
- 사회적 최적산출량 : $20 - Q = 5 + 2Q \rightarrow 3Q = 15 \quad \therefore \ Q = 5$

ⅳ) $Q = 5$를 한계피해함수 $MD = Q$에 대입하면 단위당 최적 조세액은 5임을 알 수 있다.

31. 정답 ②

① ㅣ○ㅣ 우리나라의 경우 오염배출권제도가 2014년부터 이미 시행 중에 있고, 전 세계적으로 거래되는 탄소배출권이 이에 해당한다.

② ㅣ✕ㅣ 오염배출권제도는 각 기업의 오염저감에 따른 한계비용의 격차가 클수록 효과적이다. 오염배출권제도의 시행으로 오염저감비용이 상대적으로 낮은 기업은 오염배출권을 매각하고, 오염저감비용이 상대적으로 높은 기업은 오염배출권을 매입하여 오염을 배출하면 보다 적은 비용으로 오염배출량을 정부가 원하는 수준까지 줄이는 것이 가능해진다.

③ ㅣ○ㅣ 직접규제의 경우 정부가 모든 과정을 일괄적으로 처리·통제하므로 비용이 크게 소요되는 단점이 있다. 반면, 오염배출권제도는 시장을 활용하므로 실제 거래에 따른 거래비용이 크지 않다는 전제하에서 일반적으로 직접규제에 비해 효율적이다.

④, ⑤ ㅣ○ㅣ 오염배출권제도하에서 무상으로 오염배출권을 할당하는 경우 과다할당에 따른 불로소득이 발생할 수 있다. 또한, 오염배출권제도의 시행은 오염배출량이 과도한 기업의 오염저감기술 개발을 유인할 수도 있다.

32. 정답 ⑤

① ㅣOㅣ 현금지급 정책(현금보조)과 바우처 정책(현물보조) 모두 예산선을 바깥쪽으로 평행이동시킨다. 그러나 바우처는 에너지 외에 다른 재화로의 교환이 불가능하므로 현금지급 정책에 비해 소비 가능영역이 아래 그림의 삼각형 ACD의 면적만큼 작아진다. 즉, 두 정책에서 저소득층의 예산 선은 서로 다르게 나타난다.

② ㅣOㅣ 에너지와 다른 재화가 모두 정상재이므로 현금지급 정책이나 바우처 정책의 도입은 에너지 소 비뿐만 아니라 다른 재화에 대한 소비도 증가시키는 것이 일반적이다(a점 → b점).

③ ㅣOㅣ 바우처 정책은 현금지급 정책에 비해 소비가능영역이 삼각형 ACD의 면적만큼 작으므로 상대 적으로 선택 가능한 재화의 조합이 적다.

④ ㅣOㅣ 바우처 정책은 소비자의 에너지 소비를 증가시키기 위한 정책적 의도를 띠고 있다. 따라서 바 우처 정책은 정부가 일종의 가부장적 역할을 하여 소비자 주권에 개입하는 사례로 볼 수 있다.

⑤ ㅣ✕ㅣ 현금지급 정책과 바우처 정책 모두 예산선을 평행이동시키므로 소득효과만 발생하고, 대체효 과는 발생하지 않는다.

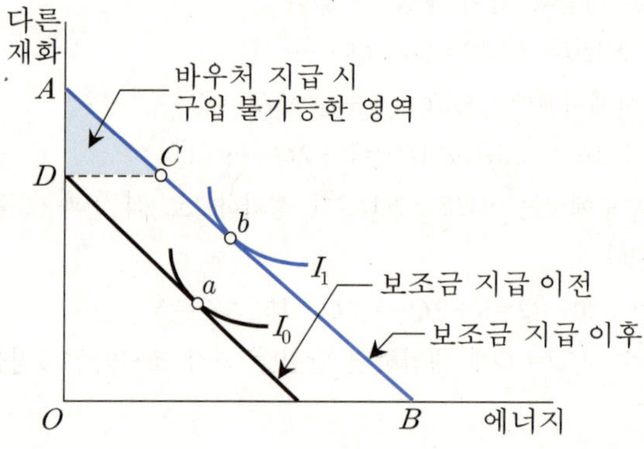

33. 정답 ⑤

제시된 지문은 아래 그림처럼 A, B 두 사회의 로렌츠곡선이 수평축의 중간점인 E점에서 서로 교차하 는 경우를 나타내고 있다.

①, ② ㅣ✕ㅣ 두 로렌츠곡선이 서로 교차하는 경우에는 두 사회의 소득분배의 불평등도를 비교하는 것이 불가능하다.

③ ㅣ✕ㅣ 두 로렌츠곡선의 교차점(E점)에서는 사회 A와 사회 B의 소득점유율이 동일하다.

④ ㅣ✕ㅣ 로렌츠곡선상 한 점의 좌표가 $(20, 10)$이라는 것은 최하위 20% 소득계층의 소득점유율이 전 체소득에서 10%를 차지함을 의미한다.

⑤ ㅣOㅣ 중간점인 E점 이하의 소득계층에서 사회 B가 사회 A보다 대각선에 가까우므로 상대적으로 사회 A가 사회 B보다 중간점 이하의 소득계층에서 소득 편차가 크다.

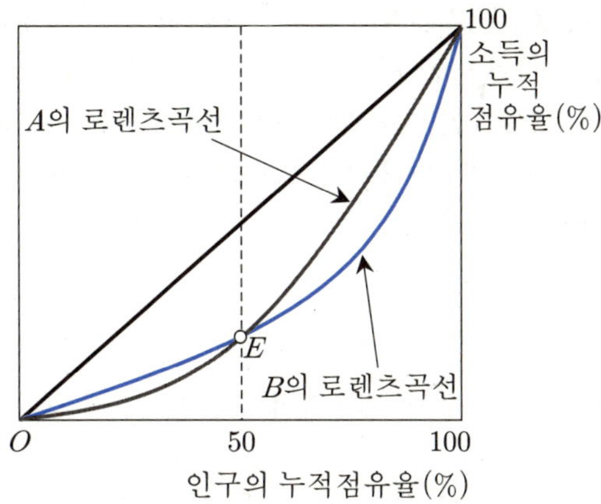

34. 정답 ④

ㄱ. |×| 구축효과란 정부지출 증가로 이자율이 상승하고, 그로 인해 투자가 감소하는 효과를 말한다. 불황기에는 확대재정정책을 실시하더라도 이자율 상승폭이 낮으므로 호황기에 비해 구축효과가 작게 나타날 가능성이 크다.

ㄴ. |○| 케인즈학파는 국채발행을 통해 재정적자를 충당하면 승수효과에 의해 정부지출 승수 배만큼 총수요(국민소득)가 증가한다고 주장한다. 예컨대, 3부문 정액세 모형에서 한계소비성향이 0.8일 때, 정부지출을 100억원 증가시키면 총수요는 500억원 증가하게 된다.

- 정부지출 승수 : $\dfrac{\Delta Y}{\Delta G} = \dfrac{1}{1-c} = \dfrac{1}{1-0.8} = 5$
- 총수요 증가분 : $100억원 \times 5 = 500억원$

ㄷ. |○| 리카도 대등정리가 성립하지 않는 경우에 재정적자를 국채로 충당하면 이자율이 상승하고, 이자율 상승으로 자본의 유입이 이루어지면 환율이 하락한다. 환율이 하락하면 순수출이 감소하므로 국제수지는 악화된다.

35. 정답 ⑤

① |○| 민간부문의 투자에 쓰일 자금이 정부 공공사업에 투입된 경우에는 기회비용의 관점에서 희생된 민간부문 투자의 세전수익률을 정부 공공사업에 대한 할인율로 사용할 수 있다.

② |○| 완전경쟁시장에서 공공사업에 대한 투입물의 가격은 시장가격으로 평가하고, 조세나 독점과 같은 시장의 왜곡이 발생하는 경우에 공공사업에 대한 투입물의 가격은 시장가격에 적절한 조정을 가한 가격인 조정된 시장가격으로 평가해야 한다. 즉, 공공사업에 대한 투입물의 가격은 경쟁시장 여부에 따라 달라진다.

③ |○| 민간에 고용되었던 사람이 공공사업에 투입되었다면 노동자의 기회비용은 민간에서의 임금률(세전임금)이 된다.

④ |○| 대규모 공공투자로 생산량이 증가하여 시장가격이 낮아지는 경우 생산량 증가로 인해 소비자가 얻게 되는 편익은 소비자잉여 증가분을 이용하여 계산할 수 있다.

⑤ |×| 조세가 부과된 제품을 공공사업의 투입물로 사용하는 경우 조세가 부과된 제품의 생산량이 예전 수준에 머물러 있다면 공공사업의 투입물로 사용되는 제품이 민간소비의 감소로부터 온 것이라 간주할 수 있으므로 소비자가격을 기회비용으로 보아야 하나, 제품의 생산량이 공공사업에서 사용되는 양만큼 증가한다면 제품의 기회비용은 추가적 생산을 위해 소요된 비용인 한계비용을 사용하여야 한다.

36. 정답 ③

① 의료보험에 가입한 사람이 부주의하게 행동하여 부상 발생률이 증가하는 경우
　→ 도덕적 해이
② 주택의 임차인보다는 주택소유자가 집을 더 잘 관리하여 내부수리 비용이 적게 드는 경우
　→ 좋은 성품을 가진 주택소유자일 뿐 역선택과 무관함
③ 중고차 시장에서 상태가 나쁜 자동차가 주로 거래되는 경우
　→ 역선택
④ 하천에 대한 재산권이 설정되지 않아 상류와 하류 지역 간 분쟁이 발생하는 경우
　→ 외부불경제
⑤ 정부가 이공계 육성을 위해서 공과대학의 증설을 결정하는 경우
　→ 외부경제

37. 정답 ③

① |○| 선형누진소득세의 경우 면세점 소득과 관계없이 한계세율은 일정하다.
② |○| 선형누진소득세의 경우 면세점 소득 이상의 구간에서 소득이 증가할수록 평균세율은 증가한다.
③ |×| 선형누진소득세의 경우 면세점 소득에서 한계세율은 0보다 큰 값으로 일정하고, 평균세율은 0이므로 한계세율이 평균세율보다 높다.
④ |○| 동일한 효용을 유지하는 경우 선형누진소득세의 세율이 비례소득세의 세율보다 높고, 초과부담은 세율의 제곱에 비례하므로 선형누진소득세의 초과부담이 비례소득세의 초과부담보다 크다.
⑤ |○| 아래 그림에서 보듯, 선형누진소득세의 경우 면세점 소득 이상의 구간에서 한계세율은 평균세율보다 항상 높다.

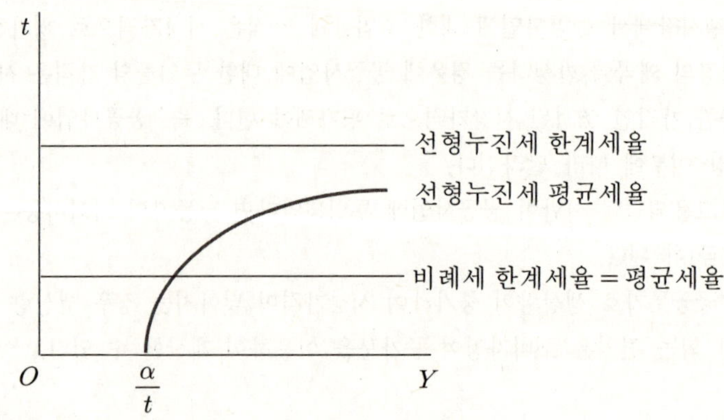

38. 정답 ⑤

① |×| 재화가 일단 제공되면 다른 사람이 그 재화를 소비하는 데 추가비용이 발생하지 않는 경우 소비가 비경합성을 띤다고 한다.

② |×| 어떤 사람이 그 재화를 소비하지 못하도록 배제하는 것이 불가능할 때 소비가 비배제성을 띤다고 한다.

③ |×| 클럽재는 소비자의 수가 늘어남에 따라 정체가 발생하는 재화로 부분적으로 경합성을 띠므로 성격상 비순수공공재에 속한다.

④ |×| 생산비를 부담하지 않은 사람에 대한 배제가 불가능하다면 누구도 생산비를 부담하려 하지 않을 것이므로 시장기구를 통해 재화가 공급되기 어렵다. 일반적으로 시장은 비배제성이 아니라 배제성의 원칙이 적용되는 상황에서 적절히 기능할 수 있다.

⑤ |△| 자연독점기업이 생산하는 재화의 **추가적인 소비**에 따른 한계비용이 0이라면 그 재화는 비경합성을 띤다.

> 💡 정확하게 맞는 표현은 아니지만 다른 보기보다는 상대적으로 정답에 가깝다고 볼 수 있다.

39. 정답 ④

중립적 법인세의 조건은 다음과 같다.

> Ⅰ. 자기자본의 귀속이자를 포함한 모든 이자비용 완전공제＋세법상 감가상각률과 경제적 감가상각률이 일치
> $$(r=x \ \oplus \ d=y)$$
> Ⅱ. 자본재 구입비용을 즉시 상각하고, 이자비용 공제를 허용하지 않는 경우
> $$(x=0 \ \oplus \ y=0)$$

① |○| 경제적 감가상각을 고려한 진정한 경제적 감가상각이 이루어지고, 금융비용의 전액 공제가 허용되면 법인세의 중립성이 보장된다.

　　→ Ⅰ. 자기자본의 귀속이자를 포함한 모든 이자비용이 완전공제되는 경우

② |○| 현금의 흐름 혹은 직접적 비용을 기준으로 과세하면 진정한 경제적 감가상각이 이루어지므로 법인세의 중립성이 보장된다.

③ |○| 자본비용상각의 현재가치가 자본구입가격과 일치한다는 것은 자본재 구입비용의 즉각적인 경비처리를 허용한다는 의미이다.

　　→ Ⅱ. 자본재 구입비용을 즉시 상각하고, 이자비용 공제를 허용하지 않는 경우

④ |×| 적자가 발생할 때 손실액을 다음 해로 이월해 주면 법인세 부과로 인해 자본의 사용자비용이 변화하므로 법인세의 중립성이 보장되지 않는다.

⑤ |○| 조세가 자본의 사용자비용을 변화시키지 않으면 $C=C_e$가 성립하므로 법인세는 중립적(＝중립세, 이윤세)이 된다.

40. 정답 ③

① ｜○｜ 범주적 교부금(조건부 보조금)은 중앙정부가 특정한 조건을 달고 지방정부에 제공하는 교부금으로 대응교부금과 비대응교부금으로 나뉜다.

② ｜○｜ 대응교부금은 일종의 가격보조로 지방정부가 어떤 사업을 수행할 경우 비용의 일정 부분을 중앙정부가 부담하는 형식으로 교부금을 지급하는 방식이다.

③ ｜×｜ 비대응교부금은 대응교부금과 동일하게 중앙정부가 일정 규모의 교부금을 교부하되 이를 특정 공공사업에만 사용해야 한다는 조건을 붙인 교부금이다.

④ ｜○｜ 대응교부금은 특정 사업의 수행에 소요되는 재원의 일정 비율만을 지급하므로 가격보조에 해당하고, 비대응교부금은 일정 규모의 교부금을 지급하되 사용용도가 제한되어 있으므로 소득보조에 해당한다고 볼 수 있다.

⑤ ｜○｜ 무조건부 교부금은 사용용도에 아무런 제약이 없으며 단순히 중앙정부로부터 지방정부로 구매력을 이전하기 위하여 지급되는 교부금이다.

보조금의 유형

	대체효과	소득효과
• 무조건부 보조금(＝현금보조)	×	○
• 조건부 보조금 ┬ 정액보조금(＝현물보조) (비대응보조금)	○	○
└ 정률보조금(＝가격보조) (대응보조금)	○	○

2012년 정답 및 해설

1	2	3	4	5	6	7	8	9	10
③	③	①	④	④	⑤	①	⑤	③	②
11	12	13	14	15	16	17	18	19	20
③	④	②	③	①	⑤	④	②	①	④
21	22	23	24	25	26	27	28	29	30
③	②	①	⑤	①	③	①	②	⑤	②
31	32	33	34	35	36	37	38	39	40
⑤	③	④	⑤	④	②	③	④	⑤	②

01. 정답 ③

① |○| 조세부담의 공평성에 대한 견해는 편익원칙과 능력원칙으로 나누어지는데, 납세자가 공공서비스로부터 받은 편익에 비례하도록 조세를 부담하는 것이 공평하다고 보는 견해는 편익원칙에 해당한다.

② |○| 능력원칙이란 공공서비스로부터 얻는 편익의 크기에 관계없이 납세자의 담세능력에 따라 조세를 부과하는 것이 바람직하다고 보는 견해로 응능과세라고도 한다.

③ |×| 피구세는 외부불경제 발생 시 외부성을 시정하기 위하여 부정적 외부성을 유발한 경제주체에 대해 부과되는 교정과세로, 부정적 외부성을 유발한 경제주체(ex. 오염물질을 배출하는 기업)가 누리는 편익에 대응하여 부과되는 조세라는 점에서 피구세는 능력원칙보다는 편익원칙에 부합하는 조세라고 볼 수 있다.

④ |○| 밀은 유기체적 국가관에 입각하여 조세납부에 따른 개인의 희생의 크기가 균등해질 때 조세부담이 공평해진다는 균등희생원칙(동등희생원칙)을 제시하였다.

⑤ |○| 능력원칙에 따르면, 공평한 조세부담이 이루어지기 위해서는 동일한 경제적 능력을 가진 사람은 동일한 크기의 조세를 부담하는 수평적 공평성과 경제적 능력이 다른 사람은 상이한 크기의 조세를 부담하는 수직적 공평성이 달성되어야 한다.

02. 정답 ③

① |○|, ③ |×| 저소득자에 대한 정액보조금이 증가하면 실질소득이 증가하므로 저소득자의 후생은 증가하고, 여가가 정상재이므로 소득효과에 의해 저소득자의 여가소비는 증가하고 노동공급은 감소한다.

②, ④ |○| 고소득자의 한계세율이 높아지면 세후임금이 하락하므로 고소득자의 후생은 감소하고, 여가의 가격이 하락하므로 대체효과에 의해 고소득자의 여가소비는 증가하고 노동공급은 감소한다.

⑤ |○| 초과부담은 세율의 제곱에 비례하므로 한계세율이 높아지면 대체효과가 크게 나타날 뿐만 아니라 초과부담도 증가한다.

03. 정답 ①

동결효과란 실현된 자본이득에 대해서만 과세할 경우 자산의 소유자들이 가능한 한 자산의 매각시점을 늦추어 조세납부시점을 뒤로 연기하려는 효과를 말한다. 동결효과로 인해 경제주체들은 가치가 상승한 자산(ex. 부동산)의 매각시점을 뒤로 연기할 것이므로 부동산의 장기보유 경향이 커지고, 자산이동이 억제됨에 따라 자산시장의 공급이 위축되는 것은 물론 새로운 투자가 제약되며, 자산의 효율적 배분이 저해되어 자본재의 생산성이 하락하게 된다.

04. 정답 ④

①, ② ㅣㅇㅣ 불평등의 발생원인은 크게 개인적 요인(노력, 능력, 교육수준 등)과 사회적 요인(사회제도, 경제정책 등)으로 나눌 수 있다.

③ ㅣㅇㅣ 앳킨슨지수에서 소득분배가 불균등할수록 균등분배대등소득이 작아지므로 균등분배대등소득과 평균소득과의 격차가 커진다.

④ ㅣ✕ㅣ 블라인더는 경제안정화정책을 시행할 때 실업과 인플레이션 중 어디에 중점을 두는가에 따라서 분배 상태가 달라진다고 주장하였는데, 경기침체 시에 실업으로 인한 고통이 큰 계층은 빈곤층이므로 실업문제의 우선해결에 중점을 두는 경제안정화정책은 소득수준이 낮은 빈곤층에게 유리하다고 보았다.

⑤ ㅣㅇㅣ 사회구성원 간의 소득분배 불평등도 일종의 시장실패이므로 정부는 다양한 정책수단(누진세제 및 각종 사회보장제도)을 사용하여 불평등 현상을 완화하기 위해 노력한다.

05. 정답 ④

① ㅣ✕ㅣ 조세부담이 누진적이면 초과부담이 커지므로 자원배분의 효율성은 낮아진다.

② ㅣ✕ㅣ 우리나라의 부가가치세는 일반소비세로서 10%의 단일세율을 적용하므로 조세부담이 역진적인 경향을 갖는다.

③ ㅣ✕ㅣ 우리나라의 근로소득세는 능력원칙에 기초한 조세(응능과세)이다.

④ ㅣㅇㅣ 균등비례희생의 원칙은 조세납부로 인해 희생된 효용의 비율이 모든 사람에게 동일해야 함을 의미하는데, 모든 사람의 소득의 한계효용이 일정(한계효용곡선이 수평선)한 경우에는 비례세가 부과될 때 공평한 조세부담이 이루어진다.

⑤ ㅣ✕ㅣ 균등한계희생의 원칙은 마지막 단위의 조세납부로 인한 희생의 크기가 모든 사람에게 동일해야 함을 의미한다.

06. 정답 ⑤

니스카넨 모형에서 관료들은 자신이 속한 부서의 예산규모가 커질수록 직책상 특권, 영향력 등이 커지므로 예산극대화만을 추구한다. 이에 따라 공공재 공급량은 공공재 공급에 따른 총편익곡선과 총비용곡선이 서로 교차하는 점에서 결정되며 결국, 공공재 공급에 따른 순편익이 0이 될 때까지 공공재가 과다공급되어 관료들은 제1급 가격차별 독점자와 같은 독점력을 갖게 된다.

⑤ ㅣ✕ㅣ 정치인의 득표극대화를 가정하는 모형은 다운즈의 득표극대화 모형이다.

07. 정답 ①

ⅰ) 일반균형분석의 관점에서 조세부과 이전의 균형 조건은 다음과 같다.

- 과세 전 균형 조건 : $MRS_{XY} = \dfrac{P_X}{P_Y} = \dfrac{MC_X}{MC_Y} = MRT_{XY}$

ⅱ) 이제, X재에 대해서만 세율 t_X의 물품세가 부과되면 X재의 가격이 $(1+t_X)P_X$로 상승하므로 새로운 소비자균형점에서는 $MRS_{XY} = \dfrac{(1+t_X)P_X}{P_Y}$가 성립한다.

ⅲ) 따라서 X재에 대해서만 세율 t_X의 물품세가 부과된 이후의 균형 조건은 다음과 같이 나타낼 수 있다.

- 과세 후 균형 조건 : $MRS_{XY} = \dfrac{(1+t_X)P_X}{P_Y} = \dfrac{(1+t_X)MC_X}{MC_Y} = (1+t_X)MRT_{XY}$

08. 정답 ⑤

① ｜○｜ 롤스의 정의관은 원초적 상황(원초적 위치)이라는 가상적 상황으로부터 출발하고 있는데, 이 상태는 아직 아무런 사회질서도 세워져 있지 않고 모든 사람들이 무지의 장막에 가려 자신이 장래가 어떻게 될지 모르는 가상적인 상황을 말한다.

② ｜○｜ 롤스의 사회후생함수에 의하면, 사회후생은 그 사회의 최저소득계층의 후생에 의해 결정되므로 부자와 가난한 사람(최저소득계층)의 소득을 전부 합친 후 절반씩 나누어 가지면 가난한 사람의 후생이 증가하여 사회후생은 증가하게 된다.

③ ｜○｜ 원초적 상황에 놓인 사람들은 극도로 불행한 결과가 초래되는 것을 막기 위한 일종의 보험으로서 최소극대화원칙에 입각한 사회후생함수를 갖게 된다. 이 사회의 사람들은 소득분배상의 제일 밑바닥으로 떨어질지도 모른다는 사실에 두려워하며, 가능한 한 그 밑바닥의 수준을 높이고자 소득재분배 정책을 위험에 대비하는 보험정책으로 간주한다.

④ ｜○｜, ⑤ ｜×｜ 롤스의 사회후생함수에 의하면, 사회후생은 그 사회의 최저소득계층의 후생에 의해 결정되므로 소득 중간계층에 대한 감세정책이 시행되거나, 복권당첨으로 부자의 소득이 증가하더라도 사회후생에는 아무런 변화가 없다.

> 💬 **롤스의 사회후생함수**
> 1. $W = \min[U^A,\ U^B]$
> 2. 원초적 상황
> 3. 최소극대화원칙
> 4. 사회후생 극대화 : $U^A = U^B$

09. 정답 ③

목적세는 특정한 지출 목적에 사용하기 위해 부과하는 조세로, 목적구속금지원칙의 예외이다. 우리나라의 경우 국세 중 목적세로는 교육세, 농어촌특별세, 교통·에너지·환경세의 3가지가 인정되고 있고, 지방세 중 목적세로는 지역자원시설세, 지방교육세의 2가지가 있다.

ㄱ. ㄴ. |○| 목적세는 세원이 특정한 지출 목적과 결부되어 있어 재정운용의 경직성이 초래될 가능성이 있으나, 장기간 지속되는 특정 분야 또는 사업에 대한 예산을 안정적으로 확보하는 데에는 유리한 측면이 있다.

ㄷ. |×| 현행 우리나라 지방세체계하에서 레저세는 지방세 중 보통세로 분류된다.

ㄹ. |×| 목적세는 수익자부담원칙에 입각한 편익원칙에 근거하여 과세되므로 능력원칙을 구현하기는 어렵다.

ㅁ. |○| 현행 우리나라 국세체계하에서 교통·에너지·환경세는 목적세로 분류된다.

10. 정답 ②

① |×| 보상원리는 개인들 간의 효용을 직접적으로 비교하지 않고 우회적으로 사회후생의 변화를 평가하기 위해 고안된 방법이다.

② |○|, ④ |×| 보상원리(보상의 원칙)는 개인들 간의 효용비교 문제를 실제적 보상이 아닌 잠재적 보상이라는 개념을 통해 우회하여 해결하려는 시도이다.

③ |×| 칼도-힉스의 보상원리에 의하면, 경제 상태의 변화를 통해 이득을 얻는 사람의 이득의 가치가 손해를 보는 사람의 손해의 가치보다 클 때 그 변화는 사회후생의 개선으로 평가된다.

⑤ |×| 파레토 기준에 의한 보상원리는 파레토 개선의 경우에만 보상의 원칙이 충족된다. 그러나 현실 세계에서 이 기준을 적용할 때 분명하게 개선이라고 판단할 수 있는 경우가 극히 드물므로(즉, 현실적으로 적용이 거의 불가능하므로) 현실에서 일어나는 변화의 개선여부를 평가하기 위해서는 칼도기준이나 스키토브스키기준과 같은 보상원리에 의존할 수밖에 없다.

11. 정답 ③

직접규제는 주류의 판매를 금지하는 것과 같이 정부가 직접적으로 소비를 제한하는 조치를 말한다. 주류나 담배에 대한 중과세는 가격인상을 통해 해당 재화의 소비를 감소시키는 간접규제에 해당한다.

12. 정답 ④

ㄱ. |×| 서레이에 의해 고안된 조세지출은 개인이나 기업의 특정 경제활동을 장려하기 위해 비과세, 감면 등과 같은 세제상의 유인을 제공함에 따라 포기된 조세수입을 말하며, 동액의 보조금을 준 것과 같다는 의미에서 '숨은 보조금'이라고 부르기도 한다. 조세지출 요소가 많이 포함되어 있을수록 재정운영의 투명성이 낮아지므로 재정의 효율성은 떨어진다.

ㄴ. |○| 사회 내 어느 누구의 후생감소도 없이 최소한 한 사람 이상의 후생이 증가하는 파레토 개선의 성격을 갖는 조세제도의 개혁은 현실적으로 어렵다.

ㄷ. |×| 인플레이션이 발생하면 종량세, 종가세에 관계없이 조세부담이 증가한다. 따라서 인플레이션 하에서는 종가세율을 낮추는 방향으로 조세제도를 개혁하는 것이 바람직하다.

💡 예컨대, 누진소득세제하에서 인플레이션이 발생하면 실질소득은 불변이나, 명목소득이 증가하므로 적용받는 과세 구간이 상승하여 조세부담이 증가하게 된다.

ㄹ. |○| 헤이그와 사이먼즈는 발생원천과 관계없이 일정 기간 동안 개인의 경제적 능력을 증가시킨 수입은 모두 소득에 포함시켜 정의하고 있는데(포괄적 소득), 소득세의 세원을 가장 넓게 인정하는 포괄적 소득세제는 이러한 헤이그-사이먼즈의 소득 정의(순자산증가설)에서 그 근거를 찾을 수 있다.

ㅁ. |×| 세율을 낮추고 과세범위를 늘리는 방향으로 조세제도를 개혁하여야 초과부담이 감소하여 효율성이 높아지고, 수평적 공평성도 제고된다.

13. 정답 ②

ㄱ. |○| 바그너법칙이란 1인당 국민소득이 증가할 때 국민경제에서 차지하는 정부지출 규모의 <u>상대적</u> 크기가 커지는 현상을 말한다.

ㄴ. |×| 피콕-와이즈만의 전위효과론에 관한 설명이다.

ㄷ. |×| 중위투표자정리를 이용한 브라운-잭슨의 공공경비팽창이론에 관한 설명이다.

ㄹ. |×| 보몰은 공공서비스의 가격이 지속적으로 상승하는 현상을 비용병(cost disease)이라 지칭하며, 정부부문의 낮은 생산성을 경비팽창의 원인으로 보았다.

ㅁ. |○| 뷰캐넌은 현대의 대의민주주의체제가 본질적으로 정부부문의 과도한 팽창을 유발하는 속성을 갖고 있다는 리바이어던 가설을 제시하였다. 그는 일반 대중이 정부지출 증가에 적극적으로 반대하지 않았기 때문에 현대판 리바이어던의 등장을 초래하게 되었다고 지적하였다.

14. 정답 ③

오우츠의 분권화 정리에 의하면, 지역 간 공공재에 대한 선호가 이질적인 경우에는 중앙정부보다 지역의 특성과 지역주민의 선호를 잘 알고 있는 지방정부가 공공재를 공급하는 것이 더 효율적이다.

15. 정답 ①

① |×| <u>조건부평가법(조건부가치평가법)</u>은 사람들에게 환경정책의 수행을 통해 기대할 수 있는 가상의 환경개선 효과를 제시하고, 이에 대해 얼마만큼 지불할 용의가 있는지를 묻는 방법으로, 시장가격을 이용할 수 없는 상황에서 <u>설문조사</u>를 통해 환경정책의 편익을 파악하는 방법이다.

②, ③ |○| <u>회피행위접근법</u>은 환경오염으로 발생하는 위험을 <u>회피</u>하기 위해 어느 정도의 지출을 감수할 용의가 있는지를 파악하여 환경정책의 편익을 산출하는 방법으로, 이 방법에 의해 환경정책의 편익을 계산하면 실제의 편익을 과소평가할 가능성이 있다. 또한, 아무리 많은 돈을 지출한다 해도 오염물질에 의한 피해를 회피할 수 없는 경우 이 접근법을 적용할 수 없다는 문제점도 있다.

④ |○| 주어진 크기의 주택이 있다고 가정할 때, 그 주택의 가격은 학군, 도심지로부터의 거리, 주변환경의 쾌적성 등 여러 특성에 의해 결정된다. <u>헤도닉가격접근법</u>은 <u>주택</u>이 갖는 여러 특성과 주택가격을 연결시키는 헤도닉가격함수를 통해 환경의 질 개선이 주택가격 상승에 미치는 정도를 측정하여 환경정책의 편익을 산출하는 방법이다.

⑤ ㅣ◯ㅣ **지불의사접근법**은 환경의 질 악화로 인해 손해를 본다고 느끼는 사람들이 환경개선을 위해 **지불할 용의가 있는 금액**을 측정하여 환경정책의 편익을 파악하는 방법이다. 어떤 사람이 지불할 용의가 있는 금액은 환경의 질 악화로 인해 효용이 어느 정도로 감소하느냐에 의해 결정될 것이므로, 바로 이 지불의사를 알아내어 그것이 환경정책에서 나오는 편익이라고 보는 것이 지불의사접근법이다.

16. 정답 ⑤

조세의 자본화란 토지와 같이 공급이 고정된 재화에 대해 조세를 부과하면 조세부과를 발표하는 시점에서 그 재화의 가격이 나중에 납부하게 될 조세의 현재가치($\frac{T}{r}$)만큼 하락하는 현상을 말한다.

ⅰ) 할인율(r)이 10%이고, $1m^2$당 10,000원의 재산세(T)가 영구적으로 부과되므로 납세액의 현재가치는 100,000원으로 계산된다.

- 납세액의 현재가치 : $PV = \dfrac{10,000}{(1+r)} + \dfrac{10,000}{(1+r)^2} + \cdots + \dfrac{10,000}{(1+r)^n} = \dfrac{10,000}{r} = 100,000$원

ⅱ) 따라서 자본화되는 금액도 $1m^2$당 100,000원이다.

17. 정답 ④

노동집약적인 X재 산업에 물품세가 부과되면 X재의 상대가격이 상승하므로 X재의 소비 및 생산이 감소한다. 이때 X재가 노동집약재이므로 상대적으로 노동이 많이 해고되어 X재 산업의 임금률은 하락한다. 노동집약적인 X재 산업에 물품세가 부과되어 노동수요가 감소할 때 임금(노동의 상대가격)의 하락폭은 노동공급의 임금탄력성에 따라 달라진다. 생산요소(노동)공급이 고정적인 경우(a)에는 임금의 하락폭이 크지만 생산요소(노동)공급이 가변적인 경우(b)에는 임금의 하락폭이 상대적으로 작다.

> 💬 **개별물품세(t_X or t_Y)**
>
> 1. 내용
>
> $$t_X \rightarrow \frac{P_X(1+t)}{P_Y} \uparrow$$
>
> - X재(노동집약재) : X재 소비↓, 생산↓ → 노동 해고 → $w \downarrow$ ⟩ $(\frac{w}{r}) \downarrow$
> - Y재(자본집약재) : Y재 소비↑, 생산↑ → 자본 고용 → $r \uparrow$
>
> 2. 요소상대가격의 변화
>   ① 수요의 가격탄력성이 클수록 ⟩ $(\frac{w}{r})$의 변화가 커짐
>   ② 요소집약도의 차이가 클수록
>
> 💡 가정을 완화하여 요소(노동)공급이 가변적일 경우 요소상대가격의 변화는 작아짐

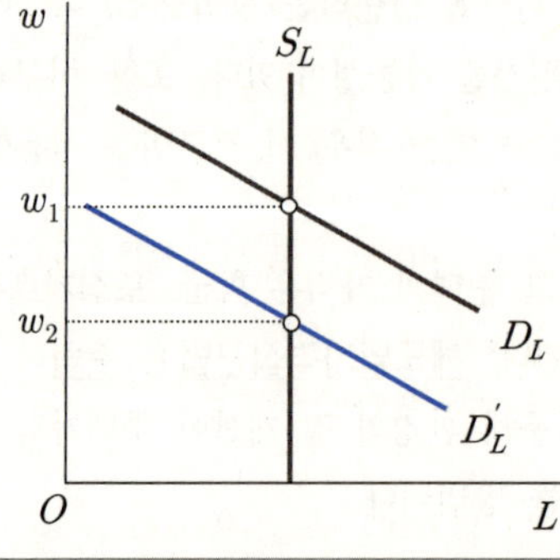

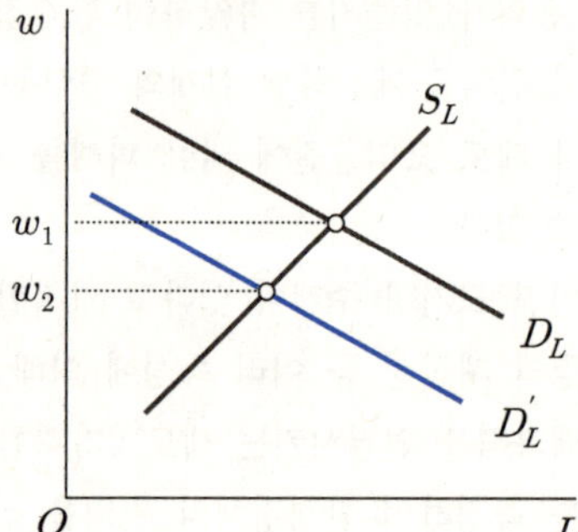

18. 정답 ②

ⅰ) 수요측면

- 시장수요함수 : $Q=160-P \ \rightarrow \ P=160-Q$
- 한계수입 : $MR=160-2Q$ (수요곡선과 절편은 같고, 기울기의 절댓값만 두 배 큼)

ⅱ) 공급측면

- 평균비용 : $AC=40+Q$
- 총 비 용 : $TC=AC \times Q=40Q+Q^2$
- 한계비용 : $MC=\dfrac{\Delta TC}{\Delta Q}=40+2Q$

ⅲ) 독점의 이윤극대화 조건

- 이윤극대화 산출량과 가격 : $MR=MC \rightarrow 160-2Q=40+2Q \ \therefore \ Q=30,\ P=130$

ⅳ) 소비자잉여

- 소비자잉여(ΔA의 면적) : $\dfrac{1}{2} \times 30 \times 30 = 450$

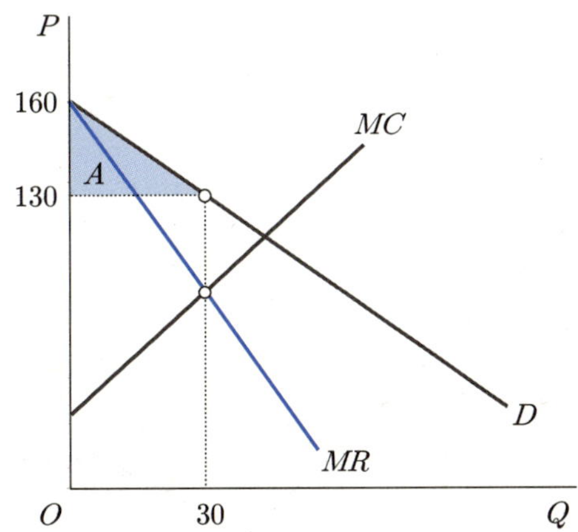

19. 정답 ①

① ㅣ×ㅣ 콜렛–헤이그 규칙에 의하면, 여가와 보완적인 관계에 있는 재화에 대해서는 높은 세율의 조세를 부과하고, 여가와 대체적인 관계에 있는 재화에 대해서는 낮은 세율의 조세를 부과하여야 한다. 각 상품에 적용되는 물품세의 세율을 수요의 가격탄력성에 반비례하도록 정하여 초과부담의 극소화를 추구하는 것은 램지규칙에 관한 내용이다.

② ㅣ○ㅣ 지출세는 직접세이자 인세이므로 누진과세가 가능하다.

③ ㅣ○ㅣ 소득세의 과세베이스는 총소득이나, 지출세는 총소득 중 저축이 과세대상에서 제외되므로 소득세와 지출세는 저축이 과세대상이 되느냐의 여부에서 차이가 있다.

④ ㅣ○ㅣ 칼도는 진정한 후생의 증가는 소비에 있고, 소비는 재화를 없애는 행위이므로 임금소득에 대해 과세하는 것보다는 소비행위에 대해 과세하는 것이 더 바람직하다고 주장하였다.

⑤ ㅣ○ㅣ 최적물품세이론은 조세의 효율성(초과부담의 극소화) 측면만을 고려하고 있으며, 공평성 측면은 전혀 고려하지 않고 있다.

20. 정답 ④

ⅰ) 주어진 지문은 생산의 외부불경제로 소비측면에서는 외부성이 존재하지 않으므로, 사회적 한계편익과 사회적 한계비용은 다음과 같이 구할 수 있다.

- 사회적 한계편익 : $SMB = PMB = 900 - Q$ ······ ①

- 사적 한계비용과 사회적 한계피해액 : $PMC = \dfrac{2}{5}Q$, $MD = \dfrac{1}{10}Q$

- 사회적 한계비용 : $SMC = PMC + MD = \dfrac{1}{2}Q$ ······ ②

ⅱ) 사회적 최적산출량 수준에서는 $SMB = SMC$가 성립하므로 식 ①과 ②를 연립하면 사회적 최적산출량 $Q = 600$으로 계산된다.

- 사회적 최적산출량 : $900 - Q = \dfrac{1}{2}Q \rightarrow \dfrac{3}{2}Q = 900$ ∴ $Q = 600$

ⅲ) $Q = 600$을 사회적 한계피해함수 $MD = \dfrac{1}{10}Q$에 대입하면 단위당 피구세의 크기는 60임을 알 수 있고, 조세부과 후 거래량이 600이므로 피구세 부과에 따른 정부의 조세수입의 크기는 36,000으로 계산된다.

- 정부의 조세수입 : 단위당 조세액(T)×조세부과 후 거래량(Q_T) = $60 \times 600 = 36,000$

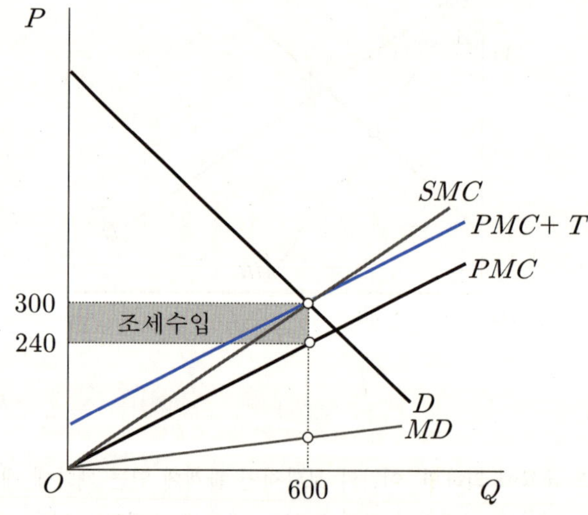

21. 정답 ③

제1오분위와 제2오분위의 소득을 합한 최하위 40% 소득계층의 소득점유율이 18%이고, 제5오분위의 소득 즉, 최상위 20% 소득계층의 소득점유율이 36%이므로 십분위분배율은 0.5로 계산된다.

- 십분위분배율 $= \dfrac{\text{최하위 40\% 계층의 소득점유율}}{\text{최상위 20\% 계층의 소득점유율}} = \dfrac{18\%}{36\%} = 0.5$

22. 정답 ②

① ｜○｜, ② ｜×｜ 근로소득세율의 인상으로 세후임금률이 하락하면 대체효과에 의해서는 노동공급이 감소하나, 소득효과에 의해서는 노동공급이 증가하므로 두 효과가 정확하게 상쇄되면 노동공급은 불변이고, 소득효과가 대체효과보다 크면 노동공급은 증가한다.

> - 대체효과 : 세율 인상 ⇒ 세후w↓ ⇒ $P_{여가}$↓ ⇒   여가↑, L_s↓
> - 소득효과 : 세율 인상 ⇒ 세후w↓ ⇒ 실질소득↓ ⇒ 정상재 : 여가↓, L_s↑

③ ｜○｜ 노동공급곡선이 후방굴절되는 구간에서는 소득효과가 대체효과보다 크므로 세율 인상으로 세후임금률이 하락하면 노동공급은 증가한다.

④ ｜○｜ 초과부담은 세율의 제곱에 비례하므로 세율이 인상되면 대체효과가 커지고, 초과부담이 증가한다.

⑤ ｜○｜ 세율 인상에도 불구하고, 대체효과가 소득효과보다 커서 고소득층의 노동공급이 감소한다면 세수증대가 이루어지지 않을 수도 있다.

23. 정답 ①

선형누진세의 조세함수 $T=-\alpha+tY$에서 소득(Y)이 2,000만원, 소득세율(t)이 30%, 정액증여(α)가 500만원이므로 납세액은 100만원임을 알 수 있다.
- 납세액 : $T=-\alpha+tY \rightarrow T=-500만원+(0.3\times2,000만원)=100만원$

24. 정답 ⑤

① ｜○｜ 리카도 대등정리에 의하면, 국채가 발행되면 사람들은 미래의 조세증가를 예견하고 저축을 증가시킨다. 즉, 국채가 발행되면 현재세대는 미래세대에 더 많은 유산을 물려주기 위해 저축을 늘리므로 국채발행은 전부 현재세대의 부담이 되고 미래세대로 전가되지 않는다.

② ｜○｜, ⑤ ｜×｜ 리카도 대등정리에 의하면, 국채발행(재정적자)으로 인해 정부저축은 감소하나, 그만큼 국채상환에 대비한 민간저축이 증가하므로 총저축은 불변이다. 따라서 이자율이 변하지 않고, 투자 역시 변하지 않는다.

③ ｜○｜ 리카도 대등정리는 합리적 경제주체를 가정하므로 국채가 발행되면 개인들은 국채를 자산이 아니라 부채로 인식하고 합리적인 의사결정을 한다.

④ ｜○｜ 리카도 대등정리는 개인들이 주어진 이자율수준에서 얼마든지 차입을 할 수 있다는 자본시장의 완전성을 전제로 한다.

> 💬 **리카도 대등정리**
>
> 1. 내용
>
> $$\boxed{\begin{array}{c}국채발행\\조세감면\end{array}} \rightarrow Y_d\uparrow \begin{bmatrix} \overline{C} \rightarrow \overline{AD} \rightarrow \overline{Y} \\ S_P\uparrow \end{bmatrix}$$
>
> 2. 특징
>   - 합리적인 경제주체들은 미래의 조세증가를 예견하고 저축을 증가시킴
>   - 정부저축($T-G$)의 감소분만큼 민간저축(S_P)이 증가하므로 이자율은 불변임
>   - 정부지출 재원을 조세징수를 통해 조달하든 국공채발행을 통해 조달하든 그 효과는 근본적으로 동일함

25. 정답 ①

i) 수요함수가 $P = 200 - Q$이고, 공급함수는 $P = 100$이므로 둘을 연립하면 조세부과 전의 거래량 $Q = 100$이다.

- 조세부과 전 거래량 : $200 - Q = 100$ ∴ $Q = 100$

ii) 단위당 20의 물품세가 부과되면 공급곡선이 단위당 조세액만큼 상방이동하므로 조세부과 후의 공급함수는 $P = 120$이고, 이를 다시 수요함수 $P = 200 - Q$와 연립하면 조세부과 후의 거래량 $Q_T = 80$이다.

- 조세부과 후 거래량 : $200 - Q = 120$ ∴ $Q_T = 80$

iii) 단위당 조세액이 20이고, 조세부과 후의 거래량이 80단위이므로 정부의 조세수입은 1,600으로 계산되고, 단위당 20의 조세가 부과되었을 때 거래량이 20단위 감소하므로 초과부담은 200으로 계산된다.

- 조세수입($\Box A$의 면적) : 단위당 조세액(T)×조세부과 후 거래량(Q_T) $= 20 \times 80 = 1,600$

- 초과부담(ΔB의 면적) : 단위당 조세액(T)×거래량 감소분(ΔQ) $= \dfrac{1}{2} \times 20 \times 20 = 200$

iv) 비효율성계수는 조세부과에 따른 효율성 상실의 정도를 측정하는 지표로, 초과부담을 조세수입으로 나눈 값으로 정의된다. 따라서 비효율성계수는 $\dfrac{1}{8}$임을 알 수 있다.

- 비효율성계수$= \dfrac{\text{초과부담}}{\text{조세수입}} = \dfrac{200}{1,600} = \dfrac{1}{8}$

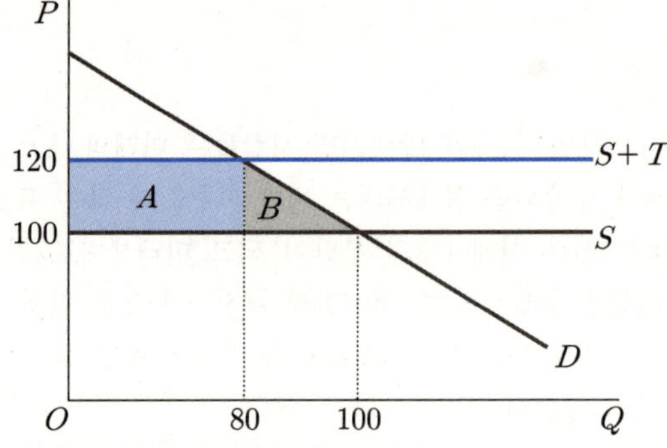

26. 정답 ③

ⅰ) 근로소득세 부과 전의 소득($M=wL$)은 24시간에서 여가시간(H)을 뺀 노동시간($L=24-H$)에 임금률(w)을 곱한 값과 일치하므로 예산선은 다음과 같다.
- 근로소득세 부과 전 예산선 : $M=w(24-H) \rightarrow M=-wH+24w$
- 근로소득세 부과 전 예산선의 소득축 절편 : $24w$
- 근로소득세 부과 전 예산선의 여가축 절편 : 24

ⅱ) 이제, 세율 t_w의 근로소득세가 부과되면 순임금률이 $(1-t_w)w$로 낮아지므로 예산선은 다음과 같이 바뀌게 된다.
- 근로소득세 부과 후 예산선 : $M=(1-t_w)w(24-H)=24w-wH-24wt_w+wt_wH$
$$\rightarrow M=-(1-t_w)wH+24(1-t_w)w$$
- 근로소득세 부과 후 예산선의 소득축 절편 : $24(1-t_w)w$
- 근로소득세 부과 후 예산선의 여가축 절편 : 24

27. 정답 ①

기업은 경제적 이윤에 부과되는 이윤세를 고정비용으로 인식한다. 따라서 이윤세가 부과되어도 가변비용인 한계비용에는 변화가 없고, 그에 따라 기업의 생산량과 가격도 최초 수준에서 불변이다. 조세부과 후 가격이 불변이므로 이윤세는 소비자에게 전혀 전가되지 않고 모두 생산자에게 귀착되며, 조세부과 후 생산량이 불변이므로 초과부담도 발생하지 않는다. 이윤세 부과가 기업에 미치는 영향은 완전경쟁시장이나 독점시장에 관계없이 동일하다.

28. 정답 ②

① |○| 제시된 사례는 생산의 외부경제에 해당한다.
② |×| 기업이 생산과정에서 제3자에게 끼친 손해를 전액 보상한다면 제3자에게 미치는 영향이 기업의 생산비용에 반영되어 외부성이 내부화된다.
③ |○| 사회적 비용이 사적 비용보다 클 경우(생산의 외부불경제) 이 기업의 균형생산량은 최적생산량보다 많다.
④ |○| 제시된 사례는 생산의 외부불경제에 해당한다.
⑤ |○| 소비측면에서 긍정적인 외부성이 존재할 경우(소비의 외부경제) 사회적 편익이 사적 편익보다 크다.

29. 정답 ⑤

① ㅣOㅣ, ⑤ ㅣ×ㅣ 사회보험은 국민을 대상으로 노령화, 질병, 실업 등으로 인하여 활동능력의 상실과 소득 감소가 발생하였을 때 이를 보장하기 위한 제도로 고용보험, 국민연금, 건강보험 등이 대표적이다. 가입이 의무화되어 있는 사회보험은 사적 보험과 달리 역선택은 발생하지 않으나, 도덕적 해이는 여전히 발생한다.

② ㅣOㅣ 사회보험의 주요목적은 사회적 위험에 대한 적절한 대비를 통하여 사회구성원의 생계를 안정시키는 데 있으나, 대부분의 경우 제도 내에 소득재분배 기능이 내재되어 있다. 즉, 저소득층은 기여금에 비하여 급부금의 비율이 높고, 고소득층은 기여금에 비하여 급부금의 비율이 낮은 것이 일반적이다.

③ ㅣOㅣ 소비평탄화란 소득이 들쭉날쭉해도 사람들이 안정적인 생활을 위하여 소비수준을 일정하게 유지하려는 경향을 말한다. 그런데 사회보험이 실시되면 노령화, 질병, 실업 등에도 불구하고 실질소득을 일정 수준으로 유지하는 것이 가능해지므로 사회보험은 소비평탄화에 효과가 있다.

④ ㅣOㅣ 국민연금제도에서 자산대체효과(재산대체효과)란 사람들이 국민연금 보험료 납부를 저축으로 인식함에 따라 민간의 자발적인 저축이 감소하는 효과를 말한다.

30. 정답 ②

① ㅣOㅣ 공리주의 사회후생함수는 개인의 효용을 더한 것으로 정의되며($W = U_A + U_B$), '최대 다수의 최대 행복'을 반영하고 있다.

② ㅣ×ㅣ 평등주의적 가치관에 따르면, 사회후생을 결정할 때 효용수준이 높은 사람에게는 낮은 가중치를, 효용수준이 낮은 사람에게는 높은 가중치를 적용하여야 한다.

③ ㅣOㅣ 롤스의 사회후생함수 $W = \min[U_A, U_B]$는 최소극대화원칙에 근거하여 사회구성원들 중에서 효용수준이 가장 낮은 사람의 효용을 그 사회의 후생수준이라고 본다.

④ ㅣOㅣ 애로우는 개인들의 선호를 사회선호로 바꾸는 과정에서 충족하여야 할 다섯 가지 조건을 제시하였는데, 불가능성정리를 통해 이 조건들을 모두 충족하는 이상적인 사회후생함수는 존재하지 않음을 입증하였다.

⑤ ㅣOㅣ 차선의 이론이란 자원배분의 파레토효율성을 달성하기 위한 모든 조건이 동시에 충족되지 않는 상황에서는, 충족되는 효율성 조건의 수가 많아진다고 해서 그렇지 않은 경우보다 사회적으로 더 바람직한 상태가 되는 것은 아니라는 이론이다.

31. 정답 ⑤

투표의 역설이란 다수결투표제도하에서 모든 개인들의 선호가 이행성을 충족하더라도 사회선호가 이행성을 충족하지 않는 현상을 말한다.

① ㅣOㅣ 투표의 역설이 발생하면 투표 순서에 따라 그 결과가 달라지므로 일관성이 결여되어 다수결투표제도의 신뢰성이 무너지는 결과가 초래된다. 또한, 의사진행자는 의사진행조작을 통해 자신에게 가장 유리한 대안이 선택되도록 할 유인이 발생할 수 있다.

② ㅣOㅣ 다수결투표제도하에서는 항상 중위투표자가 선호하는 대안이 투표결과로 나타난다. 그런데 투표의 역설이 발생하면 사회선호가 이행성을 충족하지 않아 투표결과가 순환하게 되므로 중위투표자정리가 성립하지 않는다.

③, ④ ㅣ〇ㅣ 투표의 역설은 안건이 셋 이상인 경우에 발생한다.

⑤ ㅣ✕ㅣ 1차원상의 선택에서는 모든 투표자가 단봉선호를 갖고 있다면 투표의 역설이 발생하지 않으나, 다차원(2차원 이상)상의 선택에서는 모든 투표자가 단봉선호를 갖고 있더라도 투표의 역설이 발생할 수 있다.

32. 정답 ③

ㄱ. ㅣ✕ㅣ 다단계거래세는 부가가치세와 달리 거래단계 수가 늘어날수록 세부담이 늘어나므로 부가가치세에 비해 기업의 수직적 통합을 부추긴다.

ㄴ. ㅣ〇ㅣ 부가가치세제하에서 매입세액을 공제받기 위해서는 매입자들의 세금계산서 요구가 필수적이므로, 조세제도 내부의 상호견제 효과로 인해 탈세를 방지할 수 있다.

ㄷ. ㅣ〇ㅣ 소비형 부가가치세의 과세표준은 소비지출의 크기와 일치하고, 자본재는 과세대상에서 제외된다.

ㄹ. ㅣ✕ㅣ 다단계거래세나 부가가치세는 모두 간접소비세 중 일반소비세에 해당하므로 세부담이 역진적이다. 다만, 다단계거래세가 차등세율로 적용될 경우 세부담이 누진적이 될 수도 있다.

ㅁ. ㅣ〇ㅣ 통상적으로 수출상품에 대해서는 그 이전 단계까지 납부한 세액을 환급해 주는데 다단계거래세제하에서는 동일한 상품이라 하더라도 몇 단계를 거쳤느냐에 따라 부담한 세금의 크기가 달라 그 이전 단계까지 납부한 세액에 대한 파악이 곤란하므로 수출 시에 과소환급 혹은 과다환급의 문제가 발생한다.

33. 정답 ④

①, ② ㅣ〇ㅣ 완전경쟁시장에 참여하는 개별기업은 가격수용자로서 시장에서 결정된 가격을 그대로 받아들이므로 완전경쟁시장에서는 항상 다음의 관계가 성립한다.

- 완전경쟁시장 : $P = AR = MR = MC$

③ ㅣ〇ㅣ 소비의 효율성 조건은 두 재화의 상대가격이 두 재화의 한계대체율과 일치할 때 달성된다.

- 소비의 효율성 조건 : $MRS_{XY}^{A} = \dfrac{P_X}{P_Y} = MRS_{XY}^{B}$

④ ㅣ✕ㅣ 장기에는 완전경쟁기업의 초과이윤이 0(정상이윤만 존재)이므로 $P = AC$가 성립하나, 단기에는 초과이윤, 정상이윤 및 손실이 모두 발생 가능하므로 $P = AC$가 반드시 성립하는 것은 아니다. 즉, 파레토 효율 상태에 놓인 완전경쟁시장이라 할지라도 항상 시장가격이 평균비용과 일치하는 것은 아니다.

- $P > AC$ ⟶ 초과이윤
- $P = AC$ ⟶ 정상이윤
- $P < AC$ ⟶ 손   실

⑤ ㅣ〇ㅣ 종합적 효율성 조건은 두 재화 간의 한계대체율과 한계변환율이 일치할 때 달성된다.

- 종합적 효율성 조건 : $MRS_{XY} = \dfrac{P_X}{P_Y} = \dfrac{MC_X}{MC_Y} = MRT_{XY}$

34. 정답 ⑤

① ㅣ〇ㅣ 조세부담의 전가란 조세가 부과되었을 때 경제주체들이 소비나 생산행위를 변화시킴으로써 조세부담의 일부 또는 전부를 다른 경제주체에게 이전하는 것을 말한다.

② ㅣ〇ㅣ 기능별 소득분배이론은 각 생산요소(토지, 자본, 노동)가 생산에 기여한 대가로 얻은 소득이 각 생산요소에게 분배되는 과정에 대해 분석한다. 따라서 지주, 자본가, 노동자 간에 이루어지는 소득분배 메커니즘에 대한 이해가 용이하다는 장점이 있으나, 현대에 와서는 지주, 자본가, 노동자 계층 간의 구분이 모호해져 계층 간 소득분배를 엄밀하게 분석하는 데에는 어려움이 있다.

반면, 계층별 소득분배이론은 소득의 원천, 형태 등에 관계없이 경제 전체의 소득이 사회구성원 간에 어떻게 분배되는지에 대해 분석한다. 따라서 저소득층과 고소득층 간의 소득분배가 어떤 상태이며, 소득분배 불평등을 해소하기 위해서는 어떤 정책이 필요한지에 대해 파악할 수 있다는 장점이 있으나, 생산요소시장이 사회구성원 간의 소득분배에 미치는 영향에 대한 분석은 미흡한 편이다. 계층별 소득분배상태를 측정하는 방법으로는 로렌츠 곡선, 지니계수, 십분위분배율 등이 있다.

③ ㅣ〇ㅣ 차별적 귀착이란 정부지출의 크기를 고정시킨 상태에서 특정 조세를 동액의 조세수입을 얻을 수 있는 다른 조세로 대체할 때의 분배적 효과를 분석하는 것을 말하는데, 부가가치세를 동일한 세수의 법인세로 대체할 때 어떤 분배적 효과가 생기는지를 분석하는 것이 그 예라 할 수 있다.

④ ㅣ〇ㅣ 절대적 귀착이란 정부지출과 다른 조세의 크기를 고정시킨 상태에서 특정 조세가 부과되었을 때의 분배적 효과를 분석하는 것을 말한다.

⑤ ㅣ✕ㅣ 기업에게 부과된 조세부담이 소비자에게 전가되는 것과 같이 조세부담의 전가가 재화의 생산과정과 동일한 방향으로 이루어지는 것은 전전(전방전가)이라고 한다.

💡 반면, 조세부담의 전가가 재화의 생산과정과 반대방향으로 이루어지는 것(기업 → 생산요소공급자)은 후전(후방전가)이라고 한다.

35. 정답 ④

근로소득세 부과로 세후임금률이 하락하면 여가의 상대가격이 하락하므로 여가소비가 증가하고 노동공급이 감소한다. 즉, 상대가격체계의 교란으로 인한 대체효과에 의해 여가소비를 늘리고 노동공급을 줄이는 과정에서 민간의 의사결정 왜곡이 발생하기 때문에 초과부담이 초래되는 것이다.

따라서 여가를 포함한 모든 재화에 동일한 세율의 과세가 가능하다면 근로소득세 부과는 초과부담을 야기하지 않을 것이다. 그러나 현실적으로 여가에 대한 직접 과세가 불가능하기 때문에 근로소득세 부과로 인한 초과부담을 피할 수는 없다.

💡 일반균형분석적 접근 : 조세의 종류와 효율성 조건

	I. 재화 간 선택	II. 여가−소득 간 선택	III. 현재−미래소비 간 선택
소 득 세	〇	✕	✕
지 출 세	〇	✕	〇
일반소비세	〇	✕	〇
개별소비세	✕	✕	〇
인 두 세	〇	〇	〇

36. 정답 ②

에지워드의 최적분배이론은 ⅰ) 모든 사람의 효용함수 동일, ⅱ) 소득의 한계효용 체감, ⅲ) 총소득 일정을 가정하고 있으며, 완전히 균등한 소득분배가 이루어질 때 사회후생이 극대화된다.

37. 정답 ③

① | ○ | 예산선은 주어진 소득을 전부 사용하여 구입할 수 있는 X재와 Y재의 조합을 의미하므로 물품세 부과 이전의 예산선은 $M = P_X X + P_Y Y$이다.

② | ○ | X재에만 세율 t_X의 물품세가 부과되면 X재의 가격만 세율만큼 상승하므로 예산선은 $M = (1 + t_X)P_X X + P_Y Y$ 가 된다.

③ | × | 소득세가 부과되면 가격체계의 교란이 발생하지 않고, 소득만 세율만큼 하락한다. 따라서 물품세 부과와 동일한 조세수입을 가져다주는 소득세로 대체한 후의 예산선은 $(1 - t)M = P_X X + P_Y Y$ 가 된다.

④ | ○ | 재화 간 선택만 고려하는 경우(I) 소득세는 두 재화에 동일한 세율로 부과되는 물품세(일반소비세)와 그 효과가 동일해지므로 가격체계의 교란이 없고, 대체효과가 발생하지 않는다. 반면, 한 재화에만 부과되는 물품세(개별소비세)는 가격체계의 교란으로 인한 대체효과가 발생하므로 오직 두 재화 사이에서의 소비자 선택이 문제되고 있는 상황(I)에서는 소득세가 물품세보다 효율적이다.

⑤ | ○ | 여가를 고려한 일반적인 상황(II)에서는 소득세 역시 효율성을 만족하지 못하므로 차선의 이론에 의해 소득세가 물품세보다 우월하다고 할 수 없다.

💡 일반균형분석적 접근 : 조세의 종류와 효율성 조건

	I . 재화 간 선택	II . 여가-소득 간 선택	III . 현재-미래소비 간 선택
소 득 세	○	×	×
지 출 세	○	×	○
일반소비세	○	×	○
개별소비세	×	×	○
인 두 세	○	○	○

38. 정답 ④

린달모형에서는 각 개인이 공공재에 대한 수요를 자발적으로 시현한다는 가정하에 당사자 간의 자발적인 합의를 통해 공공재의 적정생산수준과 비용부담비율이 결정된다. 이때 비용부담비율이 시장에서의 가격과 동일한 역할을 수행하는데, 각 개인의 공공재 비용부담비율(조세부담비율)은 각 개인이 공공재 소비로부터 얻는 편익에 의해 결정되므로 균형점에서 결정되는 조세부담비율이 누진성을 보장한다고 보기는 어렵다.

39. 정답 ⑤

전화, 전기, 가스처럼 관로나 선을 통해 공급되는 서비스는 수요의 가격탄력성이 낮은 필수재의 성격이 강하므로 기업이 요금인상을 통해 부담을 이용자에게 전가시키기가 용이하다.

40. 정답 ②

① ㅣㅇㅣ 통합주의 견해는 법인세를 소득세에 통합하여 과세하는 것이 바람직하다고 보는 견해로, 법인세 폐지론에 해당한다.

② ㅣ✕ㅣ 절대주의 견해는 법인에 대해서는 개인과 구분되는 독립적인 조세인 법인세 부과가 이루어져야 한다고 보는 견해로, 법인세 존속의 근거가 된다. 또한, 법인세가 폐지된다고 해서 기업의 사내유보에 대한 과세가 강화된다고 보기도 어렵다.

③ ㅣㅇㅣ 완전통합방안 중의 하나인 자본이득방식은 법인세를 폐지하고 실현여부에 관계없이 자본이득에 대하여 소득세를 부과하는 것을 말한다.

⑤ ㅣㅇㅣ 법인세 반대론자들은 법인세와 소득세가 별개로 존재하는 상황에서는 법인이윤에 대해 1차적으로 과세가 이루어지고, 이윤이 배당되면 다시 소득세가 과세되는 이중과세의 문제가 발생한다고 주장한다.

2011년 정답 및 해설

1	2	3	4	5	6	7	8	9	10
②	⑤	③	②	①	①	②	④	④	⑤
11	12	13	14	15	16	17	18	19	20
③	②	③	④	①	③	⑤	④	②	②
21	22	23	24	25	26	27	28	29	30
①	①	④	③	④	⑤	④	③	①	⑤
31	32	33	34	35	36	37	38	39	40
③	②	④	①	⑤	②	②	⑤	⑤	③

01. 정답 ②

① │○│ 개인들이 조세부담을 줄이고자 공공서비스로부터 얻는 편익의 크기를 표출하지 않고 무임승차 하려는 성향을 띠게 되면 편익원칙의 실현은 어려워진다.

② │×│ 밀의 균등희생원칙(동등희생원칙)은 편익원칙이 아니라 능력원칙에 근거한 조세부담원칙으로, 능력원칙 중에서도 수직적 공평성에 관한 견해이다.

③ │○│ 편익원칙에 의해 조세가 부과될 때 조세의 크기는 납세자의 공공서비스에 대한 수요에 의해 결정되므로 능력원칙에 비해 조세부담에 있어 납세자의 자발적 협조를 유도하기가 용이하다.

④, ⑤ │○│ 능력원칙에 따르면, 공평한 조세부담이 이루어지기 위해서는 동일한 경제적 능력을 가진 사람들에게는 동일한 금액의 조세를 부담시키는 수평적 공평성과 서로 다른 경제적 능력을 가 진 사람들에게는 차등적인 금액의 조세를 부담시키는 수직적 공평성이 달성되어야 한다.

02. 정답 ⑤

보다투표제란 n개의 대안이 있을 때 가장 선호하는 대안부터 순서대로 n, $n-1$, … 1점을 부여하고, 가장 높은 점수를 받은 대안을 선택하는 투표방식을 말한다. 보다투표제는 각 대안에 대한 선호를 기수적으로 나타내므로 점수투표제와 마찬가지로 애로우가 제시한 조건 중 무관한 선택대안으로부터의 독립성에 위배된다.

03. 정답 ③

①, ④ │○│ 사중손실(초과부담)은 $DWL = \dfrac{1}{2}t^2\epsilon(PQ)$로 세율의 제곱에 비례하고, 탄력성과 거래액의 크기에 비례한다.

② │○│ 대체재가 많은 재화일수록 수요의 가격탄력성이 크므로, 그 재화에 대한 과세로 인해 초래되는 사중손실은 더 커진다.

③ │×│ 사중손실은 조세부과 시 상대가격체계의 교란으로 인한 대체효과에 의해 민간의 의사결정이 왜곡되어 발생한다. 따라서 사중손실의 크기를 계산하기 위해서는 대체효과만을 고려한 보상 수요곡선을 사용하여야 한다.

⑤ │○│ 비효율성계수 $= \dfrac{\text{초과부담}}{\text{조세수입}} = \dfrac{1}{2}t\epsilon$이므로 세율이 증가하면 비효율성계수는 커진다.

04. 정답 ②

포괄적 소득에서 정의하는 소득이란 일정 기간 동안 발생한 개인의 경제적 능력의 순증가분을 말하며, 소득의 원천, 형태, 실현·미실현 여부에 관계없이 개인의 경제적 능력을 증가시킨 것은 모두 포괄적 소득에 포함된다.

05. 정답 ①

① |X| 노동공급이 비탄력적이어서 노동공급곡선이 수직선에 가까운 경우에는 근로소득세를 부과하더라도 노동공급량이 거의 변하지 않고, 초과부담도 매우 작다. 따라서 소득재분배로 인한 왜곡 역시 크지 않다.

③ |O| 노직의 (자유론적) 정의관은 '정당한 권리의 원칙'에 극명하게 압축되어 나타난다. 이 원칙은 어떤 사람이 정의로운 방법을 통해 특정한 물건을 취득해 소유하고 있을 때 그것을 '정당하게 가질 권리가 있다'고 인정해 준다. 또한, 어떤 물건을 정당하게 가질 권리가 있는 사람으로부터 올바른 방법을 통해 소유권을 이전받은 경우에도 역시 정당하게 가질 권리를 인정한다. 즉, 노직이 생각하는 정의로운 분배는 모든 사람이 정당하게 가질 권리가 있는 것만을 소유하는 상태를 뜻한다. 이와 같은 생각에서 결과의 정의보다 절차(분배상태가 형성되는 과정)상의 정의를 더욱 중요시하는 태도를 찾아볼 수 있다.

②, ④ |O| 평등주의 사회후생함수 $W = U_A \times U_B$에서 도출된 사회무차별곡선은 평등주의적 성향이 강할수록 원점에 대해 더욱 볼록한 형태를 띠며, 극단적 평등주의(최소극대화원칙)를 지향하는 롤스의 사회후생함수 $W = \min[U_A, U_B]$에서 도출된 사회무차별곡선은 L자 형태이다.

⑤ |O| 쿠즈네츠의 U자 가설은 세로축에 소득분배의 균등도를, 가로축에 경제발전단계 또는 1인당 국민소득을 표시한 평면에서 전개된다. 쿠즈네츠의 U자 가설에 의하면, 경제발전 초기에는 소득분배가 불균등해지나, 성숙단계(경제발전 후기)로 들어서면 소득분배의 균등도가 다시 높아져 소득분배의 균등도와 경제발전단계 간의 관계가 U자 형태를 띠게 된다.

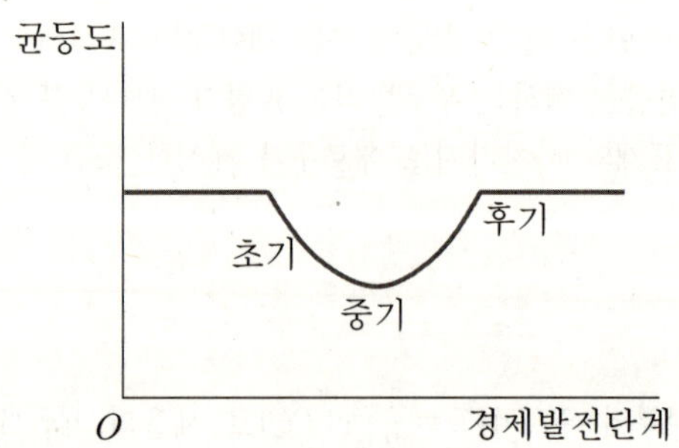

06. 정답 ①

① |○| 개방경제에서 국가 간 자본이동이 완전한 경우에는 자본공급곡선이 수평선이므로, 자본에 대한 과세는 전적으로 자본수요자에게 귀착된다.

② |×| 생산요소의 공급이 완전비탄력적인 경우, 그 생산요소에 대한 조세는 전부 생산요소공급자에게 귀착된다.

③ |×| 탄력성과 조세부담의 크기는 반비례하므로 수요곡선이 탄력적일수록 소비자의 조세부담은 감소하고, 생산자의 조세부담은 증가한다.

④ |×| 조세부과 시 독점기업으로부터 소비자에게 전가되는 조세의 크기는 상황에 따라 달라지는데, 독점기업이 직면하고 있는 수요의 가격탄력성이 1보다 크면서 일정하고, 한계비용도 일정한 경우에는 독점기업에게 부과된 세금 이상이 소비자에게 전가된다.

> **독점기업의 조세전가**
>
> 1. 종량세
>   - ① 수요가 비탄력적일수록, MC곡선의 기울기가 완만할수록
>   - → 소비자에게 전가되는 조세의 크기가 커짐
>   - ② 수요곡선이 우하향의 직선이고, MC가 일정한 경우
>   - → 단위당 종량세액의 절반만큼 소비자에게 전가됨
>   - ③ 수요의 가격탄력성이 1보다 크면서 일정하고, MC가 일정한 경우
>   - → 단위당 종량세액보다 더 크게 소비자에게 전가됨
> 2. 이윤세
>   - → 100% 독점기업이 부담함

⑤ |×| 램지규칙은 조세부담을 최소화하기 위한 정책기준이 아니라 초과부담을 최소화하기 위한 최적물품세에 관한 논의이다.

07. 정답 ②

러너에 의하면, 내부채무(내국채)의 경우에는 원리금 상환을 위해 조세를 부담하는 것도 미래세대인 동시에, 원리금 상환을 받는 사람 역시 미래세대이므로 미래세대의 부담이 늘어나지 않는다. 그러나 외부채무(외국채)의 경우에는 원리금 상환을 위해 조세를 부담하는 것은 미래세대이나, 상환된 원리금이 미래세대가 아닌 외국에게 지급되므로 그 부담이 미래세대에게 전가된다.

08. 정답 ④

①, ② ㅣ✕ㅣ 정액세는 소득과 관계없이 납세액이 일정한 조세로, 정액세가 부과되면 상대가격체계의 교
란을 가져오는 대체효과는 발생하지 않고 소득효과만 발생한다.

③ ㅣ✕ㅣ, ④ ㅣ○ㅣ 정액세는 대체효과를 유발하지 않으므로 민간부문의 의사결정에 왜곡을 초래하지 않
는다. 따라서 효율성을 충족시키지만, 세부담이 역진적이므로 공평성을 충족시키지는 못한다.

⑤ ㅣ✕ㅣ 소득이 증가할 때 납세액이 비례적으로 증가하므로, 제시된 소득세는 비례세에 해당한다.

> 💬 **정액세**
>
> 1. 개념 : 소득과 관계없이 납세액이 일정한 조세를 말한다.
> 2. 그래프
>   예컨대, 납세액이 100으로 일정한 경우 세수함수는 $T = 100$이 된다.
>
> 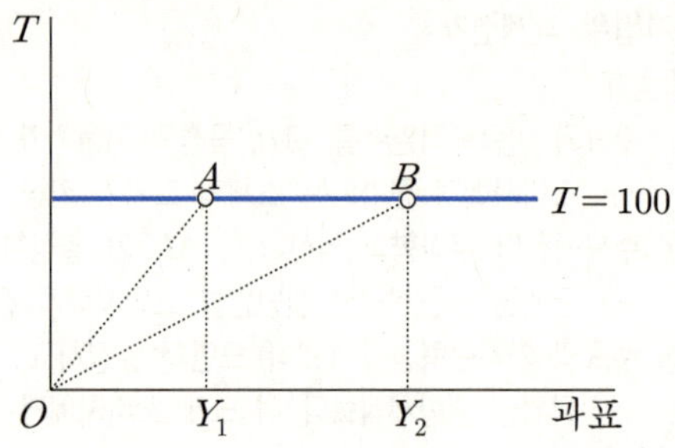
>
>
> 3. 특징
>   ① 납세액이 일정하므로 한계세율($\dfrac{\Delta T}{\Delta Y}$)은 0이다.
>
>   ② 소득이 증가하면 평균세율이 낮아진다.
>
>   ③ 소득이 증가하면 평균세율이 낮아지므로 세부담이 역진적이다.
>   → 공평성 저해
>
>   ④ 상대가격체계의 교란을 가져오는 대체효과가 발생하지 않고, 소득효과만 발생하므로 민간부문
>   의 의사결정에 왜곡을 초래하지 않는다.
>
>   ⑤ 효율성을 충족하지만 공평성을 충족하지는 못한다.

09. 정답 ④

ⅰ) 구축함 보유에 따른 개별 주민의 한계편익이 $MB = 10 - Q$이고, 100명의 주민이 거주하므로 A국
전체의 한계편익은 $\Sigma MB = 1,000 - 100Q$이다.

ⅱ) 구축함의 한 척당 공급가격은 $MC = 100$이다.

ⅲ) 린달 조건에 의해 공공재의 최적공급량은 $\Sigma MB = MC$인 점에서 결정된다. 따라서 최적 구축함의
수는 9척으로 계산된다.

  • $\Sigma MB = MC \rightarrow 1,000 - 100Q = 100 \quad \therefore Q = 9$

💡 실제 문제에서는 한 척당 공급가격이 100억원으로 주어졌으며, 정답없음 처리되었다.

10. 정답 ⑤

① |○| 법인세제하에서 차입한 자금에 대한 지급이자는 비용으로 인정되는 데 비해, 자기자본의 귀속 이자는 비용으로 인정되지 않으므로 타인자본 의존도가 높아질수록 법인세 부담이 가벼워지는 효과가 발생한다. 즉, 법인세는 자기자본보다 타인자본을 우대한다.

② |○| 투자세액공제는 자본재 구입연도에 자본재 구입비용의 일정 비율을 법인세액에서 공제하는 방식으로 이루어진다.

> 💬 **투자세액공제**
> 1. 개념 : 자본재 구입연도에 자본재 구입비용의 일정 비율을 법인세액에서 공제
> 2. 방법 : 최종 산출세액에서 직접 공제 → 세금 절약
> 3. 특징
>   ① 단기간 자주 투자 시 공제혜택이 커짐
>   ② 자본의 사용자비용이 하락함

③ |○| 물가가 상승하면 채무부담의 실질가치가 하락하므로 차입금의 실질이자부담이 줄어 절세효과가 나타난다.

④ |○| 감가상각액이 늘어나면 비용처리되는 부분이 커져 장부상 이윤이 작아지므로 법인세액이 줄어든다.

⑤ |×| 기업은 법인세를 납부한 이후의 이윤을 주주에게 배당한다. 따라서 배당 여부는 법인세 납세액에 영향을 미치지 않는다.

11. 정답 ③

ㄱ. |○| 다단계거래세는 부가가치세와 달리 거래단계 수가 늘어날수록 세부담이 늘어난다. 따라서 다단계거래세제하에서는 수직적 통합을 이용한 조세회피 문제가 발생할 소지가 있고, 동일한 재화라 하더라도 몇 단계를 거쳤느냐에 따라 부담한 세금의 크기가 다르므로 그 이전 단계에서 납부한 세액에 대한 파악이 곤란하다. 부가가치세는 이러한 다단계거래세의 문제점을 시정하기 위한 의도에서 도입되었으며, 부가가치세제하에서는 수출되는 재화에 대해서는 그 이전 단계에서 납부한 세액을 환급(영세율 적용)해 주므로 수출이 촉진되는 효과가 발생한다.

ㄴ. |×| 부가가치세제하에서는 모든 소비재에 대해 단일세율을 적용하므로 저소득층의 조세부담이 상대적으로 증가하게 된다. 즉, 부가가치세의 조세부담은 역진적이다.

ㄷ. |×|, ㄹ. |○| 영세율이 적용되는 경우에는 그 이전 단계에서 납부한 부가가치세가 전액 환급되나, 면세의 경우에는 그 이전 단계에서 납부한 부가가치세가 환급되지 않는다.

12. 정답 ②

공공재가 공간적 파급효과 즉, 지역 간 외부성을 발생시키는 경우에는 지방정부보다 중앙정부가 공급하는 것이 효율적이다.

13. 정답 ③

① |×| 모든 사람들의 한계대체율이 같을 때 소비의 파레토 최적이 달성된다.

② |×| 후생경제학의 제1정리에 의하면, 모든 개인의 선호체계가 강단조성을 지니고 외부성, 공공재 등의 시장실패요인이 존재하지 않는다면 일반경쟁균형(왈라스균형)의 자원배분은 파레토 효율적이다. 즉, 후생경제학의 제1정리는 일정 조건하에서 완전경쟁균형이 파레토 효율적이 됨을 의미한다.

③ |○| 동조 효용함수란 한계대체율(MRS_{XY})이 X재와 Y재의 소비량 비율$\left(\dfrac{Y}{X}\right)$에 의존하는 효용함수를 말한다. 따라서 동일한 동조적 선호체계를 갖고 있는 두 사람의 한계대체율이 일치하기 위해서는 두 사람의 $\left(\dfrac{Y}{X}\right)$가 동일해야 하고, 그에 따라 에지워드 상자에서 나타나는 계약곡선(교환에 있어서의 파레토 최적점들의 궤적)은 대각선의 형태로 도출된다.

④ |×| 후생경제학의 제2정리에 의하면, 초기 부존자원을 적절하게 재분배하면 효율성과 공평성을 동시에 만족시킬 수 있다.

⑤ |×| 칼도의 보상기준에서는 효율성만이 고려될 뿐, 공평성은 고려되지 않는다.

14. 정답 ④

ㄱ. ㄴ. |○| 여가를 포함한 모든 재화에 동일한 세율로 부과되는 물품세는 중립세(정액세)와 그 효과가 동일해지므로 초과부담이 발생하지 않는다.

ㄷ. |×| 콜렛-헤이그 규칙에 의하면, 여가와 보완적인 관계에 있는 재화에 대해서는 높은 세율의 조세를 부과하고, 여가와 대체적인 관계에 있는 재화에 대해서는 낮은 세율의 조세를 부과하여야 한다. 따라서 콜렛-헤이그 규칙은 재화의 소득탄력성과는 관계가 없다.

ㄹ. |○| 평균비용과 한계비용이 동일할 경우 한계비용곡선은 수평선의 형태(한계비용 일정)이다. 따라서 독점시장에서 한계비용이 일정하고, 수요곡선이 우하향하는 직선일 경우 단위당 t의 종량세를 부과하면 가격은 단위당 종량세의 절반($\frac{1}{2}t$)만큼 상승한다.

15. 정답 ①

ㄱ. |○| 조세부과 전 독점기업의 균형

    ⅰ) 조세부과 전 독점기업의 이윤극대화 조건 : $MR=MC$

- 수요함수 : $P=20-Q \rightarrow MR=20-2Q$
- 비용함수 : $C=16+Q^2 \rightarrow MC=2Q$
- $MR=MC \rightarrow 20-2Q=2Q \therefore Q=5,\ P=15$

ㄴ. |○| 독점기업에게 단위당 4원의 조세가 부과되는 경우

    ⅰ) 조세부과 후 독점기업의 이윤극대화 조건 : $MR=MC+T$

- $MR=MC+T \rightarrow 20-2Q=2Q+4 \therefore Q_T=4,\ P_T=16$

ii) 4원의 조세부과 후 소비자가격이 1원 상승하였으므로 단위당 조세액의 $\frac{1}{4}$은 소비자에게 전가되고, 단위당 조세액의 $\frac{3}{4}$은 독점기업이 부담한다.

ㄷ. ㄹ. |×| 조세가 소비자에게 부과되든 생산자에게 부과되든 상대적인 조세부담에는 아무런 차이가 없다.

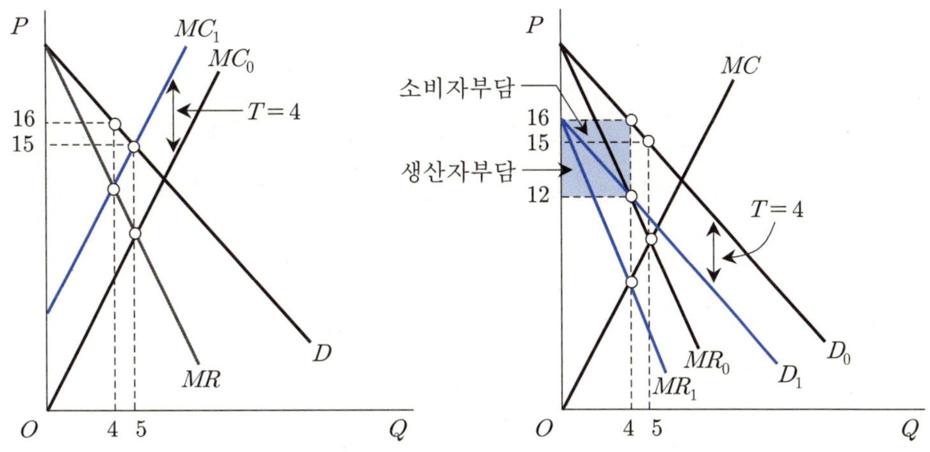

16. 정답 ③

린달모형에서는 각 개인이 공공재에 대한 수요를 자발적으로 시현한다는 가정하에 당사자 간의 자발적인 합의를 통해 공공재의 적정생산수준과 비용부담비율이 결정된다. 즉, 린달모형은 정부의 개입 없이 시장에서 공공재의 적정공급량이 결정될 수 있음을 강조하는 모형(준시장적 해결책)으로, 시장의 분권화된 의사결정으로 효율적인 자원배분이 달성될 수 있음을 보여준다.

17. 정답 ⑤

① |×| 당사자 간의 자발적인 협상을 통해서도 외부성의 내부화가 가능하지만, 피구세를 부과하거나 오염배출권제도를 통해서도 외부성의 내부화는 가능하다.

② |×| 공공재적 외부성은 불특정 다수의 사람들에게 영향을 주는 외부성을 의미하고, 사적재적 외부성은 소수의 개인들 간에 발생하는 외부성을 의미한다. 따라서 사적재적 외부성이 공공재적 외부성에 비해 당사자 간 직접적 협상에 의한 해결가능성이 높다.

③ |×| 최적 피구세를 부과하면 오염배출량이 최적수준으로 감소할 뿐, 여전히 오염물질은 배출된다.

④ |×| 금전적 외부성의 경우 시장 가격기구를 통하여 한 사람의 피해가 다른 사람의 이익과 정확히 일치하게 되므로 사회구성원 간의 소득분배에만 영향을 미치고, 자원배분의 효율성에는 영향을 미치지 않는다.

⑤ |○| 오염배출권제도하에서는 오염배출권을 갖지 못한 기업의 시장진입이 어려우므로, 이는 시장경쟁성의 약화로 이어질 수 있다. 또한, 대기업이 모든 오염배출권을 사들이는 경우에도 시장경쟁성은 약화될 수 있다.

18. 정답 ④

① |○| 누진세는 비례세보다 한계세율이 높기 때문에 조세부과에 따른 대체효과가 더 크게 나타난다. 따라서 동일한 조세수입을 징수하고자 할 때, 선형누진소득세가 비례소득세보다 근로의욕을 더 떨어뜨린다.

②, ③ |○| 여가가 열등재일 때 비례소득세가 부과되면 대체효과와 소득효과 모두에 의해 노동공급이 감소하나, 여가가 정상재일 때에는 대체효과와 소득효과의 상대적인 크기에 따라 노동공급이 증가할 수도 있고, 감소할 수도 있다.

> - 대체효과 : 근로소득세 $\Rightarrow$ 세후$w\downarrow$ $\Rightarrow$ $P_{여가}\downarrow$ $\Rightarrow$ 여가$\uparrow$, $L_s\downarrow$
> - 소득효과 : 근로소득세 $\Rightarrow$ 세후$w\downarrow$ $\Rightarrow$ 실질소득$\downarrow$ ┌ 정상재 : 여가$\downarrow$, $L_s\uparrow$
>   └ 열등재 : 여가$\uparrow$, $L_s\downarrow$

④ |×| 선형누진소득세제하에서 면세점이 인하되면 소득공제액이 작아져 납세액이 증가하고, 실질소득이 감소한다. 따라서 여가가 열등재인 경우 실질소득 감소로 인해 여가소비는 증가하고, 노동공급은 감소한다.

⑤ |○| 선형누진소득세제하에서 면세점이 인상되면 소득공제액이 커져 납세액이 감소하고, 실질소득이 증가한다. 따라서 여가가 정상재인 경우 실질소득 증가로 인해 여가소비는 증가하고, 노동공급은 감소한다.

19. 정답 ②

① |○| 자산대체효과(재산대체효과)란 사람들이 국민연금 보험료 납부를 저축으로 인식함에 따라 민간의 자발적인 저축이 감소하는 효과를 말한다.

② |×| 은퇴효과란 조기은퇴에 따라 퇴직 이후 기간이 길어지면 보다 많은 자금이 필요하므로 이에 대비하기 위하여 자발적인 저축이 증가하는 효과를 말한다.

③ |○| 상속효과란 국민연금제도의 도입으로 자식들의 소득 감소가 예상될 때 부모들이 이를 보전해주고자 더 많은 상속재산을 물려주기 위해 자발적인 저축이 증가하는 효과를 말한다.

④ |○| 국민연금제도는 은퇴 후 개인의 실질소득을 증가시키고, 이와 같은 실질소득의 증가는 사람들의 여가소비를 증가시킨다. 이러한 소득효과는 구체적으로 조기은퇴의 결정으로 나타나거나, 은퇴 후 개인의 노동공급 감소로 나타나게 된다.

⑤ |○| 국민연금제도가 근로자들의 노동공급에 미치는 효과는 대체효과와 소득효과의 크기에 의존한다. 그런데 아래 표에서 보듯 대체효과의 방향이 불분명하므로, 국민연금제도의 도입이 근로자들의 노동공급에 미치는 효과 역시 불분명하다.

> - 소득효과 : 국민연금제 실시 → 실질소득 증가 → 조기은퇴 $\Rightarrow$ 여가$\uparrow$, $L_s\downarrow$
>   (노동공급 감소)
> - 대체효과 : 국민연금제 실시 ┌ 조세부담 증가($w\downarrow$)→ $P_{여가}\downarrow$ $\Rightarrow$ 여가$\uparrow$, $L_s\downarrow$
>   └ 연금 증가($w\uparrow$) → $P_{여가}\uparrow$ $\Rightarrow$ 여가$\downarrow$, $L_s\uparrow$
>   (불분명)

20. 정답 ②

① ㅣ×ㅣ 비례적 근로소득세율 인상으로 세후임금률이 하락하면 여가의 상대가격이 하락한다.

② ㅣ○ㅣ 근로소득세가 인상되면 소득효과에 의해서는 노동공급이 증가하는 반면, 대체효과에 의해서는 노동공급이 감소한다.

> - 대체효과 : 근로소득세 인상 $\Rightarrow$ 세후$w\downarrow$ $\Rightarrow$ $P_{여가}\downarrow$ $\Rightarrow$ 여가$\uparrow$, $L_s\downarrow$
> - 소득효과 : 근로소득세 인상 $\Rightarrow$ 세후$w\downarrow$ $\Rightarrow$ 실질소득$\downarrow$ $\Rightarrow$ 여가$\downarrow$, $L_s\uparrow$

③ ㅣ×ㅣ 누진세는 선형누진세와 비선형누진세로 나누어진다. 선형누진세의 경우 소득수준이 증가하더라도 예산선의 기울기인 한계세율이 일정하나, 비선형누진세의 경우에는 소득구간이 상승할수록 더 높은 한계세율이 적용되므로 소득구간에 따라 예산선의 기울기가 달라진다.

④ ㅣ×ㅣ 근로소득세율이 높을수록 세율인상에 따른 대체효과가 커지므로 노동공급이 크게 감소한다.

⑤ ㅣ×ㅣ 세율이 인상되면 세후임금률이 하락하므로, 세율인상의 효과는 임금률 하락과 그 효과가 동일하다.

21. 정답 ①

① ㅣ×ㅣ 두 상품 X와 Y가 완전대체재인 경우, X재에 조세가 부과되면 X재의 가격상승으로 소비자는 X재를 전부 Y재로 대체할 것이므로 소비자부담은 발생하지 않는다. 따라서 조세는 전부 X재의 공급자가 부담하게 된다.

② ㅣ○ㅣ 초과부담의 발생원인은 조세가 부과될 때 가격체계의 교란으로 인한 대체효과 때문이다. 그런데 두 상품 X와 Y가 완전보완재이면 조세를 부과하더라도 대체효과가 발생하지 않으므로 초과부담도 발생하지 않는다.

③ ㅣ○ㅣ 공급곡선이 완전비탄력적(수직선)이면 조세를 부과하더라도 거래량이 불변이므로 초과부담은 발생하지 않는다.

④ ㅣ○ㅣ 탄력성과 조세부담은 반비례한다. 따라서 공급곡선의 탄력성이 커지면 생산자부담은 줄어들고, 상대적으로 소비자부담은 커진다.

⑤ ㅣ○ㅣ 이자소득세가 부과되면 세후이자율이 하락하므로 소비가 증가하고, 저축이 감소하는 대체효과가 발생한다. 이러한 대체효과가 초과부담(비효율성)의 원인이 된다.

22. 정답 ①

정부가 토지와 같이 공급이 고정된 재화에 대해 조세를 부과하면 조세부과를 발표하는 시점에서 그 재화의 가격이 나중에 납부하게 될 조세의 현재가치($\frac{T}{r}$)만큼 하락하는 현상을 조세환원 또는 조세의 자본화라고 한다. 조세환원이 이루어지면 조세부과를 발표하는 시점(현재)의 토지소유자가 조세를 전부 부담하게 된다.

23. 정답 ④

① | ○ | 소득보장액(B)이 50만원, 개인소득(Y)이 25만원, 한계세율(t)이 0.5일 때 부의 소득세액은 12.5만원이다.
- 부의 소득세액 : $T = 0.5 \times (50만원 - 25만원) = 12.5만원$

② | ○ |, ④ | × | 초과부담(비효율성)은 세율의 제곱에 비례하므로 한계세율이 낮아지면 비효율성이 감소한다. 그리고 소득보장액(B)이 커지면 저소득층의 가처분소득이 증가하므로 소득재분배 효과가 커진다.

③ | ○ | 소득보장액(B)이 100만원, 개인소득(Y)이 25만원, 한계세율(t)이 0.5일 때 부의소득세액은 37.5만원이므로, 최종소득은 62.5만원으로 계산된다.
- 부의 소득세액 : $T = 0.5 \times (100만원 - 25만원) = 37.5만원$
- 최종소득 : 부의 소득세액 + 개인소득 $= 37.5만원 + 25만원 = 62.5만원$

⑤ | ○ | 부의 소득세액 $T = t \times (B - Y)$는 한계세율(t)에 비례하므로 한계세율이 인상되면 부의 소득세액은 증가한다.

24. 정답 ③

세법상 가속감가상각을 허용하는 것은 탈세유인을 축소시키고자 하는 것이 아니라 기업의 투자를 촉진하기 위해서이다.

25. 정답 ④

콜렛-헤이그 규칙에 의하면, 여가와 보완적인 관계에 있는 재화에 대해서는 높은 세율의 조세를 부과하고, 여가와 대체적인 관계에 있는 재화에 대해서는 낮은 세율의 조세를 부과하여야 한다.

26. 정답 ⑤

기초공제제도는 역선택이 아니라 도덕적 해이를 감소시키기 위한 방안이다.

27. 정답 ④

정부가 국방서비스를 생산하고 공급하는 것은 그것이 공공재이기 때문이다. 국방서비스와 같은 공공재를 민간에서 공급할 경우 과소생산으로 인한 시장실패가 발생한다.

28. 정답 ③

① | ○ | 이자소득세율 인상 이후에도 2기의 소비수준을 그 이전과 동일하게 유지하고자 한다면 현재소비를 줄이고, 저축을 늘려야 한다.

② | ○ | 세율 t의 이자소득세가 부과될 때 세후이자율(저축의 수익률)은 다음과 같이 나타낼 수 있다.
- 세후이자율 : 세후r = 세전$r \times (1-t)$

③ | × | 차입이 없으므로, 제시된 조건은 저축자의 경우에 해당한다. 저축자의 경우 이자소득세가 부과되면 대체효과에 의해서는 1기 소비가 증가하고, 소득효과에 의해서는 1기 소비(정상재를 가정)가 감소한다. 결국, 이자소득세 부과에 따른 1기 소비와 저축의 증감 여부는 대체효과와 소득효과의 상대적인 크기에 따라 증가할 수도 있고, 감소할 수도 있다.

> - 대체효과 : 이자소득세 ⇒ 세후r↓ ⇒ P_{C_1}↓ ⇒ C_1↑, S↓
> - 소득효과 : 이자소득세 ⇒ 세후r↓ ⇒ 저축자 : 실질소득↓ ⇒ C_1↓, S↑

④ | ○ | 1기 소비의 가격이 $(1+r)$이라는 것은 1기 소비를 1단위 감소시키면 2기 소비를 $(1+r)$단위 더 증가시킬 수 있고, 1기 소비를 1단위 증가시키면 2기 소비를 $(1+r)$단위 더 감소시켜야 한다는 의미이다. 즉, $(1+r)$은 1기 소비와 2기 소비 간의 객관적 교환비율을 의미하는 동시에, 1기 소비의 상대가격(기회비용)이 된다.

⑤ | ○ | 이자소득세율이 인상되면 세후이자율이 하락하므로 이자소득세율 인상과 이자율 인하는 이론적으로 저축에 미치는 효과가 동일하다.

29. 정답 ①

① | ○ | 해안가 작은 마을에 울린 지진해일 경보사이렌은 비경합성과 비배제성을 지닌 공공재이다.

② | × | 클럽재의 경우, 회원 수 증가에 따른 편익과 비용의 변화가 모두 계산되어야만 적정회원 수의 산정이 가능하다.

③ | × | 공공재는 공급주체에 의해서 정의되는 것이 아니라, 공공재의 특성인 비경합성과 비배제성에 의해서 정의된다. 즉, 민간부문도 공공재의 공급주체가 될 수 있으며, 공공부문이 어떤 재화를 공급한다고 해서 그것이 공공재가 되기 위한 충분조건인 것은 아니다.

④ | × | 무임승차문제는 소비의 비배제성 때문에 발생한다.

⑤ | × | 어떤 재화의 소비가 비경합적이라도 배제가 가능하다면(배제성) 공공재 공급에 필요한 생산비를 조달할 수 있으므로 시장을 통해 그 재화를 공급할 수 있다.

30. 정답 ⑤

ⅰ) 먼저, 완전경쟁시장일 때의 이윤극대화 조건은 다음과 같다.

- 수요함수 : $Q=240-10P \rightarrow P=24-\dfrac{1}{10}Q$

- 비용함수 : $C=8Q \rightarrow MC=8$

- 이윤극대화 생산량과 가격 : $P=MC \rightarrow 24-\dfrac{1}{10}Q=8 \therefore Q=160, P=8$

ⅱ) 시장구조가 독점화되었을 때의 이윤극대화 조건은 다음과 같다.

- 수요함수 : $P=24-\dfrac{1}{10}Q \rightarrow MR=24-\dfrac{1}{5}Q$

- 이윤극대화 생산량과 가격 : $MR=MC \rightarrow 24-\dfrac{1}{5}Q=8 \therefore Q=80, P=16$

ⅲ) 따라서 독점이윤(총수입-총비용)은 640이다.

- 독점이윤 : $\pi=TR-TC=PQ-8Q=(16\times80)-(8\times80)=640$

ⅳ) 완전경쟁시장이 독점화되면 생산량이 80단위 감소하므로 독점으로 인한 초과부담의 크기(ΔA의 면적)는 320으로 계산된다.

- 초과부담(후생손실) : ΔA의 면적$=\dfrac{1}{2}\times80\times8=320$

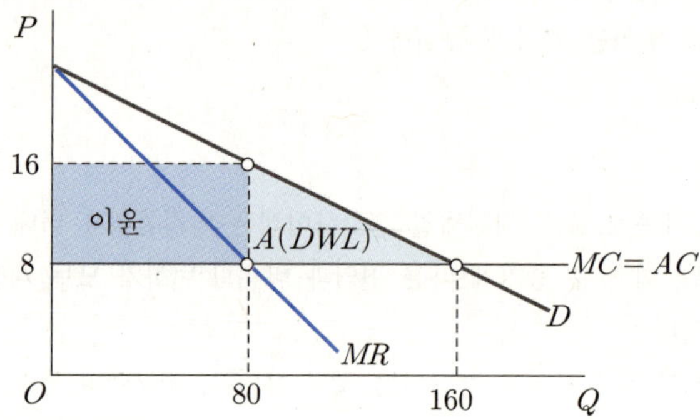

31. 정답 ③

① ㅣ○ㅣ 소수의 기업이 참여하는 시장(불완전경쟁시장)에서 기업이 이윤극대화를 추구할 때 과소생산으로 인한 시장실패가 발생한다.

② ㅣ○ㅣ A기업의 생산이 B기업 생산에 미치는 영향이 A기업에서 생산한 재화의 시장가격에 반영되지 않는 경우(생산의 외부불경제) 과다생산으로 인한 시장실패가 발생한다.

③ ㅣ×ㅣ 사회적 비용이 사적 비용보다 클 경우(생산의 외부불경제) 기업의 사적 생산량은 사회적으로 효율적인 생산량보다 많다. 즉, 과다생산으로 인한 시장실패가 발생한다.

④ ㅣ○ㅣ 비대칭적 정보가 존재할 경우 역선택과 도덕적 해이와 같은 시장실패가 발생한다.

⑤ ㅣ○ㅣ 공공재의 비배제성으로 인해 무임승차문제가 나타날 경우 과소생산으로 인한 시장실패가 발생한다.

32. 정답 ②

i) 먼저, 두 사람의 한계대체율을 구해 보면 다음과 같다.

- $MRS_{HC}^A = \dfrac{MU_H^A}{MU_C^A} = \dfrac{1}{\dfrac{2}{\sqrt{C_A}}} = \dfrac{1}{2}\sqrt{C_A}$

- $MRS_{HC}^B = \dfrac{MU_H^B}{MU_C^B} = \dfrac{1}{\dfrac{1}{\sqrt{C_B}}} = \sqrt{C_B}$

ii) 계약곡선은 교환에 있어서의 파레토 최적점들의 궤적 즉, 두 사람의 무차별곡선이 접하는 점들의 궤적이므로 계약곡선상에서 두 사람의 한계대체율은 일치한다.

- $MRS_{HC}^A = MRS_{HC}^B \rightarrow \dfrac{1}{2}\sqrt{C_A} = \sqrt{C_B}$ $\therefore$ $C_A = 4C_B$

iii) $C_A = 4C_B$의 관계를 통해, 두 사람의 무차별곡선은 A의 커피 소비량이 B의 커피 소비량의 4배가 되는 점에서 접하고, 이는 햄 소비량과는 무관하게 결정됨을 알 수 있다. 따라서 계약곡선은 수평선의 형태로 도출된다.

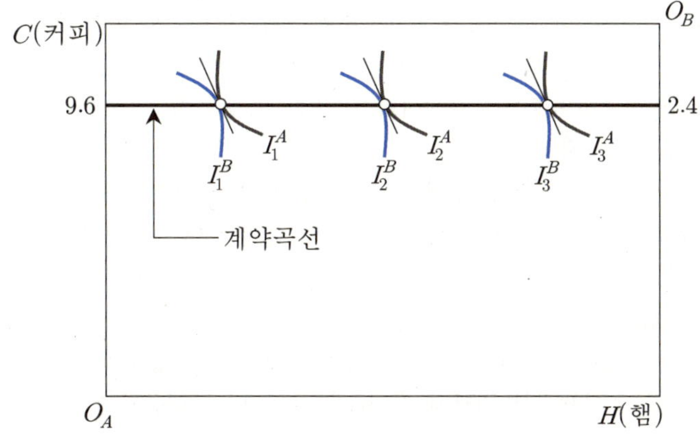

33. 정답 ④

램지가격설정원칙에 따르면, 일정한 조세수입을 확보하면서도 비효율성을 최소화하기 위해서는 수요의 가격탄력성이 큰 재화일수록 가격과 한계비용의 격차가 작도록(가격이 한계비용에 가까워지도록) 공공요금을 설정하여야 한다.

34. 정답 ①

점차 낮아지는 사회적 할인율을 적용하면 일정한 사회적 할인율을 적용할 때에 비해 미래의 순편익(편익−비용)이 높게 평가되어서 기후변화와 같은 매우 장기적인 현상과 관련된 사업(장기사업)을 단기사업보다 유리하게 만든다. 즉, 점차 낮아지는 사회적 할인율을 적용하자는 주장은 미래에 발생하는 비용과 편익을 더 높은 비중으로 반영하기 위한 것으로 볼 수 있다.

> 💬 **할인율이 낮을수록**
> ① 사업기간이 긴 공공투자안이 유리하게 평가됨
> ② 편익이 후기에 발생하는 사업이 유리하게 평가됨
> ③ 보다 많은 투자안이 경제성이 있는 것으로 평가됨

35. 정답 ⑤

① ㅣ✕ㅣ 조세부담은 탄력성에 반비례한다. 소비자들이 쉽게 대체재를 구할 수 있는 상품일수록 수요의 가격탄력성이 크고, 공급자들이 생산량을 조절하기 어려울수록 공급의 가격탄력성이 작으므로 이러한 재화에 부과되는 조세는 대부분 생산자에게 귀착된다.

② ㅣ✕ㅣ 수요와 공급 중 하나가 탄력적이거나, 모두 탄력적인 재화에 조세를 부과하면 상대적으로 거래량은 크게 감소하고, 사중손실은 커진다.

③ ㅣ✕ㅣ 수요에 비해 공급이 상대적으로 비탄력적일 때 조세를 부과하면 생산자들이 더 큰 조세부담을 지게 된다.

④ ㅣ✕ㅣ 중립세(정액세, lump-sum tax)는 대체효과가 발생하지 않는 중립적인 조세를 의미할 뿐, 모든 사람의 세액이 반드시 동일한 조세는 아니다.

⑤ ㅣ◯ㅣ 세율이 누진적으로 증가하는 소득세제하에서는 대체효과에 의해 납세자의 노동, 저축 및 투자 유인과 같은 의사결정에 왜곡이 초래될 수 있다.

36. 정답 ②

① ㅣ◯ㅣ, ② ㅣ✕ㅣ 지출세는 개인의 총소비지출액을 과세베이스로 하는 직접세이자, 인세로 누진과세가 가능하다. 따라서 지출세는 호황기에 소비지출을 억제시키는 자동안정화 기능을 한다.

③ ㅣ◯ㅣ 지출세는 총소비지출액을 과세베이스로 하므로 소득파악이 쉽지 않은 고소득층의 소득에 대해서도 실질적인 과세가 가능하다.

④ ㅣ◯ㅣ 지출세는 개인의 총소비지출액에서 인적공제 또는 비인적공제 등의 개인적 사정을 고려한 소득공제를 허용한 다음에 누진적인 세율로 과세되므로, 실질적으로 소득세와 유사하게 설계할 수 있다.
  - 지출세 납세액=(총소비-인적공제)×세율-세액공제

⑤ ㅣ◯ㅣ 지출세는 저축을 과세베이스에 포함하지 않고 개인의 총소비지출액을 과세베이스로 하므로 소득세와 달리 과세대상 기간에 적립한 저축에 대한 이중과세의 문제가 발생하지 않는다.

37. 정답 ②

초기 투자비용(C_0)이 500억원이고, 투자 다음 해부터 20년 간 매년 20억원의 편익(B_n)과 2억원의 비용(C_n)이 발생하며, 사회적 할인율(r)이 0이므로 순편익의 현재가치는 -140억원으로 계산된다.

$$\bullet \ NPV = B_0 - C_0 + \frac{B_1 - C_1}{(1+r)} + \frac{B_2 - C_2}{(1+r)^2} + \cdots + \frac{B_n - C_n}{(1+r)^n} \quad \text{(단위 : 억원)}$$

$$= -500 + \frac{(20-2)}{(1+0)} + \frac{(20-2)}{(1+0)^2} + \cdots + \frac{(20-2)}{(1+0)^{20}}$$

$$= -500 + (18 + 18 + \cdots + 18)$$

$$= -500 + (18 \times 20)$$

$$= -140$$

38. 정답 ⑤

i) 화학공장의 총비용함수는 $\frac{1}{4}Q_C^2$이고, 양식업자의 총비용함수는 $\frac{1}{4}Q_F^2+\frac{1}{4}Q_CQ_F$이므로 총비용함수를 미분하여 각각의 사적 한계비용을 구해 보면 다음과 같다.

- 화학공장의 사적 한계비용 : $\frac{1}{4}Q_C^2 \rightarrow PMC_C=\frac{1}{2}Q_C$

- 양식업자의 사적 한계비용 : $\frac{1}{4}Q_F^2+\frac{1}{4}Q_CQ_F \rightarrow PMC_F=\frac{1}{2}Q_F+\frac{1}{4}Q_C$

   $\Rightarrow$ 화학공장이 Q_C 단위의 화학물을 생산할 때 양식업자의 한계비용이 $\frac{1}{4}Q_C$만큼 상승하므로, 화학공장의 화학물 생산으로 인해 발생하는 외부한계비용 $EMC=\frac{1}{4}Q_C$임을 알 수 있다.

ii) 따라서 화학공장의 사회적 한계비용은 $SMC_C=\frac{3}{4}Q_C$로 계산된다.

- 화학공장의 사회적 한계비용 : $SMC_C=PMC_C+EMC=\frac{1}{2}Q_C+\frac{1}{4}Q_C=\frac{3}{4}Q_C$

iii) 주어진 지문은 생산의 외부불경제로 소비측면에서는 외부성이 존재하지 않고, 화학물의 가격은 10이므로 $PMB_C=SMB_C=10$이다. 사회적 최적산출량은 $SMB=SMC$가 성립할 때의 산출량이므로 화학공장의 사회적 최적산출량 $Q_C=\frac{40}{3}$으로 계산된다.

- 화학공장의 사회적 최적산출량 : $SMB_C=SMC_C \rightarrow 10=\frac{3}{4}Q_C \therefore Q_C=\frac{40}{3}$

iv) 외부불경제 발생 시에 부과되는 피구세의 크기는 사회적 최적산출량 수준에서의 외부한계비용(EMC) 또는 사회적 최적산출량 수준에서의 SMC와 PMC의 차이이다. 따라서 화학공장의 사회적 최적산출량 $Q_C=\frac{40}{3}$을 외부한계비용 $EMC=\frac{1}{4}Q_C$에 대입하면 화학공장에 부과해야 할 단위당 피구세는 $\frac{10}{3}$으로 계산된다.

39. 정답 ⑤

십분위분배율은 하위 40%에 속하는 사람들의 소득점유비율을 상위 20%에 속하는 사람들의 소득점유비율로 나눈 값으로, 그 값이 클수록 소득분배가 평등하다고 할 수 있다.

40. 정답 ③

자본의 사용자비용은 자본재를 일정 기간 사용할 때의 비용으로 다음과 같다.

$$C=(r+d)P_K$$

이자율, 경제적 감가상각률, 법인세율이 높아지면 자본의 사용자비용이 높아지나, 투자세액공제율이 높아지면 자본의 사용자비용이 낮아진다.

③ |×| 사내유보비율은 자본의 사용자비용과 직접적인 관련이 없다.

2010년 정답 및 해설

1	2	3	4	5	6	7	8	9	10
②	③	③	①	⑤	③	④	⑤	②	②
11	12	13	14	15	16	17	18	19	20
③	③	④	①	④	③	①	②	④	②
21	22	23	24	25	26	27	28	29	30
④	④	②	①	⑤	④	⑤	③	①	①
31	32	33	34	35	36	37	38	39	40
①	⑤	①	②	⑤	⑤	③	②	④	⑤

01. 정답 ②

앳킨슨지수는 0과 1 사이의 값을 가지며, 그 값이 0에 가까울수록 소득분배가 평등하다.

02. 정답 ③

ⅰ) 린달 조건에 의하면, 공공재의 최적공급량은 $\Sigma MB = MC$인 점에서 결정되고, 4단위의 공공재가 공급될 때 A와 B의 한계편익의 합과 공공재 공급에 따른 한계비용이 12로 일치하므로 공공재의 최적공급량은 4단위이다.

ⅱ) 린달가격(부담비율)은 각 개인의 한계편익과 일치하는 가격을 의미하므로, A와 B의 부담비율은 각각 $P_A = \dfrac{1}{3}\left(=\dfrac{4}{12}\right)$, $P_B = \dfrac{2}{3}\left(=\dfrac{8}{12}\right)$로 계산된다.

03. 정답 ③

① |O| 정부지출 증가로 재정적자($T < G$)가 누적되면 정부부채는 증가한다.

② |O| 고전학파에 의하면, 정부부채(재정적자)로 인해 국채발행이 증가하면 채권가격이 하락하고, 이 자율이 상승하여 민간의 소비와 투자가 감소하는 100%의 구축효과가 발생하므로 총수요가 불변이다.

③ |X| 리카도 등가정리에 의하면, 국채발행에 따른 조세감면으로 가처분소득이 증가하더라도 합리적인 경제주체들은 미래의 조세증가를 예측하고 이에 대비하여 저축을 증가시키므로 민간소비가 불변이다. 따라서 총수요도 변하지 않는다.

④ |O| 케인즈에 의하면, 국채발행을 통해 정부지출을 증가시키면 승수효과에 의해 정부지출 승수 배만큼 국민소득이 증가한다.

04. 정답 ①

ⅰ) A와 B의 효용함수가 각각 $U_A = \sqrt{3X_A}$, $U_B = \sqrt{X_B}$이므로, 이를 롤스의 사회후생함수에 대입하면 $W = \min[\sqrt{3X_A},\ \sqrt{X_B}]$이다.

ⅱ) 롤스의 사회후생함수에서 사회후생이 극대화되는 조건은 $U_A = U_B$이고, X재의 총 부존량이 1,200이므로 다음의 관계식이 성립하게 된다.

- $U_A = U_B \rightarrow \sqrt{3X_A} = \sqrt{X_B} \rightarrow 3X_A = X_B$ …… ①
- $X_A + X_B = 1,200$ …… ②

ⅲ) 식 ①과 ②를 연립하면 $X_A = 300$, $X_B = 900$으로 계산되고, 이를 롤스의 사회후생함수 $W = \min[\sqrt{3X_A},\ \sqrt{X_B}]$에 대입하면 극대화된 사회후생의 값은 30임을 알 수 있다.

- 사회후생 : $W = \min[\sqrt{3X_A},\ \sqrt{X_B}] \rightarrow W = \min[\sqrt{900},\ \sqrt{900}] \therefore W = 30$

05. 정답 ⑤

칼도-힉스의 보상기준이란 경제 상태의 변화로 이득을 얻는 사람의 이득의 크기가 손해를 보는 사람의 손해의 크기보다 커서 이득을 얻는 사람이 손해를 보는 사람에게 잠재적으로 보상을 해주고도 남을 때, 이를 개선으로 판단하는 것(잠재적 파레토 개선)을 말한다. 이때 이득을 얻는 사람과 손해를 보는 사람이 다수이므로 칼도-힉스의 보상기준은 실제적 보상이 아닌 잠재적 보상을 전제로 한다.

06. 정답 ③

두 사람 A와 B의 효용은 각 개인이 소비하는 사적재 X와 공공재 Y의 양에 의해 결정되는데, 사적재는 소비가 경합적이므로 $X = X_A + X_B$가 성립한다. 반면, 공공재는 비경합성으로 인해 공동소비가 가능하므로 $Y = Y_A = Y_B$가 성립한다. 따라서 두 사람 A와 B의 효용함수 U_A와 U_B는 다음과 같이 나타낼 수 있다.

- A의 효용함수 : $U_A(X_A,\ Y_A)$ 또는 $U_A(X_A,\ Y_A,\ Y_B)$
- B의 효용함수 : $U_B(X_B,\ Y_B)$ 또는 $U_B(X_B,\ Y_A,\ Y_B)$

07. 정답 ④

부의소득세제(NIT)하에서는 대체효과와 소득효과 모두에 의해 노동공급이 감소한다. 즉, 부의 소득세는 면세점 이하 소득계층의 근로의욕에 부정적인 영향을 미친다.

> 💬 **부의 소득세와 노동공급**
> - 대체효과 : $NIT \rightarrow P_{여가}\downarrow \quad \rightarrow$ 여가소비$\uparrow \quad \rightarrow$ 노동공급$\downarrow$
> - 소득효과 : $NIT \rightarrow$ 실질소득$\uparrow \rightarrow$ 정상재 : 여가소비$\uparrow \rightarrow$ 노동공급$\downarrow$

08. 정답 ⑤

ⅰ) 경제 전체의 총오염저감비용이 극소화되려면 개별기업들의 한계오염저감비용이 동일해야 한다. 예컨대, 두 기업 A, B가 존재하는 경제에서 기업 A와 B의 한계오염저감비용이 다르다면 다음과 같이 각 기업의 오염물질 감축량을 조정함으로써 오염물질 감축에 따른 총비용을 극소화할 수 있으므로 균형에서는 $MC_A = MC_B$가 성립한다.

- $MC_A > MC_B \rightarrow$ 기업 A의 오염물질 감축량↓, 기업 B의 오염물질 감축량↑
- $MC_A < MC_B \rightarrow$ 기업 A의 오염물질 감축량↑, 기업 B의 오염물질 감축량↓
  ⇒ 총오염저감비용 극소화 조건 : $MC_A = MC_B$

ⅱ) 기업 A와 B의 한계오염저감비용은 각각 $MC_A = 4Z_A$, $MC_B = 6Z_B$이므로 총오염저감비용 극소화 조건 $MC_A = MC_B$에 의해 다음의 관계가 성립한다.

- 기업 A의 한계오염저감비용 : $C_A = 100 + 2Z_A^2 \rightarrow MC_A = 4Z_A$
- 기업 B의 한계오염저감비용 : $C_B = 100 + 3Z_B^2 \rightarrow MC_B = 6Z_B$
- 총오염저감비용 극소화 조건 : $MC_A = MC_B \rightarrow 4Z_A = 6Z_B \therefore Z_A = 1.5Z_B$

ⅲ) 사회 전체적으로 오염물질을 60만큼 감축해야 하므로 $Z_A + Z_B = 60$이 성립한다. 따라서 $Z_A = 1.5Z_B$를 $Z_A + Z_B = 60$에 대입하면 $Z_A = 36$, $Z_B = 24$로 계산된다.

09. 정답 ②

잠재가격은 시장의 기회비용을 반영하여 결정한 가격으로, 완전경쟁시장에서는 시장가격이 곧 잠재가격이므로 시장가격을 이용하여 공공사업의 편익과 비용을 측정하여도 무방하다. 그러나 불완전경쟁시장의 경우에는 시장가격이 기회비용을 적절히 반영하지 못하므로 시장가격이 아니라 시장가격에 조정을 가한 잠재가격을 사용하여야 한다.

10. 정답 ②

ⅰ) 파레토 효율적인 공공재의 수량

파레토 효율적인 공공재의 수량은 개별수요함수를 수직으로 합한 시장수요함수와 한계비용(공급함수)이 같아지는 점에서 결정된다. 시장수요함수가 $P = 65 - 3X$이므로, 이를 한계비용 45와 연립하면 파레토 효율적인 공공재의 수량은 $\dfrac{20}{3}$단위로 계산된다.

- 파레토 효율적인 공공재의 수량 : $P = MC \rightarrow 65 - 3X = 45 \therefore X = \dfrac{20}{3}$

ⅱ) 다수결로 결정되는 공공재의 수량

다수결 원칙에 의해 결정되는 공공재의 수량은 중위투표자의 선호와 일치하므로 중위투표자를 먼저 구해 보자. 공공재 공급비용을 세 사람이 균등하게 부담하므로 각 사람이 부담하는 한계비용은 15이고, 각 사람의 수요함수와 한계비용 15를 연립하면 중위투표자는 철수임을 알 수 있다.

- 정수가 원하는 공공재의 양 : $P_{정수} = MC \rightarrow 10 - X_{정수} = 15 \therefore X_{정수} = -5$
- 철수가 원하는 공공재의 양 : $P_{철수} = MC \rightarrow 25 - X_{철수} = 15 \therefore X_{철수} = 10$
- 영희가 원하는 공공재의 양 : $P_{영희} = MC \rightarrow 30 - X_{영희} = 15 \therefore X_{영희} = 15$
  ⇒ 다수결 원칙에 의해 결정되는 공공재의 수량은 중위투표자인 철수가 원하는 양인 10단위이다.

11. 정답 ③

① |○| 공공의료보험제도의 도입으로 전 국민의 의료보험 가입이 의무화되면 병에 걸릴 가능성이 높은 사람만 의료보험에 가입하는 역선택 문제는 해결된다.

③ |×| 보건의료서비스 시장에서 도덕적 해이는 실제비용보다 지불가격이 낮을 때 발생한다. 즉, 공공의료보험제도의 도입으로 개인들이 진료비의 일부만을 부담하게 되면 개인들이 지불하는 진료비가 실제비용보다 낮아져 보건의료서비스를 과다하게 소비하는 도덕적 해이가 발생하게 된다.

④ |○| 경험요율제도란 의료보험 가입자의 의료기관 이용횟수나 진료비 지급금액에 따라 차등적으로 보험료를 결정하는 제도를 말한다. 따라서 경험요율제도를 적용하게 되면 역선택 문제를 어느 정도 축소할 수 있다.

12. 정답 ③

초기 투자비용(C_0)이 700만원이고, 2년 간 매년 1,005만원의 편익(B_n)과 400만원의 비용(C_n)이 발생하며, 사회적 할인율(r)이 10%이므로 순현재가치는 350만원으로 계산된다.

- $NPV = B_0 - C_0 + \dfrac{B_1 - C_1}{(1+r)} + \dfrac{B_2 - C_2}{(1+r)^2} + \cdots + \dfrac{B_n - C_n}{(1+r)^n}$ (단위 : 만원)

$$= -700 + \frac{(1,005 - 400)}{(1+0.1)} + \frac{(1,005 - 400)}{(1+0.1)^2}$$

$$= -700 + 550 + 500$$

$$= 350$$

13. 정답 ④

일정량의 오염물질을 감축하고자 할 때 사회 전체의 총오염저감비용이 극소화되려면 오염자들의 한계오염저감비용이 동일해지는 수준까지 오염물질을 감축시켜야 한다. 예컨대, 두 기업 A, B가 존재하는 사회에서 기업 A와 B의 한계오염저감비용이 다르다면 다음과 같이 각 기업의 오염물질 감축량을 조정함으로써 오염물질 감축에 따른 총비용을 극소화할 수 있으므로, 한계오염저감비용이 동일해지도록 오염물질을 감축시키는 것이 사회 전체적 관점에서 볼 때 비용효과적이다.

- $MC_A > MC_B \rightarrow$ 기업 A의 오염물질 감축량↓, 기업 B의 오염물질 감축량↑
- $MC_A < MC_B \rightarrow$ 기업 A의 오염물질 감축량↑, 기업 B의 오염물질 감축량↓

    $\Rightarrow$ 총오염저감비용 극소화 조건 : $MC_A = MC_B$

14. 정답 ①

종합부동산세(종부세)는 지방자치단체가 부과하는 종합토지세 외에 일정 기준을 초과하는 토지와 주택 소유자에 대해서 국세청이 별도로 누진세율을 적용하여 부과하는 국세이다.

15. 정답 ④

ⅰ) 정부가 생산자에게 25%의 종가세를 부과하면 생산자가 받고자 하는 가격이 25% 상승하므로, P에 대해 정리된 공급함수에 $1.25(=1+t)$를 곱해 주면 조세부과 이후의 공급함수를 구할 수 있다.
 - 조세부과 이전의 공급함수 : $P=60+4Q$
 - 조세부과 이후의 공급함수 : $P=1.25\times(60+4Q) \rightarrow P=75+5Q$

ⅱ) 조세부과 이후의 공급함수 $P=75+5Q$와 수요함수 $P=195-Q$를 연립하면 조세부과 이후의 거래량 $Q=20$으로 계산되고, $Q=20$을 수요함수에 대입하면 조세부과 이후의 (소비자)가격 $P=175$원임을 알 수 있다.
 - 조세부과 이후의 균형 : $75+5Q=195-Q \rightarrow 6Q=120$ ∴ $Q=20$, $P=175$

ⅲ) 한편, 조세부과 이후의 거래량 $Q=20$을 조세부과 이전의 공급함수 $P=60+4Q$에 대입하면 조세부과 이전의 가격이 140원이므로 단위당 종가세액은 35원임을 알 수 있다.

ⅳ) 단위당 조세액이 35원이고, 조세부과 이후의 거래량이 20단위이므로 정부의 조세수입은 700원 $(=35\times20)$으로 계산된다.

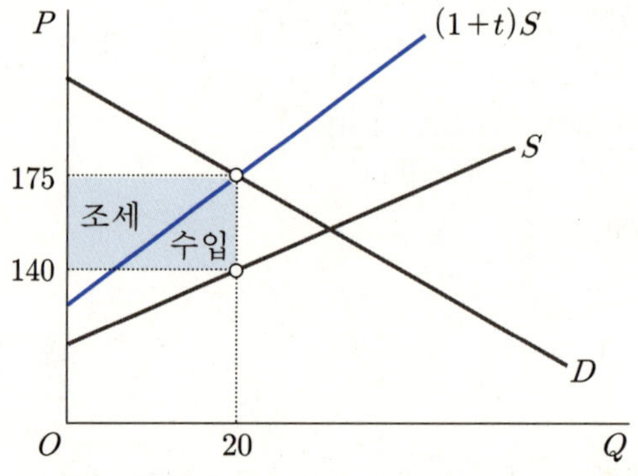

16. 정답 ③

납세순응비용(납세협력비용)이란 세금을 신고하고 납부하기까지 세금 자체를 제외하고 납세자가 부담하는 경제적·시간적 제반 비용을 의미한다. 예컨대, 세금 신고 전, 재무제표를 작성하는 비용에서부터 외부 회계법인이나 세무사에 감수·자문 의뢰비, 세금신고서 작성에 든 인건비, 일선 세무창구에서 세금을 내기 위해 기다린 시간에 대한 비용 등이 모두 납세순응비용에 포함된다. 따라서 납세순응비용은 통상적으로 신고납세나 직접세의 경우에 그 크기가 증가하게 된다.

③ |×| 부과과세의 경우, 납세의무자는 세무당국이 부과한 세금을 단순히 납부만 하면 되므로 납세순응비용의 크기가 상대적으로 매우 작다.

17. 정답 ①

초과부담(자중손실)은 $DWL = \frac{1}{2}t^2\epsilon(PQ)$로 세율의 제곱에 비례하고, 탄력성과 거래액의 크기에 비례한다.

① ㅣㅇㅣ 외부불경제가 존재할 때 교정과세인 피구세를 부과하면 생산량이 최적수준으로 감소하므로 과다생산에 따른 자중손실이 사라지고, 효율성을 만족한다.

② ㅣ×ㅣ 자중손실의 크기는 세율의 제곱근이 아니라 세율의 제곱에 비례한다.

③ ㅣ×ㅣ 대체재가 많은 상품일수록 수요의 가격탄력성이 크므로 조세부과로 인한 자중손실은 증가한다.

④ ㅣ×ㅣ 자중손실은 상대가격체계의 교란으로 인한 대체효과에 의해 민간의 의사결정이 왜곡되어 발생한다. 따라서 자중손실의 크기를 정확하게 측정하기 위해서는 대체효과만을 고려한 보상수요곡선을 사용하여야 한다.

⑤ ㅣ×ㅣ 자중손실은 탄력성에 비례하므로 공급곡선이 탄력적일수록 자중손실은 증가한다.

18. 정답 ②

초과부담은 탄력성에 비례하고, 조세부담은 탄력성에 반비례한다. 따라서 수요곡선이 비탄력적일수록 초과부담은 작아지고, 공급자의 세부담은 작아진다.

19. 정답 ④

조세의 자본화란 정부가 토지와 같이 공급이 고정된 재화에 대해 조세를 부과하면 조세부과를 발표하는 시점에서 그 재화의 가격이 나중에 납부하게 될 조세의 현재가치($\frac{T}{r}$)만큼 하락하는 현상을 말하는데, 세율이 높을수록, 이자율이 낮을수록 조세의 자본화 정도는 커진다.

① ㅣ×ㅣ 자본화의 결과로 토지가격은 나중에 납부하게 될 조세의 현재가치($\frac{T}{r}$)만큼 하락한다.

② ㅣ×ㅣ 자본화의 크기는 기간당 이자율에 반비례한다.

③ ㅣ×ㅣ 토지공급이 고정되어 있으므로 토지공급곡선은 수직선이다. 따라서 토지수요곡선의 탄력성과 관계없이 모든 조세부담은 토지소유자(토지공급자)에게 귀착된다.

④ ㅣㅇㅣ 조세의 자본화가 발생하면 조세부과를 발표하는 시점(현재)의 토지소유자가 토지에 부과된 조세를 전부 부담하게 된다.

⑤ ㅣ×ㅣ 세율이 낮을수록 조세의 자본화 정도는 작아진다.

20. 정답 ②

① ｜〇｜ 편익원칙(이익설)에 의해 조세가 부과될 때 조세의 크기는 납세자의 공공서비스에 대한 수요에
의해 결정되므로 조세부담에 있어 납세자의 자발적 협조를 유도하기가 용이하다. 즉, 자신이
공공서비스로부터 얻는 편익에 따라 조세부담이 결정되므로 사람들은 조세를 자발적 교환의
대가로 인식한다.

② ｜✕｜ 편익원칙에 의하면, 각 개인의 조세부담은 각 개인이 공공서비스로부터 얻는 편익에 비례하므
로 공공재 공급과 조세부담이 직접적으로 연계되어 있다.

③, ④ ｜〇｜ 편익원칙에 의하면, 조세는 오로지 편익의 대가로만 납부되므로 불황 등 경제불안정 극복
을 위해 필요한 정부지출 재원이나 외부성이 있는 공공재 공급에 필요한 재원 조달이 어렵다.

⑤ ｜〇｜ 편익원칙에 의한 과세는 소득재분배 목표를 달성하기 위한 조세부담의 분배를 허용하지 않기
때문에 저소득층 지원을 위한 복지적 지출에 필요한 재원 마련이 곤란하다.

21. 정답 ④

ㄱ. ｜〇｜ 우리나라의 경우 면세와 영세율이 적용되는 경우를 제외하고는, 원칙적으로 모든 소비재에 대
해 10%의 단일세율을 적용한다.

ㄴ. ㄹ. ｜✕｜ 우리나라의 부가가치세는 과세표준이 소비지출의 크기와 일치하는 소비형 부가가치세로,
자본재가 과세대상에서 제외되므로 경기조절기능이 약하다.

ㄷ. ｜〇｜ 우리나라의 경우 단일 세목으로는 부가가치세가 가장 큰 세입을 차지하고, 그 다음은 소득세,
법인세 순이다.

ㅁ. ｜✕｜, ㅂ. ｜〇｜ 현재 우리나라에서는 총판매액에 세율을 곱하여 세액을 계산한 다음 전단계 구입액
에 포함되어 있는 부가가치세액을 공제하여 그 단계에서 납부해야 할 세액을 산출하는 전단계
세액공제방식이 사용되고 있으며, 수출을 촉진하기 위해 수출품에 대해서는 영세율을 적용하
고 있다.

22. 정답 ④

ⅰ) 근로자의 총소득은 근로소득 100만원과 비과세 이자소득 10만원을 합한 110만원이고, 소득공제가
20만원이므로 과세표준은 근로소득에서 소득공제를 제한 80만원이다.

ⅱ) 과세표준이 80만원이고 세율이 20%이므로 산출세액은 16만원이나, 세액공제가 5만원이므로 실제
납부해야 할 세액은 산출세액에서 세액공제를 제한 11만원이다.

ⅲ) 따라서 실효세율은 10%로 계산된다.

- 실효세율 $= \dfrac{\text{납세액}}{\text{총소득}} \times 100\% = \dfrac{11\text{만원}}{110\text{만원}} \times 100\% = 10\%$

23. 정답 ②

① ㅣ○ㅣ 노동집약적인 X재에 대해 개별소비세가 부과되면 X재의 상대가격이 상승하므로 X재의 소비 및 생산이 감소한다. 노동집약적인 X재의 생산이 감소하면 상대적으로 노동이 많이 해고되어 임금이 하락하므로, 원천측면에서 볼 때 노동자는 자본가보다 상대적으로 높은 조세부담을 지게 된다.

② ㅣ×ㅣ, ③, ⑤ ㅣ○ㅣ 노동집약적인 X재에 대한 개별소비세 부과 시 임금의 하락폭은 i) 두 재화 간 요소집약도의 차이가 클수록, ii) 과세대상 재화에 대한 수요의 가격탄력성이 클수록, iii) 생산요소 간 대체탄력성이 작을수록 커지고, 임금의 하락폭이 클수록 노동자는 상대적으로 더 큰 조세부담을 지게 된다.

④ ㅣ○ㅣ 소비자들의 선호가 동일한 경우에는 사용측면에서 조세부담의 차이가 발생하지 않으나, 소비자들의 선호가 이질적인 경우에는 사용측면에서 조세부담의 차이가 발생한다. 즉, 개별소비세 부과로 노동집약적인 X재의 상대가격이 상승하면 사용측면에서 볼 때 X재를 선호하는 소비자의 조세부담이 커지므로 소비자들의 선호가 이질적인 경우에는 원천측면 뿐만 아니라 사용측면에서도 조세부담을 고려해야 한다.

💬 **개별물품세(t_X or t_Y)**

1. 내용

$$t_X \rightarrow \frac{P_X(1+t)}{P_Y} \uparrow$$

- X재(노동집약재) : X재 소비↓, 생산↓ → 노동 해고 → w ↓
- Y재(자본집약재) : Y재 소비↑, 생산↑ → 자본 고용 → r ↑ $\rangle \left(\dfrac{w}{r}\right) \downarrow$

2. 요소상대가격의 변화
   ① 수요의 가격탄력성이 클수록
   ② 요소집약도의 차이가 클수록 $\rangle \left(\dfrac{w}{r}\right)$의 변화가 커짐
   ③ 대체탄력성이 작을수록

3. 귀착
   ① 원천측면
      : 조세가 부과된 산업에 집약적으로 사용되는 생산요소 공급자에게 부담이 귀착됨
   ② 사용측면
      : 소비자들의 선호가 이질적인 경우 과세된 재화를 많이 소비하는 사람에게 부담이 귀착됨

---

24. 정답 ①

담배소비세 인상으로 담배가격이 상승하면 소비량이 감소하고 세수(조세수입)에 변화가 생기는데, 이는 담배수요의 가격탄력성에 따라 달라진다.

① ㅣ○ㅣ 담배소비가 비탄력적일 때 담배가격이 상승하면 소비량이 가격상승폭보다 적게 감소하므로 담배소비를 줄이는 효과는 크지 않으나, 세수($T \times Q_T$)는 증가한다.

②, ③ ㅣ×ㅣ 담배소비가 비탄력적일 때 담배가격이 상승하면 담배소비는 감소하고, 세수는 증가한다.

④, ⑤ ㅣ×ㅣ 담배소비가 탄력적일 때 담배가격이 상승하면 소비량이 가격상승폭보다 크게 감소하므로 담배소비를 줄이는 효과는 크고, 단위당 조세액의 인상폭보다 소비량이 크게 감소하는 경우에는 세수($T \times Q_T$)가 오히려 감소할 수도 있다.

25. 정답 ⑤

① ｜○｜ 조세부담은 탄력성에 반비례한다. 따라서 공급곡선이 완전탄력적(수평선)인 경우 종량세가 부과되면 조세부담은 전부 소비자에게 귀착된다. 세전 균형가격이 1,000원이므로 단위당 100원의 종량세가 부과되면 소비자가격은 1,100원이 된다.

② ｜○｜ 조세부과 이후의 가격 1,100원을 수요함수 $P=2,000-2Q$에 대입하면 조세부과 이후의 수요량은 450단위임을 알 수 있다.

③ ｜○｜ 조세부과에 따른 초과부담(ΔB의 면적)은 2,500원($=\frac{1}{2}\times50\times100$)으로 계산된다.

④ ｜○｜ 단위당 종량세액이 100원이고, 조세부과 이후의 거래량이 450단위이므로 정부의 조세수입(□A의 면적)은 45,000원($=100\times450$)으로 계산된다.

⑤ ｜✕｜ 소비자가격은 1,100원이나 생산자는 100원의 조세를 납부해야 하므로 생산자가 실제로 수취하는 금액(생산자가격)은 조세부과 이전과 동일한 1,000원이다. 생산자가격이 1,000원이고, 조세부과 이후의 거래량이 450단위이므로 판매수입(□C의 면적)은 450,000원($=1,000\times450$)으로 계산된다.

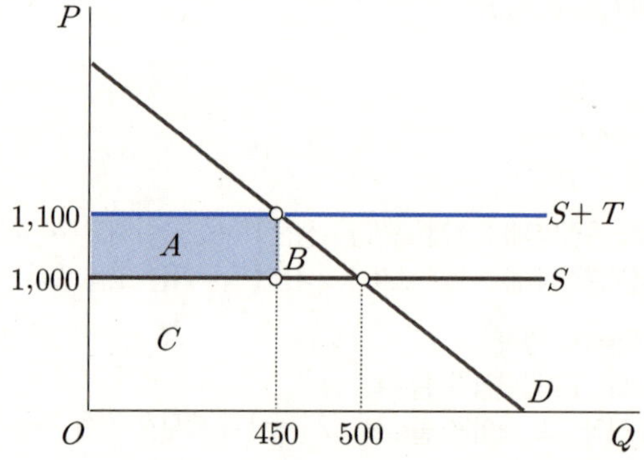

26. 정답 ④

램지규칙에 의하면, 일정한 조세수입을 확보하면서도 초과부담이 극소화되도록 하려면 각 재화에서 거두어들이는 조세수입의 한계초과부담이 서로 일치하도록 세율이 결정되어야 한다. 즉, 각 재화의 수요량 감소율이 동일해지도록 각 재화에 대한 세율을 설정해야 하는데, 이를 달성하기 위해서는 각 재화에 대한 세율을 해당 재화의 수요의 가격탄력성에 반비례하도록 설정해야 한다. 수요의 가격탄력성이 큰 재화에 대해서는 낮은 세율을 설정하고, 수요의 가격탄력성이 작은 재화에 대해서는 높은 세율을 설정하는 것이다(역탄력성원칙).

따라서 램지규칙(역탄력성원칙)에 따라 조세를 부과하게 되면 수요가 비탄력적인 필수품에 대해서는 높은 세율을, 수요가 탄력적인 사치품에 대해서는 낮은 세율을 적용하므로 조세부담이 역진적이 된다. 결국, 램지규칙은 조세의 효율성 측면만을 고려하고 있으며, 공평성 측면은 전혀 고려하지 않고 있다.

④ ｜✕｜ 램지규칙에 의하면, 모든 재화에 대해 차등 세율을 적용할 때 효율성이 극대화되며, 여가에 대한 직접과세가 불가능한 상황에서 모든 재화에 대해 동일한 세율로 조세를 부과하는 것은 최적과세가 될 수 없다.

27 정답 ⑤

① |○| 비선형 최적과세하에서 최고소득구간에 대해서는 0의 한계세율을 적용하는 것이 최적이다.

② |○| 콜렛-헤이그 규칙에 의하면, 여가와 보완적인 관계에 있는 재화에 대해서는 높은 세율의 조세를 부과하고, 여가와 대체적인 관계에 있는 재화에 대해서는 낮은 세율의 조세를 부과하여야 한다. 여행사의 서비스는 여가와 보완적인 관계에 있는 재화인데 비해, 업무용 컴퓨터는 여가와 대체적인 관계에 있는 재화이므로 여행사의 서비스에 대한 세율이 업무용 컴퓨터에 대한 세율보다 높아야 한다.

③ |○| 에지워드의 최적분배모형은 i) 모든 사람의 효용함수 동일, ii) 소득의 한계효용 체감, iii) 총소득 일정을 가정하고 있는데, 이 경우 모든 사람들의 세후소득이 동일해지도록 조세가 부과될 때 사회후생이 극대화된다. 따라서 에지워드의 최적분배모형에 의한 최적소득세는 부자에 대한 세금이 사실상 100%가 된다.

④ |○| 스턴의 최적과세모형에 의하면, 노동공급이 탄력적일수록 최적한계세율이 낮다. 따라서 노동공급의 탄력성이 작을수록 높은 세율을 책정해야 한다.

⑤ |×| 극단적인 공평성을 강조하는 롤스의 사회후생함수라 하더라도 지나친 고세율의 과세로 인해 근로의욕이 감소한다면 사회 전체의 총소득이 감소하여 결과적으로 사회후생의 감소를 초래하게 된다. 따라서 롤스의 사회후생함수에서 근로유인이 고려될 경우 최적 세율은 100%보다 낮아야 한다.

28. 정답 ③

① |○| 자동안정화기능이란 경기과열이나 경기침체 등의 경제상황에서 정부가 의도적으로 정부지출수준 또는 세율을 조절하지 않더라도, 자동적으로 정부지출 또는 조세수입이 변화하여 경기과열이나 경기침체의 정도를 완화시켜 주는 기능을 말한다. 누진소득세는 자동안정화장치의 대표적인 예로서, 누진소득세제하에서는 경기과열로 소득이 증가하면 납세액이 증가하여 가처분소득이 감소한다. 가처분소득이 감소하면 소비가 감소하고, 과열된 경기가 완화된다.

> - 경기과열 : $Y\uparrow \;\rightarrow\; T\uparrow \;\rightarrow\; Y_d\downarrow \;\rightarrow\; C\downarrow \;\rightarrow\; AD\downarrow$ (경기완화)
> - 경기침체 : $Y\downarrow \;\rightarrow\; T\downarrow \;\rightarrow\; Y_d\uparrow \;\rightarrow\; C\uparrow \;\rightarrow\; AD\uparrow$ (경기부양)

②, ④ |○| 선형누진세의 경우 한계세율은 소득수준에 관계없이 항상 일정하고, 한계세율은 평균세율보다 항상 크다.

③ |×| 세액공제란 정상적으로 계산된 산출세액에서 특정한 정책목적을 위하여 일정한 요건과 방법에 따라 세액의 일부를 공제하는 것을 말한다. 즉, 세액공제는 산출세액이 계산된 다음에 이루어지므로 한계세율은 세액공제에 의해 아무런 영향을 받지 않는다.

⑤ |○| 한계세율이 상승하면 세후임금률 하락으로 여가의 상대가격이 하락하고, 대체효과에 의해 여가소비는 증가하고, 노동공급은 감소한다.

> - 대체효과 : 세율인상 $\Rightarrow$ 세후 $w\downarrow$ $\Rightarrow$ $P_{여가}\downarrow$ $\Rightarrow$ 여가소비 $\uparrow$, 노동공급 $\downarrow$

29. 정답 ①

① |×| 근로소득세가 부과되면 근로자의 실질소득이 감소하므로 여가가 정상재인 경우 소득효과에 의해 여가소비가 감소하고, 노동공급이 증가한다.

> - 대체효과 : 근로소득세 $\Rightarrow$ 세후$w\downarrow$ $\Rightarrow$ $P_{여가}\downarrow$ $\Rightarrow$ 여가$\uparrow$, $L_s\downarrow$
> - 소득효과 : 근로소득세 $\Rightarrow$ 세후$w\downarrow$ $\Rightarrow$ 실질소득$\downarrow$ $\Rightarrow$ 여가$\downarrow$, $L_s\uparrow$

② |○| 이자소득세가 부과되면 세후이자율 하락으로 현재소비의 상대가격이 하락하므로 대체효과에 의해 현재소비가 증가한다.

> - 대체효과 : 이자소득세 $\Rightarrow$ 세후$r\downarrow$ $\Rightarrow$ $P_{C_1}\downarrow$ $\Rightarrow$ $C_1\uparrow$, $S\downarrow$
> - 소득효과 : 이자소득세 $\Rightarrow$ 세후$r\downarrow$ $\Rightarrow$ 저축자 : 실질소득$\downarrow$ $\Rightarrow$ $C_1\downarrow$, $S\uparrow$

③ |○| 근로소득세나 이자소득세가 부과될 때 조세부과로 인해 발생하는 소득효과가 대체효과보다 크다면 노동공급 및 저축은 증가할 수 있다(단, 정상재인 여가와 저축자를 가정한다).

④ |○| 위험자산에 대한 투자손실을 소득에서 전액 공제하는 경우(완전손실상계) 정부가 공동투자자의 입장에서 위험의 일부를 부담하므로 개인의 위험부담행위가 촉진되고, 위험자산의 비중이 증가한다.

⑤ |○| 자가주택의 귀속임대료를 소득공제하면 자가주택 보유비용이 낮아지므로 자가주택의 비중이 높아진다.

30. 정답 ①

① |○| 가속감가상각을 할 경우 자본의 사용자비용이 하락하므로 투자가 촉진되고, 실효세율이 하락한다.

> 💬 **가속감가상각**
> ① 개념 : 실제보다 빠른 속도로 감가상각을 허용함
> ② 전 기간에 걸쳐 명목납세액은 불변임
> ③ 가속상각납세액의 현재가치는 하락함
> ④ 가속상각 → 자본의 사용자비용 하락 → 자본재 선호 → 요소집약도($\frac{K}{L}$)$\uparrow$
> ⑤ 세부담이 미래로 연기됨 : 장기투자가 유리해짐

② |×| 물가상승기에는 명목이자율보다 실질이자율이 낮아서 채무부담의 실질가치가 하락하므로 차입을 많이 한 기업(채무자)이 세부담 측면에서 유리하다.

③ |×| 투자세액공제가 이루어지면 자본의 사용자비용이 하락하므로 신규투자에 따른 비용이 낮아진다.

④ |×| 자기자본에 대한 귀속이자가 경비로 인정되면 기업들의 차입이 줄어들므로 기업의 타인자본 의존도가 낮아진다.

⑤ |×| 적자기업은 납부해야 할 세금이 없으므로 세액공제의 혜택을 전혀 받을 수 없다.

31 정답 ①

누진세제를 강화하는 방향으로 조세구조를 개편하면 한계세율 상승으로 탈세의 한계편익이 증가하므로
오히려 탈세가 증가할 것이다.

> 💬 **탈세액의 결정요인**
> ① 세율이 낮을수록 : 탈세의 MB 감소 → 탈세액 감소
> ② 세무조사 받을 확률이 높을수록 : 탈세의 MC 상승 → 탈세액 감소
> ③ 적발 시 한계벌금이 클수록 : 탈세의 MC 상승 → 탈세액 감소

32 정답 ⑤

① ㅣ○ㅣ 소비과세는 재정착각의 발생으로 인해 담세자가 조세부담을 인지하기 어렵기 때문에 소득과세
나 자산과세에 비해 조세저항이 작다.

② ㅣ○ㅣ 소비를 과세의 지표로 하는 경우(ex. 지출세) 미실현 자본이득과 자본손실을 측정해야 하는 소
득과세의 한계를 피할 수 있다.

③ ㅣ○ㅣ 일반소비세(ex. 부가가치세)는 모든 재화에 대해 동일세율을 적용하므로 소득세에 비해 수직적
형평성을 악화시킬 가능성이 있다.

④ ㅣ○ㅣ 우리나라의 레저세는 지방세로서 소비과세에 해당한다.

⑤ ㅣ✕ㅣ 소비세는 보통 비례세 방식으로 부과되므로 인플레이션이 발생하더라도 실질 조세부담의 증가
는 거의 나타나지 않는다. 인플레이션으로 재화가격이 상승하면 소비세도 비례적으로 증가하
기 때문이다.

> 💬 **소비세의 유형**
> • 개인소비세(종합지출세) : 유량(flow), 직접세, 인세(누진세)
> • 간접소비세(간접세) ┌ 일반소비세 → 다단계세 ┌ 거래세
>   └ 부가가치세
>   └ 개별소비세 → 교정세(공해세)

33. 정답 ①

① ㅣ✕ㅣ 전 국민에게 동일 금액으로 소득세가 부과되면 상대적으로 고소득층의 조세부담은 적은 반면,
저소득층의 조세부담은 클 것이므로 역진성이 강화된다.

② ㅣ○ㅣ 주세는 간접세(개별소비세)로 조세부담이 역진적이므로 소득분배를 악화시킨다.

③ ㅣ○ㅣ 사치품은 고소득층이 많이 사용하므로 사치품에 개별소비세를 부과하면 소비세의 역진성을 완
화할 수 있다.

④ ㅣ○ㅣ 동일한 세수라면 누진성이 높은 경우가 고소득층의 조세부담을 증가시켜 소득분배를 더 많이
개선한다.

⑤ ㅣ○ㅣ 역진적인 조세라도 세수를 저소득층을 대상으로 한 보조금 지급에 이용한다면 소득분배를 개
선할 수 있다.

34. 정답 ②

은퇴저축의 적립 및 거치기간에 기여금과 이자소득에 대해 비과세가 적용되면 이자소득세를 감면하는 것과 동일한 효과가 발생하므로 대체효과와 소득효과는 다음과 같다.

> • 대체효과 : 비과세 적용 → 실질이자율↑ → P_{C_1} ↑ ⇒ C_1↓, S↑
> • 소득효과 : 비과세 적용 → 실질이자율↑ → 실질소득 ⇒ C_1↑, S↓ (단, C_1은 정상재)

① ㅣ✕ㅣ 대체효과가 소득효과보다 크면 현재소비는 감소하고, 소득효과가 대체효과보다 크면 현재소비는 증가한다.

② ㅣ○ㅣ 비과세 적용으로 실질이자율이 상승하면 현재소비의 상대가격이 상승하므로 대체효과에 의해 현재소비는 감소하고, 은퇴저축은 증가한다.

③, ④ ㅣ✕ㅣ 대체효과에 의해서는 은퇴저축이 증가하고, 소득효과에 의해서는 은퇴저축이 감소하므로 은퇴저축의 증감 여부는 불분명하다.

⑤ ㅣ✕ㅣ 유산동기가 있는 경우 자녀들에게 더 많은 유산을 물려주기 위해 은퇴저축은 증가할 것이다.

35. 정답 ⑤

① ㅣ○ㅣ 인플레이션이 발생하면 채무부담의 실질가치가 하락하므로 정부부채의 실질적 부담이 감소한다.

② ㅣ○ㅣ 이미 대규모의 정부지출로 정부의 재정적자(국채발행)가 누적된 상황에서는 정부부채로 인해 재량적인 경기부양정책을 사용할 여지가 줄어든다.

③ ㅣ○ㅣ 이자율과 국채가격은 역(−)의 관계에 있으므로 이자율이 상승하면 국채가격은 하락한다. 즉, 정부가 발행한 국채의 액면가격은 그대로일지라도 이자율이 상승하면 국채의 시장가치가 하락하고, 정부의 실질적 채무부담은 감소하게 된다.

④ ㅣ○ㅣ 재정적자가 증가하면 이자율 상승으로 자본의 유입이 발생하고, 자국 통화가 평가절상(환율하락)된다. 자국 통화가 평가절상되면 수출이 감소하고, 수입은 증가하여 무역수지 적자가 발생한다.

⑤ ㅣ✕ㅣ 재정적자가 증가하면 이자율이 상승한다. 이자율이 상승하면 민간투자가 위축되므로 자본축적이 저해된다.

36. 정답 ⑤

① ㅣ○ㅣ 고정요금과 비례요금으로 구성되는 이부요금제는 요금체계가 일정하지 않은 비선형가격설정방식이다.

② ㅣ○ㅣ 자연독점의 경우 수요곡선과 평균비용곡선이 교차하는 점($P=AC$)에서 생산이 이루어지면 기업은 정상이윤을 획득하므로 적자를 면하지만, $P=MC$가 충족되지 못하므로 과소생산으로 인한 비효율성이 발생한다.

③ ㅣ○ㅣ 수요곡선이 우하향하는 경우, 독점기업에 의해 공급이 이루어지면 공급량(생산량)은 감소하고, 요금수준은 높아진다.

④ ㅣ○ㅣ 수요곡선과 한계비용곡선이 교차하는 점($P=MC$)에서 생산이 이루어지면 자원배분의 효율성이 극대화된다.

⑤ |×| 평균비용가격설정방식하에서는 수요곡선과 평균비용곡선이 교차하는 점에서 가격을 설정한다. 그런데 평균비용곡선이 수요곡선보다 상방에 위치하는 경우에는 수요곡선과 평균비용곡선이 교차하는 점이 없으므로 평균비용가격설정방식의 적용이 불가능할 뿐만 아니라, 평균비용가격 설정방식을 적용한다 하더라도 모든 생산량 수준에서 평균비용이 가격보다 높으므로 기업은 적자를 면할 수가 없다.

37. 정답 ③

대응교부금(조건부 정률보조금)은 특정 사업의 수행에 소요되는 재원의 일정 비율만을 지급하므로 가격보조에 해당하고, 비대응교부금(조건부 정액보조금)은 일정 규모의 교부금을 지급하되 사용용도가 제한되어 있으므로 현물보조에 해당한다고 볼 수 있다.

① |○| 대응교부금은 가격보조와 동일한 효과를 나타내므로, 대응교부금이 지급되면 예산선이 바깥쪽으로 회전이동하고 지방공공재의 가격이 하락한다.

② |○| 대응교부금 지원의 한도가 지방공공재 최대 수요량보다 작을 경우(폐쇄형) 예산선이 굴절된다.

③ |×|, ⑤ |○| 비대응교부금은 현물보조와 동일한 효과를 나타내므로, 비대응교부금이 지급되면 예산선이 바깥쪽으로 평행이동한다. 따라서 대체효과는 발생하지 않고, 지역주민의 실질소득이 증가하는 소득효과만 발생하므로 다른 재화의 가격은 변하지 않는다.

④ |○| 대응교부금은 특정 사업의 수행에 소요되는 재원의 일정 비율만을 지급하는 일종의 가격보조이다. 따라서 대응교부금이 지급되면 예산선이 바깥쪽으로 회전이동하고, 대체효과와 소득효과가 모두 발생한다. 대응교부금 지급으로 지방공공재의 가격이 하락하면 대체효과에 의해서는 지방공공재 소비가 증가한다. 한편, 대응교부금 지급으로 지역주민의 실질소득이 증가하면 소득효과에 의해서는 지방공공재가 정상재일 경우 지방공공재 소비가 증가하나, 지방공공재가 열등재일 경우에는 지방공공재 소비가 감소한다. 따라서 지방공공재가 열등재이고, 소득효과가 대체효과보다 크다면 대응교부금의 증가가 지방공공재의 소비를 감소시키게 된다.

38. 정답 ②

자본의 사용자비용은 $C = (i + d - \pi)P_K$ 또는 $C = (r + d)P_K$이다. 따라서 실질이자율이 상승하거나, 경제적 감가상각률이 커지면 자본의 사용자비용은 증가한다.

① |○| 경제적 감가상각률(d)이 커지면 자본의 사용자비용은 증가한다.

② |×| A의 배당소득에 대해 배당소득세가 부과되면 A의 입장에서 볼 때 투자수익률이 낮아지는 것과 같은 효과가 발생하여 투자를 줄이게 될 것이고, 투자 감소로 인한 효과는 자본의 사용자비용 증가로 인한 효과와 사실상 동일해진다. 따라서 배당소득에 대한 과세는 실질적으로 자본의 사용자비용을 증가시킨다고 할 수 있다.

③ |○| 법인세율이 낮아지면 법인기업의 자기자본 수익률이 상승하므로 실질적으로 자본의 사용자비용이 감소하는 효과가 발생한다.

④ |○| 자본의 시장수익률은 시장이자율(r)을 의미하므로 자본의 시장수익률이 상승하면 자본의 사용자비용은 증가한다.

⑤ |○| 자본의 사용자비용은 $C = (r + d)P_K$로, 경제적 감가상각률(d)과 자본의 시장수익률(r)의 합에 비례한다.

39. 정답 ④

① | ○ | 기업 입장에서 볼 때 조세는 정부에 납부해야 하는 비용이므로 일반적으로 자본투자의 비용을 높이게 된다.

② | ○ | 토빈의 q가 1보다 크면 투자가치가 있다. 즉, 주식시장에서 평가된 기업의 가치가 기업의 실물자본의 대체비용(공장건설비용)보다 크다면 기업은 투자를 할 것이다.

> 💬 **토빈의** q
> 1. 개념
>   : 토빈의 q이론은 주식시장에서 평가된 기업의 가치와 실물자본의 대체비용을 비교하여 투자를 설명함
> 2. 식
> $$q = \frac{주식시장에서\ 평가된\ 기업의\ 가치}{기업의\ 실물자본의\ 대체비용}$$
>   - $q > 1 \Rightarrow$ 투자 증가
>   - $q = 1 \Rightarrow$ 투자 불변
>   - $q < 1 \Rightarrow$ 투자 감소

③ | ○ | 가속감가상각은 기계, 설비 등을 감가상각하는 방법의 일종으로 내용연수의 초기에 상대적으로 많은 금액을 상각하는 원가배분법을 말한다. 즉, 가속감가상각은 실제 경제적 감가상각보다 빠르게 자산을 결손처분하도록 하는 방식을 의미한다.

④ | × | 모딜리아니-밀러의 제1정리에 의하면, 법인세와 소득세가 존재하지 않을 때 경영위험 등 다른 조건이 모두 동일하고 자본구조만 다른 두 기업의 가치는 항상 같기 때문에 부채-자본비율(자본구조)의 변화는 기업의 가치에 아무런 영향을 미칠 수 없다.

⑤ | ○ | 한계실효세율접근법은 조세부과가 투자에 미치는 영향을 분석하는 방법으로, 한계실효세율 $(t = \frac{p-s}{p})$이 높을수록 조세부과가 투자에 불리하게 작용한다.

40. 정답 ⑤

오우츠의 분권화 정리에 의하면, 공공재 공급비용이 동일하다면 중앙정부가 모든 지역에 획일적으로 공공재를 공급하는 것보다는 각 지방정부가 스스로의 판단에 따라 적절한 양의 공공재를 자율적으로 공급하는 것이 더 효율적이다.

황 정 빈

- 한국외국어대학교 경제학 박사
- 現 우리경영아카데미 경제학, 재정학 강사
    AIFA 경영아카데미 재정학 강사
    한국외국어대학교 출강
    월비스 한림법학원 경제학 강사

저서

- 길라잡이 재정학 : 미시경제학(두빛나래)
- 황정빈 재정학 check point(두빛나래)
- 재정학 암기카드 Yes or No(두빛나래)
- 황정빈 멘토 경제학 미시편, 거시편(두빛나래)
- 황정빈 경제학 유형별 기출(두빛나래)
- 황정빈 경제학 check point(두빛나래)
- 경제학 암기카드 Yes or No(두빛나래)
- 매경테스트 경제편(이패스코리아)

재정학 세무사 기출문제

초 판 발 행 : 2016년 9월 9일
저   자 : 황정빈
발 행 인 : 허병관
발 행 처 : 도서출판 어울림
표 지 · 편 집 : 유리진·박진아
주   소 : 서울시 영등포구 양평동3가 14번지 이노플렉스 707호
전   화 : 02) 2232 - 8607, 8602
팩   스 : 02) 2232 - 8608
등   록 : 제2 - 4071호
홈 페 이 지 : www.aubook.co.kr
I S B N : 978 - 89 - 6239 - 520 - 4 - 13320
정   가 : 15,000원

저자와의
협의하에
인지생략

모의고사 1교시 답안지

성 명 :　　　　　연락처 :　　　　　구 분 : □ 학생　□ 재직자　□ 전업수험생

재 정 학		세법학 개론				
1 ① ② ③ ④ ⑤	21 ① ② ③ ④ ⑤	1 ① ② ③ ④ ⑤	21 ① ② ③ ④ ⑤	1 ① ② ③ ④ ⑤	21 ① ② ③ ④ ⑤	
2 ① ② ③ ④ ⑤	22 ① ② ③ ④ ⑤	2 ① ② ③ ④ ⑤	22 ① ② ③ ④ ⑤	2 ① ② ③ ④ ⑤	22 ① ② ③ ④ ⑤	
3 ① ② ③ ④ ⑤	23 ① ② ③ ④ ⑤	3 ① ② ③ ④ ⑤	23 ① ② ③ ④ ⑤	3 ① ② ③ ④ ⑤	23 ① ② ③ ④ ⑤	
4 ① ② ③ ④ ⑤	24 ① ② ③ ④ ⑤	4 ① ② ③ ④ ⑤	24 ① ② ③ ④ ⑤	4 ① ② ③ ④ ⑤	24 ① ② ③ ④ ⑤	
5 ① ② ③ ④ ⑤	25 ① ② ③ ④ ⑤	5 ① ② ③ ④ ⑤	25 ① ② ③ ④ ⑤	5 ① ② ③ ④ ⑤	25 ① ② ③ ④ ⑤	
6 ① ② ③ ④ ⑤	26 ① ② ③ ④ ⑤	6 ① ② ③ ④ ⑤	26 ① ② ③ ④ ⑤	6 ① ② ③ ④ ⑤	26 ① ② ③ ④ ⑤	
7 ① ② ③ ④ ⑤	27 ① ② ③ ④ ⑤	7 ① ② ③ ④ ⑤	27 ① ② ③ ④ ⑤	7 ① ② ③ ④ ⑤	27 ① ② ③ ④ ⑤	
8 ① ② ③ ④ ⑤	28 ① ② ③ ④ ⑤	8 ① ② ③ ④ ⑤	28 ① ② ③ ④ ⑤	8 ① ② ③ ④ ⑤	28 ① ② ③ ④ ⑤	
9 ① ② ③ ④ ⑤	29 ① ② ③ ④ ⑤	9 ① ② ③ ④ ⑤	29 ① ② ③ ④ ⑤	9 ① ② ③ ④ ⑤	29 ① ② ③ ④ ⑤	
10 ① ② ③ ④ ⑤	30 ① ② ③ ④ ⑤	10 ① ② ③ ④ ⑤	30 ① ② ③ ④ ⑤	10 ① ② ③ ④ ⑤	30 ① ② ③ ④ ⑤	
11 ① ② ③ ④ ⑤	31 ① ② ③ ④ ⑤	11 ① ② ③ ④ ⑤	31 ① ② ③ ④ ⑤	11 ① ② ③ ④ ⑤	31 ① ② ③ ④ ⑤	
12 ① ② ③ ④ ⑤	32 ① ② ③ ④ ⑤	12 ① ② ③ ④ ⑤	32 ① ② ③ ④ ⑤	12 ① ② ③ ④ ⑤	32 ① ② ③ ④ ⑤	
13 ① ② ③ ④ ⑤	33 ① ② ③ ④ ⑤	13 ① ② ③ ④ ⑤	33 ① ② ③ ④ ⑤	13 ① ② ③ ④ ⑤	33 ① ② ③ ④ ⑤	
14 ① ② ③ ④ ⑤	34 ① ② ③ ④ ⑤	14 ① ② ③ ④ ⑤	34 ① ② ③ ④ ⑤	14 ① ② ③ ④ ⑤	34 ① ② ③ ④ ⑤	
15 ① ② ③ ④ ⑤	35 ① ② ③ ④ ⑤	15 ① ② ③ ④ ⑤	35 ① ② ③ ④ ⑤	15 ① ② ③ ④ ⑤	35 ① ② ③ ④ ⑤	
16 ① ② ③ ④ ⑤	36 ① ② ③ ④ ⑤	16 ① ② ③ ④ ⑤	36 ① ② ③ ④ ⑤	16 ① ② ③ ④ ⑤	36 ① ② ③ ④ ⑤	
17 ① ② ③ ④ ⑤	37 ① ② ③ ④ ⑤	17 ① ② ③ ④ ⑤	37 ① ② ③ ④ ⑤	17 ① ② ③ ④ ⑤	37 ① ② ③ ④ ⑤	
18 ① ② ③ ④ ⑤	38 ① ② ③ ④ ⑤	18 ① ② ③ ④ ⑤	38 ① ② ③ ④ ⑤	18 ① ② ③ ④ ⑤	38 ① ② ③ ④ ⑤	
19 ① ② ③ ④ ⑤	39 ① ② ③ ④ ⑤	19 ① ② ③ ④ ⑤	39 ① ② ③ ④ ⑤	19 ① ② ③ ④ ⑤	39 ① ② ③ ④ ⑤	
20 ① ② ③ ④ ⑤	40 ① ② ③ ④ ⑤	20 ① ② ③ ④ ⑤	40 ① ② ③ ④ ⑤	20 ① ② ③ ④ ⑤	40 ① ② ③ ④ ⑤	

채점 :　　　　　채점 :　　　　　채점 :

평가 :　　　　　평가 :　　　　　평가 :

AIFA ㈜아이파경영아카데미

수험자 유의사항

1. 시험 중에는 통신기기(휴대전화·소형무전기등) 및 전자기기(초소형카메라등)를 소지하거나 사용할 수 없습니다.
2. 부정행위 예방을 위해 시험문제지에도 수험번호와 성명을 반드시 기재하시기 바랍니다.
3. 시험시간이 종료되면 즉시 답안작성을 멈춰야하며, 종료시간 이후 계속 답안을 작성하거나 감독위원의 답안카드 제출지시에 불응할 때에는 당해 시험이 무효처리 됩니다.
4. 기타 감독위원의 정당한 지시에 불응하여 타수험자의 시험에 방해가 될 경우 퇴실조치 될 수 있습니다.

답안카드 작성 시 유의사항

1. 답안지는 반드시 "검정색 컴퓨터용 사인펜"(사인펜에 '컴퓨터용'으로 표기되어 있는 것에 한함)을 사용하여 작성하여야합니다.
2. 지정된 필기구를 사용하지 않거나 답안지에 기재된 올바른 표기방법을 따르지 않아 발생하는 판독결과상의 불이익은 응시자의 책임입니다.

부정행위 처리규정

시험 중 다음과 같은 행위를 하는 자는 당해 시험을 무효처리하고 자격별 관련 규정에 따라 일정기간 동안 시험에 응시할 수 있는 자격을 정지합니다.

1. 시험과 관련된 대화, 답안카드 교환, 다른 수험자의 답안·문제지를 보고 답안작성, 대리시험을 치르거나 치르게 하는 행위, 시험문제 내용과 관련된 물건을 휴대하거나 이를 주고받는 행위
2. 시험장 내외로부터 도움을 받아 답안을 작성하는 행위, 응시자격 서류를 허위기재하여 제출하는 행위
3. 통신기기(휴대전화·소형무전기등) 및 전자기기(초소형카메라등)를 휴대하거나 사용하는 행위
4. 다른 수험자와 성명 및 수험번호를 바꾸어 작성·제출하는 행위
5. 기타 부정 또는 불공정한 방법으로 시험을 치르는 행위

모의고사 2교시 답안지

성 명 :　　　연락처 :　　　구 분 : □ 학생　□ 재직자　□ 전업수험생

회계학 개론				상 법							
1 ① ② ③ ④ ⑤	21 ① ② ③ ④ ⑤	1 ① ② ③ ④ ⑤	21 ① ② ③ ④ ⑤	1 ① ② ③ ④ ⑤	21 ① ② ③ ④ ⑤
2 ① ② ③ ④ ⑤	22 ① ② ③ ④ ⑤	2 ① ② ③ ④ ⑤	22 ① ② ③ ④ ⑤	2 ① ② ③ ④ ⑤	22 ① ② ③ ④ ⑤
3 ① ② ③ ④ ⑤	23 ① ② ③ ④ ⑤	3 ① ② ③ ④ ⑤	23 ① ② ③ ④ ⑤	3 ① ② ③ ④ ⑤	23 ① ② ③ ④ ⑤
4 ① ② ③ ④ ⑤	24 ① ② ③ ④ ⑤	4 ① ② ③ ④ ⑤	24 ① ② ③ ④ ⑤	4 ① ② ③ ④ ⑤	24 ① ② ③ ④ ⑤
5 ① ② ③ ④ ⑤	25 ① ② ③ ④ ⑤	5 ① ② ③ ④ ⑤	25 ① ② ③ ④ ⑤	5 ① ② ③ ④ ⑤	25 ① ② ③ ④ ⑤
6 ① ② ③ ④ ⑤	26 ① ② ③ ④ ⑤	6 ① ② ③ ④ ⑤	26 ① ② ③ ④ ⑤	6 ① ② ③ ④ ⑤	26 ① ② ③ ④ ⑤
7 ① ② ③ ④ ⑤	27 ① ② ③ ④ ⑤	7 ① ② ③ ④ ⑤	27 ① ② ③ ④ ⑤	7 ① ② ③ ④ ⑤	27 ① ② ③ ④ ⑤
8 ① ② ③ ④ ⑤	28 ① ② ③ ④ ⑤	8 ① ② ③ ④ ⑤	28 ① ② ③ ④ ⑤	8 ① ② ③ ④ ⑤	28 ① ② ③ ④ ⑤
9 ① ② ③ ④ ⑤	29 ① ② ③ ④ ⑤	9 ① ② ③ ④ ⑤	29 ① ② ③ ④ ⑤	9 ① ② ③ ④ ⑤	29 ① ② ③ ④ ⑤
10 ① ② ③ ④ ⑤	30 ① ② ③ ④ ⑤	10 ① ② ③ ④ ⑤	30 ① ② ③ ④ ⑤	10 ① ② ③ ④ ⑤	30 ① ② ③ ④ ⑤
11 ① ② ③ ④ ⑤	31 ① ② ③ ④ ⑤	11 ① ② ③ ④ ⑤	31 ① ② ③ ④ ⑤	11 ① ② ③ ④ ⑤	31 ① ② ③ ④ ⑤
12 ① ② ③ ④ ⑤	32 ① ② ③ ④ ⑤	12 ① ② ③ ④ ⑤	32 ① ② ③ ④ ⑤	12 ① ② ③ ④ ⑤	32 ① ② ③ ④ ⑤
13 ① ② ③ ④ ⑤	33 ① ② ③ ④ ⑤	13 ① ② ③ ④ ⑤	33 ① ② ③ ④ ⑤	13 ① ② ③ ④ ⑤	33 ① ② ③ ④ ⑤
14 ① ② ③ ④ ⑤	34 ① ② ③ ④ ⑤	14 ① ② ③ ④ ⑤	34 ① ② ③ ④ ⑤	14 ① ② ③ ④ ⑤	34 ① ② ③ ④ ⑤
15 ① ② ③ ④ ⑤	35 ① ② ③ ④ ⑤	15 ① ② ③ ④ ⑤	35 ① ② ③ ④ ⑤	15 ① ② ③ ④ ⑤	35 ① ② ③ ④ ⑤
16 ① ② ③ ④ ⑤	36 ① ② ③ ④ ⑤	16 ① ② ③ ④ ⑤	36 ① ② ③ ④ ⑤	16 ① ② ③ ④ ⑤	36 ① ② ③ ④ ⑤
17 ① ② ③ ④ ⑤	37 ① ② ③ ④ ⑤	17 ① ② ③ ④ ⑤	37 ① ② ③ ④ ⑤	17 ① ② ③ ④ ⑤	37 ① ② ③ ④ ⑤
18 ① ② ③ ④ ⑤	38 ① ② ③ ④ ⑤	18 ① ② ③ ④ ⑤	38 ① ② ③ ④ ⑤	18 ① ② ③ ④ ⑤	38 ① ② ③ ④ ⑤
19 ① ② ③ ④ ⑤	39 ① ② ③ ④ ⑤	19 ① ② ③ ④ ⑤	39 ① ② ③ ④ ⑤	19 ① ② ③ ④ ⑤	39 ① ② ③ ④ ⑤
20 ① ② ③ ④ ⑤	40 ① ② ③ ④ ⑤	20 ① ② ③ ④ ⑤	40 ① ② ③ ④ ⑤	20 ① ② ③ ④ ⑤	40 ① ② ③ ④ ⑤

채점 :　　　채점 :　　　채점 :

평가 :　　　평가 :　　　평가 :

AIFA ㈜아이파경영아카데미

수험자 유의사항

1. 시험 중에는 통신기기(휴대전화·소형무전기등) 및 전자기기(초소형카메라등)를 소지하거나 사용할 수 없습니다.
2. 부정행위 예방을 위해 시험문제지에도 수험번호와 성명을 반드시 기재하시기 바랍니다.
3. 시험시간이 종료되면 즉시 답안작성을 멈춰야하며, 종료시간 이후 계속 답안을 작성하거나 감독위원의 답안카드 제출지시에 불응할 때에는 당해 시험이 무효처리 됩니다.
4. 기타 감독위원의 정당한 지시에 불응하여 타수험자의 시험에 방해가 될 경우 퇴실조치 될 수 있습니다.

답안카드 작성 시 유의사항

1. 답안지는 반드시 "검정색 컴퓨터용 사인펜"(사인펜에 '컴퓨터용'으로 표기되어 있는 것에 한함)을 사용하여 작성하여야합니다.
2. 지정된 필기구를 사용하지 않거나 답안지에 기재된 올바른 표기방법을 따르지 않아 발생하는 판독결과상의 불이익은 응시자의 책임입니다.

부정행위 처리규정

시험 중 다음과 같은 행위를 하는 자는 당해 시험을 무효처리하고 자격별 관련 규정에 따라 일정기간 동안 시험에 응시할 수 있는 자격을 정지합니다.

1. 시험과 관련된 대화, 답안카드 교환, 다른 수험자의 답안·문제지를 보고 답안작성, 대리시험을 치르거나 치르게 하는 행위, 시험문제 내용과 관련된 물건을 휴대하거나 이를 주고받는 행위
2. 시험장 내외로부터 도움을 받아 답안을 작성하는 행위, 응시자격 서류를 허위기재하여 제출하는 행위
3. 통신기기(휴대전화·소형무전기등) 및 전자기기(초소형카메라등)를 휴대하거나 사용하는 행위
4. 다른 수험자와 성명 및 수험번호를 바꾸어 작성·제출하는 행위
5. 기타 부정 또는 불공정한 방법으로 시험을 치르는 행위

모의고사 1교시 답안지

성 명 :　　　　　연락처 :　　　　　구 분 : □ 학생　□ 재직자　□ 전업수험생

재 정 학		세법학 개론			
1 ① ② ③ ④ ⑤	21 ① ② ③ ④ ⑤	1 ① ② ③ ④ ⑤	21 ① ② ③ ④ ⑤	1 ① ② ③ ④ ⑤	21 ① ② ③ ④ ⑤
2 ① ② ③ ④ ⑤	22 ① ② ③ ④ ⑤	2 ① ② ③ ④ ⑤	22 ① ② ③ ④ ⑤	2 ① ② ③ ④ ⑤	22 ① ② ③ ④ ⑤
3 ① ② ③ ④ ⑤	23 ① ② ③ ④ ⑤	3 ① ② ③ ④ ⑤	23 ① ② ③ ④ ⑤	3 ① ② ③ ④ ⑤	23 ① ② ③ ④ ⑤
4 ① ② ③ ④ ⑤	24 ① ② ③ ④ ⑤	4 ① ② ③ ④ ⑤	24 ① ② ③ ④ ⑤	4 ① ② ③ ④ ⑤	24 ① ② ③ ④ ⑤
5 ① ② ③ ④ ⑤	25 ① ② ③ ④ ⑤	5 ① ② ③ ④ ⑤	25 ① ② ③ ④ ⑤	5 ① ② ③ ④ ⑤	25 ① ② ③ ④ ⑤
6 ① ② ③ ④ ⑤	26 ① ② ③ ④ ⑤	6 ① ② ③ ④ ⑤	26 ① ② ③ ④ ⑤	6 ① ② ③ ④ ⑤	26 ① ② ③ ④ ⑤
7 ① ② ③ ④ ⑤	27 ① ② ③ ④ ⑤	7 ① ② ③ ④ ⑤	27 ① ② ③ ④ ⑤	7 ① ② ③ ④ ⑤	27 ① ② ③ ④ ⑤
8 ① ② ③ ④ ⑤	28 ① ② ③ ④ ⑤	8 ① ② ③ ④ ⑤	28 ① ② ③ ④ ⑤	8 ① ② ③ ④ ⑤	28 ① ② ③ ④ ⑤
9 ① ② ③ ④ ⑤	29 ① ② ③ ④ ⑤	9 ① ② ③ ④ ⑤	29 ① ② ③ ④ ⑤	9 ① ② ③ ④ ⑤	29 ① ② ③ ④ ⑤
10 ① ② ③ ④ ⑤	30 ① ② ③ ④ ⑤	10 ① ② ③ ④ ⑤	30 ① ② ③ ④ ⑤	10 ① ② ③ ④ ⑤	30 ① ② ③ ④ ⑤
11 ① ② ③ ④ ⑤	31 ① ② ③ ④ ⑤	11 ① ② ③ ④ ⑤	31 ① ② ③ ④ ⑤	11 ① ② ③ ④ ⑤	31 ① ② ③ ④ ⑤
12 ① ② ③ ④ ⑤	32 ① ② ③ ④ ⑤	12 ① ② ③ ④ ⑤	32 ① ② ③ ④ ⑤	12 ① ② ③ ④ ⑤	32 ① ② ③ ④ ⑤
13 ① ② ③ ④ ⑤	33 ① ② ③ ④ ⑤	13 ① ② ③ ④ ⑤	33 ① ② ③ ④ ⑤	13 ① ② ③ ④ ⑤	33 ① ② ③ ④ ⑤
14 ① ② ③ ④ ⑤	34 ① ② ③ ④ ⑤	14 ① ② ③ ④ ⑤	34 ① ② ③ ④ ⑤	14 ① ② ③ ④ ⑤	34 ① ② ③ ④ ⑤
15 ① ② ③ ④ ⑤	35 ① ② ③ ④ ⑤	15 ① ② ③ ④ ⑤	35 ① ② ③ ④ ⑤	15 ① ② ③ ④ ⑤	35 ① ② ③ ④ ⑤
16 ① ② ③ ④ ⑤	36 ① ② ③ ④ ⑤	16 ① ② ③ ④ ⑤	36 ① ② ③ ④ ⑤	16 ① ② ③ ④ ⑤	36 ① ② ③ ④ ⑤
17 ① ② ③ ④ ⑤	37 ① ② ③ ④ ⑤	17 ① ② ③ ④ ⑤	37 ① ② ③ ④ ⑤	17 ① ② ③ ④ ⑤	37 ① ② ③ ④ ⑤
18 ① ② ③ ④ ⑤	38 ① ② ③ ④ ⑤	18 ① ② ③ ④ ⑤	38 ① ② ③ ④ ⑤	18 ① ② ③ ④ ⑤	38 ① ② ③ ④ ⑤
19 ① ② ③ ④ ⑤	39 ① ② ③ ④ ⑤	19 ① ② ③ ④ ⑤	39 ① ② ③ ④ ⑤	19 ① ② ③ ④ ⑤	39 ① ② ③ ④ ⑤
20 ① ② ③ ④ ⑤	40 ① ② ③ ④ ⑤	20 ① ② ③ ④ ⑤	40 ① ② ③ ④ ⑤	20 ① ② ③ ④ ⑤	40 ① ② ③ ④ ⑤

채점 :　　　　　채점 :　　　　　채점 :

평가 :　　　　　평가 :　　　　　평가 :

AIFA ㈜아이파경영아카데미

수험자 유의사항

1. 시험 중에는 통신기기(휴대전화·소형무전기등) 및 전자기기(초소형카메라등)를 소지하거나 사용할 수 없습니다.
2. 부정행위 예방을 위해 시험문제지에도 수험번호와 성명을 반드시 기재하시기 바랍니다.
3. 시험시간이 종료되면 즉시 답안작성을 멈춰야하며, 종료시간 이후 계속 답안을 작성하거나 감독위원의 답안카드 제출지시에 불응할 때에는 당해 시험이 무효처리 됩니다.
4. 기타 감독위원의 정당한 지시에 불응하여 타수험자의 시험에 방해가 될 경우 퇴실조치 될 수 있습니다.

답안카드 작성 시 유의사항

1. 답안지는 반드시 "검정색 컴퓨터용 사인펜"(사인펜에 '컴퓨터용'으로 표기되어 있는 것에 한함)을 사용하여 작성하여야합니다.
2. 지정된 필기구를 사용하지 않거나 답안지에 기재된 올바른 표기방법을 따르지 않아 발생하는 판독결과상의 불이익은 응시자의 책임입니다.

부정행위 처리규정

시험 중 다음과 같은 행위를 하는 자는 당해 시험을 무효처리하고 자격별 관련 규정에 따라 일정기간 동안 시험에 응시할 수 있는 자격을 정지합니다.

1. 시험과 관련된 대화, 답안카드 교환, 다른 수험자의 답안·문제지를 보고 답안작성, 대리시험을 치르거나 치르게 하는 행위, 시험문제 내용과 관련된 물건을 휴대하거나 이를 주고받는 행위
2. 시험장 내외로부터 도움을 받아 답안을 작성하는 행위, 응시자격 서류를 허위기재하여 제출하는 행위
3. 통신기기(휴대전화·소형무전기등) 및 전자기기(초소형카메라등)를 휴대하거나 사용하는 행위
4. 다른 수험자와 성명 및 수험번호를 바꾸어 작성·제출하는 행위
5. 기타 부정 또는 불공정한 방법으로 시험을 치르는 행위

모의고사 2교시 답안지

성 명 :　　　　　연락처 :　　　　　구 분 : □ 학생　□ 재직자　□ 전업수험생

회계학 개론														상 법																								
1	① ② ③ ④ ⑤	21	① ② ③ ④ ⑤	1	① ② ③ ④ ⑤	21	① ② ③ ④ ⑤	1	① ② ③ ④ ⑤	21	① ② ③ ④ ⑤
2	① ② ③ ④ ⑤	22	① ② ③ ④ ⑤	2	① ② ③ ④ ⑤	22	① ② ③ ④ ⑤	2	① ② ③ ④ ⑤	22	① ② ③ ④ ⑤
3	① ② ③ ④ ⑤	23	① ② ③ ④ ⑤	3	① ② ③ ④ ⑤	23	① ② ③ ④ ⑤	3	① ② ③ ④ ⑤	23	① ② ③ ④ ⑤
4	① ② ③ ④ ⑤	24	① ② ③ ④ ⑤	4	① ② ③ ④ ⑤	24	① ② ③ ④ ⑤	4	① ② ③ ④ ⑤	24	① ② ③ ④ ⑤
5	① ② ③ ④ ⑤	25	① ② ③ ④ ⑤	5	① ② ③ ④ ⑤	25	① ② ③ ④ ⑤	5	① ② ③ ④ ⑤	25	① ② ③ ④ ⑤
6	① ② ③ ④ ⑤	26	① ② ③ ④ ⑤	6	① ② ③ ④ ⑤	26	① ② ③ ④ ⑤	6	① ② ③ ④ ⑤	26	① ② ③ ④ ⑤
7	① ② ③ ④ ⑤	27	① ② ③ ④ ⑤	7	① ② ③ ④ ⑤	27	① ② ③ ④ ⑤	7	① ② ③ ④ ⑤	27	① ② ③ ④ ⑤
8	① ② ③ ④ ⑤	28	① ② ③ ④ ⑤	8	① ② ③ ④ ⑤	28	① ② ③ ④ ⑤	8	① ② ③ ④ ⑤	28	① ② ③ ④ ⑤
9	① ② ③ ④ ⑤	29	① ② ③ ④ ⑤	9	① ② ③ ④ ⑤	29	① ② ③ ④ ⑤	9	① ② ③ ④ ⑤	29	① ② ③ ④ ⑤
10	① ② ③ ④ ⑤	30	① ② ③ ④ ⑤	10	① ② ③ ④ ⑤	30	① ② ③ ④ ⑤	10	① ② ③ ④ ⑤	30	① ② ③ ④ ⑤
11	① ② ③ ④ ⑤	31	① ② ③ ④ ⑤	11	① ② ③ ④ ⑤	31	① ② ③ ④ ⑤	11	① ② ③ ④ ⑤	31	① ② ③ ④ ⑤
12	① ② ③ ④ ⑤	32	① ② ③ ④ ⑤	12	① ② ③ ④ ⑤	32	① ② ③ ④ ⑤	12	① ② ③ ④ ⑤	32	① ② ③ ④ ⑤
13	① ② ③ ④ ⑤	33	① ② ③ ④ ⑤	13	① ② ③ ④ ⑤	33	① ② ③ ④ ⑤	13	① ② ③ ④ ⑤	33	① ② ③ ④ ⑤
14	① ② ③ ④ ⑤	34	① ② ③ ④ ⑤	14	① ② ③ ④ ⑤	34	① ② ③ ④ ⑤	14	① ② ③ ④ ⑤	34	① ② ③ ④ ⑤
15	① ② ③ ④ ⑤	35	① ② ③ ④ ⑤	15	① ② ③ ④ ⑤	35	① ② ③ ④ ⑤	15	① ② ③ ④ ⑤	35	① ② ③ ④ ⑤
16	① ② ③ ④ ⑤	36	① ② ③ ④ ⑤	16	① ② ③ ④ ⑤	36	① ② ③ ④ ⑤	16	① ② ③ ④ ⑤	36	① ② ③ ④ ⑤
17	① ② ③ ④ ⑤	37	① ② ③ ④ ⑤	17	① ② ③ ④ ⑤	37	① ② ③ ④ ⑤	17	① ② ③ ④ ⑤	37	① ② ③ ④ ⑤
18	① ② ③ ④ ⑤	38	① ② ③ ④ ⑤	18	① ② ③ ④ ⑤	38	① ② ③ ④ ⑤	18	① ② ③ ④ ⑤	38	① ② ③ ④ ⑤
19	① ② ③ ④ ⑤	39	① ② ③ ④ ⑤	19	① ② ③ ④ ⑤	39	① ② ③ ④ ⑤	19	① ② ③ ④ ⑤	39	① ② ③ ④ ⑤
20	① ② ③ ④ ⑤	40	① ② ③ ④ ⑤	20	① ② ③ ④ ⑤	40	① ② ③ ④ ⑤	20	① ② ③ ④ ⑤	40	① ② ③ ④ ⑤

채점 :　　　　　채점 :　　　　　채점 :

평가 :　　　　　평가 :　　　　　평가 :

AIFA ㈜아이파경영아카데미

수험자 유의사항

1. 시험 중에는 통신기기(휴대전화·소형무전기등) 및 전자기기(초소형카메라등)를 소지하거나 사용할 수 없습니다.
2. 부정행위 예방을 위해 시험문제지에도 수험번호와 성명을 반드시 기재하시기 바랍니다.
3. 시험시간이 종료되면 즉시 답안작성을 멈춰야하며, 종료시간 이후 계속 답안을 작성하거나 감독위원의 답안카드 제출지시에 불응할 때에는 당해 시험이 무효처리 됩니다.
4. 기타 감독위원의 정당한 지시에 불응하여 타수험자의 시험에 방해가 될 경우 퇴실조치 될 수 있습니다.

답안카드 작성 시 유의사항

1. 답안지는 반드시 "검정색 컴퓨터용 사인펜"(사인펜에 '컴퓨터용'으로 표기되어 있는 것에 한함)을 사용하여 작성하여야합니다.
2. 지정된 필기구를 사용하지 않거나 답안지에 기재된 올바른 표기방법을 따르지 않아 발생하는 판독결과상의 불이익은 응시자의 책임입니다.

부정행위 처리규정

시험 중 다음과 같은 행위를 하는 자는 당해 시험을 무효처리하고 자격별 관련 규정에 따라 일정기간 동안 시험에 응시할 수 있는 자격을 정지합니다.

1. 시험과 관련된 대화, 답안카드 교환, 다른 수험자의 답안·문제지를 보고 답안작성, 대리시험을 치르거나 치르게 하는 행위, 시험문제 내용과 관련된 물건을 휴대하거나 이를 주고받는 행위
2. 시험장 내외로부터 도움을 받아 답안을 작성하는 행위, 응시자격 서류를 허위기재하여 제출하는 행위
3. 통신기기(휴대전화·소형무전기등) 및 전자기기(초소형카메라등)를 휴대하거나 사용하는 행위
4. 다른 수험자와 성명 및 수험번호를 바꾸어 작성·제출하는 행위
5. 기타 부정 또는 불공정한 방법으로 시험을 치르는 행위

모의고사 1교시 답안지

성 명 :　　　　　연락처 :　　　　　구 분 : □ 학생　□ 재직자　□ 전업수험생

재 정 학	세법학 개론	

재 정 학		세법학 개론			
1 ① ② ③ ④ ⑤	21 ① ② ③ ④ ⑤	1 ① ② ③ ④ ⑤	21 ① ② ③ ④ ⑤	1 ① ② ③ ④ ⑤	21 ① ② ③ ④ ⑤
2 ① ② ③ ④ ⑤	22 ① ② ③ ④ ⑤	2 ① ② ③ ④ ⑤	22 ① ② ③ ④ ⑤	2 ① ② ③ ④ ⑤	22 ① ② ③ ④ ⑤
3 ① ② ③ ④ ⑤	23 ① ② ③ ④ ⑤	3 ① ② ③ ④ ⑤	23 ① ② ③ ④ ⑤	3 ① ② ③ ④ ⑤	23 ① ② ③ ④ ⑤
4 ① ② ③ ④ ⑤	24 ① ② ③ ④ ⑤	4 ① ② ③ ④ ⑤	24 ① ② ③ ④ ⑤	4 ① ② ③ ④ ⑤	24 ① ② ③ ④ ⑤
5 ① ② ③ ④ ⑤	25 ① ② ③ ④ ⑤	5 ① ② ③ ④ ⑤	25 ① ② ③ ④ ⑤	5 ① ② ③ ④ ⑤	25 ① ② ③ ④ ⑤
6 ① ② ③ ④ ⑤	26 ① ② ③ ④ ⑤	6 ① ② ③ ④ ⑤	26 ① ② ③ ④ ⑤	6 ① ② ③ ④ ⑤	26 ① ② ③ ④ ⑤
7 ① ② ③ ④ ⑤	27 ① ② ③ ④ ⑤	7 ① ② ③ ④ ⑤	27 ① ② ③ ④ ⑤	7 ① ② ③ ④ ⑤	27 ① ② ③ ④ ⑤
8 ① ② ③ ④ ⑤	28 ① ② ③ ④ ⑤	8 ① ② ③ ④ ⑤	28 ① ② ③ ④ ⑤	8 ① ② ③ ④ ⑤	28 ① ② ③ ④ ⑤
9 ① ② ③ ④ ⑤	29 ① ② ③ ④ ⑤	9 ① ② ③ ④ ⑤	29 ① ② ③ ④ ⑤	9 ① ② ③ ④ ⑤	29 ① ② ③ ④ ⑤
10 ① ② ③ ④ ⑤	30 ① ② ③ ④ ⑤	10 ① ② ③ ④ ⑤	30 ① ② ③ ④ ⑤	10 ① ② ③ ④ ⑤	30 ① ② ③ ④ ⑤
11 ① ② ③ ④ ⑤	31 ① ② ③ ④ ⑤	11 ① ② ③ ④ ⑤	31 ① ② ③ ④ ⑤	11 ① ② ③ ④ ⑤	31 ① ② ③ ④ ⑤
12 ① ② ③ ④ ⑤	32 ① ② ③ ④ ⑤	12 ① ② ③ ④ ⑤	32 ① ② ③ ④ ⑤	12 ① ② ③ ④ ⑤	32 ① ② ③ ④ ⑤
13 ① ② ③ ④ ⑤	33 ① ② ③ ④ ⑤	13 ① ② ③ ④ ⑤	33 ① ② ③ ④ ⑤	13 ① ② ③ ④ ⑤	33 ① ② ③ ④ ⑤
14 ① ② ③ ④ ⑤	34 ① ② ③ ④ ⑤	14 ① ② ③ ④ ⑤	34 ① ② ③ ④ ⑤	14 ① ② ③ ④ ⑤	34 ① ② ③ ④ ⑤
15 ① ② ③ ④ ⑤	35 ① ② ③ ④ ⑤	15 ① ② ③ ④ ⑤	35 ① ② ③ ④ ⑤	15 ① ② ③ ④ ⑤	35 ① ② ③ ④ ⑤
16 ① ② ③ ④ ⑤	36 ① ② ③ ④ ⑤	16 ① ② ③ ④ ⑤	36 ① ② ③ ④ ⑤	16 ① ② ③ ④ ⑤	36 ① ② ③ ④ ⑤
17 ① ② ③ ④ ⑤	37 ① ② ③ ④ ⑤	17 ① ② ③ ④ ⑤	37 ① ② ③ ④ ⑤	17 ① ② ③ ④ ⑤	37 ① ② ③ ④ ⑤
18 ① ② ③ ④ ⑤	38 ① ② ③ ④ ⑤	18 ① ② ③ ④ ⑤	38 ① ② ③ ④ ⑤	18 ① ② ③ ④ ⑤	38 ① ② ③ ④ ⑤
19 ① ② ③ ④ ⑤	39 ① ② ③ ④ ⑤	19 ① ② ③ ④ ⑤	39 ① ② ③ ④ ⑤	19 ① ② ③ ④ ⑤	39 ① ② ③ ④ ⑤
20 ① ② ③ ④ ⑤	40 ① ② ③ ④ ⑤	20 ① ② ③ ④ ⑤	40 ① ② ③ ④ ⑤	20 ① ② ③ ④ ⑤	40 ① ② ③ ④ ⑤

채점 :　　　　　채점 :　　　　　채점 :

평가 :　　　　　평가 :　　　　　평가 :

AIFA ㈜아이파경영아카데미

수험자 유의사항

1. 시험 중에는 통신기기(휴대전화·소형무전기등) 및 전자기기(초소형카메라등)를 소지하거나 사용할 수 없습니다.
2. 부정행위 예방을 위해 시험문제지에도 수험번호와 성명을 반드시 기재하시기 바랍니다.
3. 시험시간이 종료되면 즉시 답안작성을 멈춰야하며, 종료시간 이후 계속 답안을 작성하거나 감독위원의 답안카드 제출지시에 불응할 때에는 당해 시험이 무효처리 됩니다.
4. 기타 감독위원의 정당한 지시에 불응하여 타수험자의 시험에 방해가 될 경우 퇴실조치 될 수 있습니다.

답안카드 작성 시 유의사항

1. 답안지는 반드시 "검정색 컴퓨터용 사인펜"(사인펜에 '컴퓨터용'으로 표기되어 있는 것에 한함)을 사용하여 작성하여야합니다.
2. 지정된 필기구를 사용하지 않거나 답안지에 기재된 올바른 표기방법을 따르지 않아 발생하는 판독결과상의 불이익은 응시자의 책임입니다.

부정행위 처리규정

시험 중 다음과 같은 행위를 하는 자는 당해 시험을 무효처리하고 자격별 관련 규정에 따라 일정기간 동안 시험에 응시할 수 있는 자격을 정지합니다.

1. 시험과 관련된 대화, 답안카드 교환, 다른 수험자의 답안·문제지를 보고 답안작성, 대리시험을 치르거나 치르게 하는 행위, 시험문제 내용과 관련된 물건을 휴대하거나 이를 주고받는 행위
2. 시험장 내외로부터 도움을 받아 답안을 작성하는 행위, 응시자격 서류를 허위기재하여 제출하는 행위
3. 통신기기(휴대전화·소형무전기등) 및 전자기기(초소형카메라등)를 휴대하거나 사용하는 행위
4. 다른 수험자와 성명 및 수험번호를 바꾸어 작성·제출하는 행위
5. 기타 부정 또는 불공정한 방법으로 시험을 치르는 행위

모의고사 2교시 답안지

성 명 :   연락처 :   구 분 : □ 학생 □ 재직자 □ 전업수험생

회계학 개론

문항		문항	
1	① ② ③ ④ ⑤	21	① ② ③ ④ ⑤
2	① ② ③ ④ ⑤	22	① ② ③ ④ ⑤
3	① ② ③ ④ ⑤	23	① ② ③ ④ ⑤
4	① ② ③ ④ ⑤	24	① ② ③ ④ ⑤
5	① ② ③ ④ ⑤	25	① ② ③ ④ ⑤
6	① ② ③ ④ ⑤	26	① ② ③ ④ ⑤
7	① ② ③ ④ ⑤	27	① ② ③ ④ ⑤
8	① ② ③ ④ ⑤	28	① ② ③ ④ ⑤
9	① ② ③ ④ ⑤	29	① ② ③ ④ ⑤
10	① ② ③ ④ ⑤	30	① ② ③ ④ ⑤
11	① ② ③ ④ ⑤	31	① ② ③ ④ ⑤
12	① ② ③ ④ ⑤	32	① ② ③ ④ ⑤
13	① ② ③ ④ ⑤	33	① ② ③ ④ ⑤
14	① ② ③ ④ ⑤	34	① ② ③ ④ ⑤
15	① ② ③ ④ ⑤	35	① ② ③ ④ ⑤
16	① ② ③ ④ ⑤	36	① ② ③ ④ ⑤
17	① ② ③ ④ ⑤	37	① ② ③ ④ ⑤
18	① ② ③ ④ ⑤	38	① ② ③ ④ ⑤
19	① ② ③ ④ ⑤	39	① ② ③ ④ ⑤
20	① ② ③ ④ ⑤	40	① ② ③ ④ ⑤

채점 :   평가 :

상 법

문항		문항	
1	① ② ③ ④ ⑤	21	① ② ③ ④ ⑤
2	① ② ③ ④ ⑤	22	① ② ③ ④ ⑤
3	① ② ③ ④ ⑤	23	① ② ③ ④ ⑤
4	① ② ③ ④ ⑤	24	① ② ③ ④ ⑤
5	① ② ③ ④ ⑤	25	① ② ③ ④ ⑤
6	① ② ③ ④ ⑤	26	① ② ③ ④ ⑤
7	① ② ③ ④ ⑤	27	① ② ③ ④ ⑤
8	① ② ③ ④ ⑤	28	① ② ③ ④ ⑤
9	① ② ③ ④ ⑤	29	① ② ③ ④ ⑤
10	① ② ③ ④ ⑤	30	① ② ③ ④ ⑤
11	① ② ③ ④ ⑤	31	① ② ③ ④ ⑤
12	① ② ③ ④ ⑤	32	① ② ③ ④ ⑤
13	① ② ③ ④ ⑤	33	① ② ③ ④ ⑤
14	① ② ③ ④ ⑤	34	① ② ③ ④ ⑤
15	① ② ③ ④ ⑤	35	① ② ③ ④ ⑤
16	① ② ③ ④ ⑤	36	① ② ③ ④ ⑤
17	① ② ③ ④ ⑤	37	① ② ③ ④ ⑤
18	① ② ③ ④ ⑤	38	① ② ③ ④ ⑤
19	① ② ③ ④ ⑤	39	① ② ③ ④ ⑤
20	① ② ③ ④ ⑤	40	① ② ③ ④ ⑤

채점 :   평가 :

(과목)

문항		문항	
1	① ② ③ ④ ⑤	21	① ② ③ ④ ⑤
2	① ② ③ ④ ⑤	22	① ② ③ ④ ⑤
3	① ② ③ ④ ⑤	23	① ② ③ ④ ⑤
4	① ② ③ ④ ⑤	24	① ② ③ ④ ⑤
5	① ② ③ ④ ⑤	25	① ② ③ ④ ⑤
6	① ② ③ ④ ⑤	26	① ② ③ ④ ⑤
7	① ② ③ ④ ⑤	27	① ② ③ ④ ⑤
8	① ② ③ ④ ⑤	28	① ② ③ ④ ⑤
9	① ② ③ ④ ⑤	29	① ② ③ ④ ⑤
10	① ② ③ ④ ⑤	30	① ② ③ ④ ⑤
11	① ② ③ ④ ⑤	31	① ② ③ ④ ⑤
12	① ② ③ ④ ⑤	32	① ② ③ ④ ⑤
13	① ② ③ ④ ⑤	33	① ② ③ ④ ⑤
14	① ② ③ ④ ⑤	34	① ② ③ ④ ⑤
15	① ② ③ ④ ⑤	35	① ② ③ ④ ⑤
16	① ② ③ ④ ⑤	36	① ② ③ ④ ⑤
17	① ② ③ ④ ⑤	37	① ② ③ ④ ⑤
18	① ② ③ ④ ⑤	38	① ② ③ ④ ⑤
19	① ② ③ ④ ⑤	39	① ② ③ ④ ⑤
20	① ② ③ ④ ⑤	40	① ② ③ ④ ⑤

채점 :   평가 :

수험자 유의사항

1. 시험 중에는 통신기기(휴대전화·소형무전기등) 및 전자기기(초소형카메라등)를 소지하거나 사용할 수 없습니다.
2. 부정행위 예방을 위해 시험문제지에도 수험번호와 성명을 반드시 기재하시기 바랍니다.
3. 시험시간이 종료되면 즉시 답안작성을 멈춰야하며, 종료시간 이후 계속 답안을 작성하거나 감독위원의 답안카드 제출지시에 불응할 때에는 당해 시험이 무효처리 됩니다.
4. 기타 감독위원의 정당한 지시에 불응하여 타수험자의 시험에 방해가 될 경우 퇴실조치 될 수 있습니다.

답안카드 작성 시 유의사항

1. 답안지는 반드시 "검정색 컴퓨터용 사인펜"(사인펜에 '컴퓨터용'으로 표기되어 있는 것에 한함)을 사용하여 작성하여야합니다.
2. 지정된 필기구를 사용하지 않거나 답안지에 기재된 올바른 표기방법을 따르지 않아 발생하는 판독결과상의 불이익은 응시자의 책임입니다.

부정행위 처리규정

시험 중 다음과 같은 행위를 하는 자는 당해 시험을 무효처리하고 자격별 관련 규정에 따라 일정기간 동안 시험에 응시할 수 있는 자격을 정지합니다.

1. 시험과 관련된 대화, 답안카드 교환, 다른 수험자의 답안·문제지를 보고 답안작성, 대리시험을 치르거나 치르게 하는 행위, 시험문제 내용과 관련된 물건을 휴대하거나 이를 주고받는 행위
2. 시험장 내외로부터 도움을 받아 답안을 작성하는 행위, 응시자격 서류를 허위기재하여 제출하는 행위
3. 통신기기(휴대전화·소형무전기등) 및 전자기기(초소형카메라등)를 휴대하거나 사용하는 행위
4. 다른 수험자와 성명 및 수험번호를 바꾸어 작성·제출하는 행위
5. 기타 부정 또는 불공정한 방법으로 시험을 치르는 행위